职业教育·城市轨道交通类专业教材

城市轨道交通应急处理

（第2版）

主　编　王　博　申碧涛
副主编　洪钰洁　赵义军　李达威
主　审　唐　于

人民交通出版社

北　京

内 容 提 要

本书为职业教育城市轨道交通类专业教材。本书从企业岗位需求和教学实践要求角度出发，对城市轨道交通应急处理工作进行了全面分析。本书共分为 7 个项目，其主要内容包括城市轨道交通应急处理概述、设备故障应急处理、行车突发事件应急处理、乘客事务应急处理、火灾事故应急处理、自然灾害及特殊气象应急处理、社会安全与公共卫生事件应急处理。

本书可供职业院校城市轨道交通专业教学使用，也可作为相关行业岗位培训或自学用书，同时可供城市轨道交通行业从业人员学习参考。

本书配套丰富助学助教资源，请有需求的任课教师通过加入职教轨道教学研讨群（QQ 群：129327355）获取。

图书在版编目（CIP）数据

城市轨道交通应急处理/王博，申碧涛主编. —2 版. —北京：人民交通出版社股份有限公司，2024.2（2025.2重印）

ISBN 978-7-114-18557-1

Ⅰ . ①城…　Ⅱ . ①王…②申…　Ⅲ . ①城市铁路—交通运输事故—处理　Ⅳ . ①U239.5

中国版本图书馆 CIP 数据核字（2022）第 256289 号

职业教育·城市轨道交通类专业教材
Chengshi Guidao Jiaotong Yingji Chuli

书　　　名：	**城市轨道交通应急处理**（第 2 版）
著 作 者：	王　博　申碧涛
责 任 编 辑：	钱　堃
责 任 校 对：	赵媛媛
责 任 印 制：	张　凯
出 版 发 行：	人民交通出版社
地　　　址：	（100011）北京市朝阳区安定门外外馆斜街 3 号
网　　　址：	http://www.ccpcl.com.cn
销 售 电 话：	（010）85285911
总 经 销：	人民交通出版社发行部
经　　　销：	各地新华书店
印　　　刷：	北京市密东印刷有限公司
开　　　本：	787×1092　1/16
印　　　张：	21
字　　　数：	490 千
版　　　次：	2017 年 1 月　第 1 版 2024 年 2 月　第 2 版
印　　　次：	2025 年 2 月　第 2 版　第 2 次印刷
书　　　号：	ISBN 978-7-114-18557-1
定　　　价：	56.00 元

（有印刷、装订质量问题的图书，由本社负责调换）

前言

城市轨道交通作为城市交通的重要组成部分,其系统的安全运营直接关系到人民群众的生命和财产安全。城市轨道交通突发事件应急处理能力是值班站长、行车值班员、站务员等工作人员所必备的能力。

城市轨道交通应急处理是城市轨道交通运营管理专业的专业核心课,旨在培养在城市轨道交通运营管理过程中,具有保证列车安全运行能力的高素质技能型人才。目前,城市轨道交通运营管理人才的培养方式是各大专科院校的学历教育与企业的能力培训相结合。但培养应用型人才所需的优质教材严重不足,无法满足城市轨道交通行业企业发展的需要。

在职业教育教学改革背景下,以城市轨道交通行业技能大赛、城市轨道交通站务"1+X"证书试点工作、基于"赛教融合"的城市轨道交通运营管理专业教学改革实践项目、城市轨道交通应急处理精品在线资源课为依托,本教材在第1版基础上结合以下思路修订而成。

(1)政治导向明确,融入课程思政。引入地铁现场真实案例与先进技术,将知识传授与价值引领相结合,在任务导入和教学内容的引申、发散、拓展及任务评价中融入职业素养,将立德树人贯穿于教学过程,帮助学生养成良好的职业操守与职业素养,形成团结协作、听从指挥、严守各岗位职责的工作态度。

(2)注重对标职业标准,实现岗课赛证融通。对照城市轨道交通站务职业技能等级标准、城市轨道交通服务员国家职业技能标准,围绕站务员、行车值班员等岗位安全管理与应急处理职业能力的培养组织教材内容,以标准化规范引领教材建设。内容突出职业性和技能性,将本专业职业项目分解成若干典型任务,按照完成工作任务的要求和岗位操作程序,结合职业技能竞赛与城市轨道交通站务"1+X"证书试点的考核要求组织教材内容,实现"学、练、赛、考"一体化。

(3)以学生为本,实现翻转课堂教学。对理论的阐述以应用为目的,以够用为尺度。内容展现图文并茂,文字表达简明扼要,符合学生的认知水平,便于学生自学。配套丰富的数字资源,通过引例导入知识点,设计图表、知识链接、案例分析和小思考,便于采取小组讨论、角色扮演、案例教学、情境教学等多种课堂形式,强调学生参与,让学生亲身体验学习过程,增强学习兴趣,激发学习动力。

(4)类型特征鲜明,突出职教特色。立足职业教育类型特征,考虑具体教情学情,根据职业学校学生特点创新教材形态,采用活页式设计,便于教师结合实际情况因材施教。每个项目前附有项目描述、学习导航等环节,每个任务包含任务导入、学情检测、任务目标、任务要求、任务计划、知识储备、任务实施、任务评价、总结反思、互助提高、拓展训练等环节,每个项目后附有巩固练习等环节,供师生参考,同时满足企业岗位培训、"1+X"证书考试培训、职业技能竞赛培训等多元化需求。

(5)基于产教融合,校企双元合作编写。采用校企结合方式编写,广泛吸收北京、上海、广州、南京、武汉、重庆、成都等地先进的地铁运营管理经验,强调实践性和可操作性,将企业已不再使用或过时的知识剔除,增加与企业密切相关的新知识,做到传授技术与时俱进,运用技能贴近现场实际。

本书由武汉铁路职业技术学院王博担任第一主编,负责全书的框架和编写思路的设计及统稿工作,武汉铁路职业技术学院申碧涛担任第二主编,武汉铁路职业技术学院洪钰洁、赵义军,天津地铁运营有限公司李达威担任副主编,成都地铁运营有限公司唐于担任主审。具体编写分工如下:项目1、项目2、项目3由王博编写,项目4由洪钰洁编写,项目5由申碧涛编写,项目6由李达威编写,项目7由赵义军编写。

书中参考引用了有关从事城市轨道交通运营管理研究专家、学者的著作和成果,在此表示衷心的感谢。

鉴于编者水平、经验有限,书中难免存在疏漏和不当之处,恳请读者予以指正,以便修订和完善。

编　者
2023 年 5 月

二维码资源

序号	二维码名称	页码
33	乘客坠轨事件应急处理	137
34	站台落物事件应急处理	143
35	站台落物应急处理流程	144
36	客伤事件应急处理	169
37	防火灭火基本知识	201
38	认知城市轨道交通微型消防站	204
39	消防战斗服的穿戴	204
40	灭火器的使用	206
41	消火栓系统的使用	206
42	站厅火灾应急处理	214
43	站厅 A 端 TVM 着火站务员应急处理流程	214
44	站厅 B 端商铺着火站务员应急处理流程	214
45	站厅付费区书报架着火站务员应急处理流程	214
46	站厅 A 端火灾行车值班员应急处理流程	214
47	站厅 B 端火灾行车值班员应急处理流程	214
48	站台火灾应急处理	216
49	站台 B 端垃圾桶着火站务员应急处理流程	216
50	站台 A 端火灾行车值班员应急处理流程	216
51	站台 B 端火灾行车值班员应急处理流程	216
52	区间列车火灾应急处理	227
53	水灾应急处理	241
54	地震灾害应急处理	243
55	暴雨天气应急处理	253
56	大风天气应急处理	254
57	车站发现可疑物品应急处理	269
58	恐怖袭击事件应急处理	277
59	重大传染病疫情应急处理	289

目录

项目 1

城市轨道交通应急处理概述

项目描述

目前，城市轨道交通运营线路中，地铁线路占比较高。地铁线路一般处于地下的半封闭空间，具有隐蔽性、封锁性、人员和设备高度密集等特点，一旦发生重大事故、灾难等突发事件，人员疏散和救援困难，若处置不当将威胁人身安全，造成财产损失，对社会经济和民众生活造成重大影响。本项目的任务是学习城市轨道交通突发事件的基本知识，熟悉城市轨道交通的应急预案以及基本内容，掌握应急组织、信息汇报与传递、应急设备运用等基础知识与技能，为后续项目的学习做好准备。

学习导航

城市轨道交通应急处理概述

├─ 城市轨道交通突发事件与应急管理
│   ├─ 城市轨道交通运营状态与运营安全影响因素
│   ├─ 认知城市轨道交通突发事件
│   └─ 城市轨道交通应急管理
│
├─ 突发事件应急组织与信息通报
│   ├─ 突发事件应急组织机构及职责
│   ├─ 突发事件应急处理原则与通用流程
│   └─ 突发事件信息通报
│
├─ 突发事件应急预案与应急演练
│   ├─ 应急预案的定义与分类
│   ├─ 应急预案的层次与文件体系
│   └─ 应急预案的演练与实施
│
└─ 城市轨道交通应急设备运用
    ├─ 列车应急设备运用
    ├─ 车站应急设备运用
    └─ 区间应急设备运用

任务导入

某日 11：00,某地铁 XD 站值班站长在站台巡视时发现 XD 站站台 3 号扶梯故障、有异响,立即停梯,关闭扶梯上下护栏门,并挂故障牌,报机电维修人员维修,写报修记录。12：00,电梯维修中心接到 XD 站报修电话。12：20,机电维修人员到达现场,根据车站工作人员的描述,对扶梯进行检修后,开启扶梯试运转,确认扶梯运转正常,便向车站工作人员报告检修完成。此时机电维修人员在未打开该扶梯上方护栏门的情况下,打开了该扶梯下方的护栏门,且该扶梯处于运行状态。此时恰好有列车进站,有乘客乘坐 3 号扶梯,由于该扶梯上方护栏门未完全打开,造成拥堵,发生乘客挤伤事件。

想一想：

城市轨道交通突发事件有哪些类型？突发事件影响因素有哪些？

学情检测

1. 城市轨道交通突发事件包括( )。

    A. 自然灾害类   B. 事故灾难类   C. 公共卫生类   D. 社会安全类

2. 应急服务应以( )为首要目标。

    A. 保证列车运行安全   B. 保障乘客人身安全

    C. 控制事态发展   D. 避免社会恐慌

3. 下列属于城市轨道交通突发事件的有( )。

    A. 乘客被车门夹伤   B. 乘客跳下站台被列车撞伤

    C. 列车发生火灾   D. 列车迫停区间需救援

4. 按照《中华人民共和国突发事件应对法》的相关规定,自然灾害、事故灾难和公共卫生事件的预警级别可分为一级、二级、三级和四级,分别用( )和蓝色标志。

    A. 红色、橙色、黄色   B. 黑色、红色、黄色

    C. 红色、白色、黄色   D. 黑色、橙色、白色

5. 运输安全的水平,取决于人员、设备、环境和管理的本质安全化水平,其中( )是系统安全的核心。

    A. 设备   B. 环境   C. 人员   D. 管理

任务目标

1. 知识目标

(1)认知突发事件的定义、分类、分级。

(2)识记城市轨道交通运营安全影响因素。

2. 技能目标

(1)能判断突发事件的类型与级别。

(2)能识别城市轨道交通运营安全影响因素。

(3)能够说明突发事件的基本特征与应急处理的关系。

3. 素养目标

(1)培养认知与分析问题的能力。

(2)树立岗位安全意识与责任意识,培养团结协作能力。

任务要求

以小组为单位搜集城市轨道交通突发事件案例,按突发事件的影响因素进行分类,讨论防范措施。

任务计划

建议学员小组每组5~7人为宜(不宜超过10人/组)。教师为每个小组的观察和监督员,并设置组长1名,记录员1名。

组长:负责组织任务实施,确保组员全员参与。

记录员:负责文案记录工作,记录每个组员的参与情况。

小组成员:完成各项任务,互相监督、互相提出改进意见。

知识储备

一、城市轨道交通运营状态与运营安全影响因素

1. 城市轨道交通运营状态

按照运营的安全水平,城市轨道交通系统运营状态可以分为正常运营、非正常运营和紧急运营三种(图1-1)。

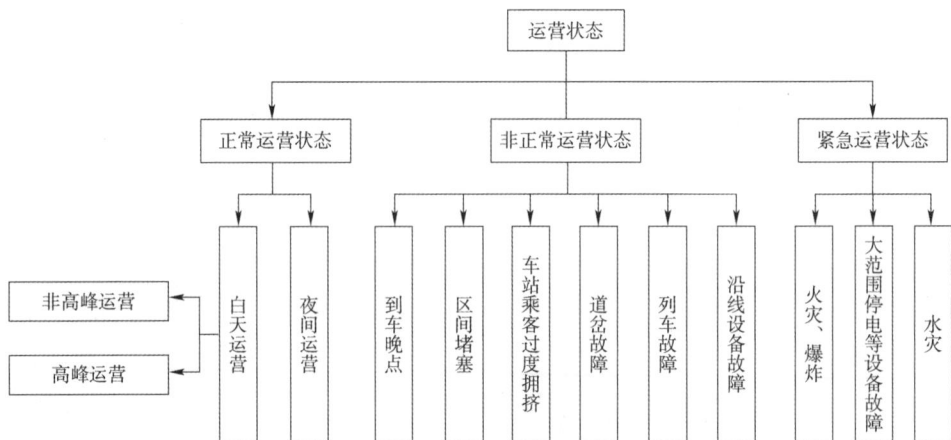

图1-1 城市轨道交通系统的三种运营状态

(1)正常运营状态。

正常运营状态是指按照排定的运行图和工作计划运营的状态,该状态下系统运行

正常,运输需求和系统的供给能力相匹配,系统状态较为稳定。

正常运营状态相对不太容易发生安全事故,但在高峰运营时段,因为人多、拥挤、客流大,存在车门夹人、乘客打架斗殴、踩踏等安全隐患。

（2）非正常运营状态。

非正常运营状态是指系统运营中出现了不良的影响因素,系统无法正常运营的状态。该状态下对相关问题应及时处理,积极消除不稳定因素的影响,重视不够或调整不及时可能会导致严重后果。

非正常运营情况下,调度指挥系统按照应急方案及时进行调整,可在较短时间内使运营恢复正常,通常不会对乘客的人身安全造成影响,但也存在与正常运营状态高峰时段相同的安全隐患,且发生事故概率更高。

（3）紧急运营状态。

紧急运营状态是指城市轨道交通系统自身出现较为严重的机械、运行、服务故障,或遭遇严重的外部灾害影响,从而导致系统的运营能力减弱甚至停止运营,严重影响系统稳定性和乘客的人身安全的运营状态。

紧急运营状态下,有可能出现人员伤亡的严重后果,必须采取紧急事故抢险措施自救、减灾和抢险。

💡 **小思考1-1** ━━━━━━━━━━━━━━━━━━━━━━━━ ◇ ✦

城市轨道交通事故和故障有何区别？

事故是由故障或管理人员指挥不力而造成人员伤亡、设备损坏,影响系统运营可靠性或危及运营安全的事件。事故根据其表现、影响程度与范围,可分为一般事故、险性事故、大事故、重大事故等;按其专业性质可分为行车事故、客运组织事故、电力传输事故。

故障是由设备质量问题或工作人员操作不当导致设备无法正常使用,须人工干预或维修的事件。根据表现和影响程度,故障可分为轻微故障、一般故障和严重故障。轻微故障可以迅速排除,一般不会影响运营可靠性;一般故障将造成短时间的列车运行秩序混乱,部分列车运行延误;严重故障则会导致较长时间的运营中断,严重影响系统运营可靠性。按照设备类型和原因,故障又可分为列车车辆故障、线路故障、供电系统故障、通信信号系统故障、环控设备故障、车站客运设施故障等。

━━━━━━━━━━━━━━━━━━━━━━━━ ◇ ✦

2.城市轨道交通运营安全的影响因素

城市轨道交通系统是一个在时间、空间上分布很广的开放的动态系统,城市轨道交通运营安全影响因素错综复杂,涉及面广。

1976年,纽约工业学院的E.J.Cantilli等人揭示了以管理为边界的人、机、环境之间的关系。从系统论的观点出发,影响城市轨道交通安全的诸多因素可以归纳为人、机、环境和管理。运营安全影响因素及其关系如图1-2所示。事故演化过程如图1-3所示。

城市轨道交通
运营安全
影响因素

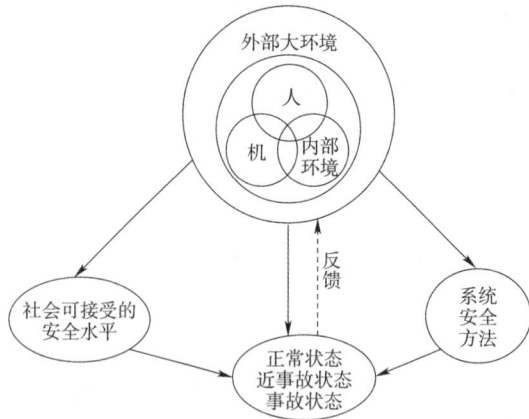

图 1-2　运营安全影响因素及其关系

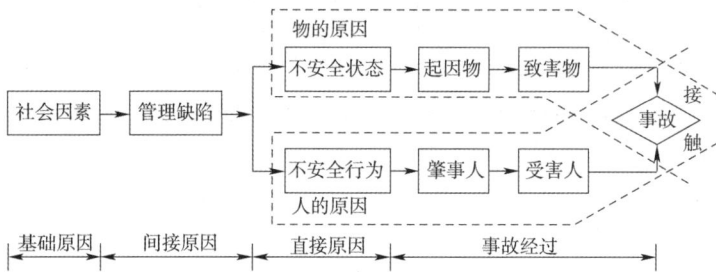

图 1-3　事故演化过程

　　城市轨道交通系统的运营安全受四大方面因素影响,即人员因素、设备因素、环境因素和管理因素。

　　1)人员因素

　　人员因素包括城市轨道交通乘客、操作人员、管理人员及其他在场人员所涉及的因素。人员因素是导致城市轨道交通安全事故的主要原因,一般事故主要是由乘客未遵守安全乘车规则引发,而险性事故多由工作人员对职责的疏忽引发。运营安全对不同人员的素质要求如图 1-4 所示。

图 1-4　运营安全对不同人员的素质要求

　　2)设备因素

　　(1)工务系统设备因素。

　　工务系统是城市轨道交通运营的基础,包括轨道、路基、桥隧、房建及其他附属设备等。工务系统设备工作状态异常会给运营安全带来严重隐患。

（2）车辆系统设备因素。

车辆是城市轨道交通系统中的运载工具,车辆发生故障通常是影响线路运营的主要原因,其中以车门故障居多,还有列车制动故障、列车出轨及列车追尾等故障。

（3）信号系统设备因素。

信号系统是城市轨道交通系统运营的行车指挥系统。信号系统设备工作状态异常会给城市轨道交通系统的运营安全带来严重影响。

（4）通信系统设备因素。

通信系统是城市轨道交通运营的信息收发系统。当其电源发生故障或通信系统设备本身发生故障时,将不能保证各种行车信息及控制信息不间断地可靠传输,从而引发事故。

（5）供电系统设备因素。

供电系统是为城市轨道交通运营系统提供电能的系统,包括电气元件及其线路连接等。供电系统设备发生故障对城市轨道交通运营的打击往往是致命的。

（6）通风系统设备因素。

在城市轨道交通系统中,如果通风系统管理存在缺陷,如风亭、风道设置不合理,在地下通道内发生火灾时,不但火势蔓延快,而且积聚的高温浓烟很难自然排出,会在隧道、车站内蔓延,给人员疏散和灭火抢险带来极大的困难,严重威胁乘客、员工和抢险救援人员的生命安全。

（7）给排水系统设备因素。

城市轨道交通车站内部或轨道沿线给排水管道的防腐、绝缘效果不佳会导致管道泄漏。隧道内排水系统不完善,隧道防水设计等级过低,会导致涝灾或地表水侵入。地面车站的地坪高度低于洪水设防要求、排水系统设置不完善,以及污水、垃圾的排放会影响运营环境卫生。

（8）车站其他服务设备因素。

车站其他服务设备发生故障,同样会给整个系统的运营造成较大影响。例如,车站地面材料防滑效果不好会造成安全隐患。

3）环境因素

（1）自然环境因素。

自然环境因素（如台风、地震、雷电等）也是引发城市轨道交通重大运营事故的主要原因之一。尤其城市轨道交通高架部分以及敞开段部分,往往在运营中受制于自然环境条件,还存在轨道周边外界异物侵限的危险。相当一部分的列车脱轨事故、列车相撞事故以及重大运营设备故障,均是由恶劣的自然条件引起的。比如雷击等自然环境因素可能造成火灾事故。

（2）系统内部环境因素。

城市轨道交通地下区间隧道、地下车站设备用房等处常年阴暗、潮湿的环境和虫害、鼠害等,极易造成关键设施设备的故障。另外,站厅内商业区域的可燃物较多,而且站厅内还有燃气、明火等,增加了发生火灾的可能性。

(3)社会环境因素。

城市轨道交通车站及列车是人流密集的公共聚集处,一旦发生纵火、爆炸、毒气袭击等恐怖事件,就会造成群死群伤或重大损失,严重影响社会稳定。

4)管理因素

管理是对人、设备、环境的综合控制和协调。管理水平在一定程度上影响着城市轨道交通系统的安全水平。管理存在缺陷,会导致事故的发生。如对员工业务进修学习督促不严、安全教育不到位导致员工危机意识淡薄,常会引起可避免事故,如调度错误、供电停止、信号系统不畅。此类事故的影响往往由于工作人员在事故发生后应急处理不当而进一步扩大,地铁公司应该加强员工的基本能力训练,提高员工的应急处理能力。

运营安全的水平取决于人员、设备、环境和管理的安全水平,其中人员是系统安全的核心,设备是系统安全的基础,环境是系统安全的外部条件,而管理则是在一定技术、经济和社会条件下保证系统安全的关键。

城市轨道交通突发事件的基本概念

二、认知城市轨道交通突发事件

城市轨道交通突发事件是指城市轨道交通运营管辖范围内突然发生,造成或者可能造成员工人身损害、设备损失、影响正常运营、企业形象受损或乘客财产损失、健康严重损害的须立即处理的事件。

🔺 知识链接1-1 ━━━━━━━━━━━━━━━━━━━━━━◇━━━

城市轨道交通突发事件的特征

城市轨道交通因为其自身半封闭的空间特点、公共场所属性、人员和设备密集特性,所发生的突发事件具有突发性、公共性、危害性、不确定性、紧迫性和社会性等特征。

(1)突发性。

突发性是指城市轨道交通突发事件通过偶然的契机,以偶然的形式突然发生,没有预警,处置难度大。

(2)公共性。

城市轨道交通突发事件的公共性首先体现在该类事件涉及公共利益,即对公共财产、公共安全和公共秩序产生影响。

(3)危害性。

不论什么性质和规模的突发事件,都必然在不同程度上给国家造成政治、经济、文化等方面的损失和破坏,给乘客带来生命、财产或精神上的损失和损害。因此,城市轨道交通运营企业处置突发事件的最基本的原则就是力求在可能的范围内,最大限度地控制突发事件的发生、发展,并且将其损害降至最低。

(4)不确定性。

不确定性除了指城市轨道交通突发事件的发生不确定或具有突发性外,主要指突发事件的发展不确定,以及突发事件的后果和其严重程度不确定。因此,如何应对城市轨道交通突发事件的不确定性已经成为城市轨道交通运营企业目前极为重视的一个方面。

(5)紧迫性。

紧迫性是指城市轨道交通突发事件所反映的问题极端重要,关系到个人、组织或社会的安危,须紧急采取特别、及时、有效的处置措施。所以,在突发事件中,时间非常紧迫,对时间的把握在很大程度上决定了突发事件处置的有效性。

(6)社会性。

突发事件的发生一方面会对社会和经济造成一定的损失,另一方面往往会对社会系统的法律法规、技术规范、经验认识、行为准则等产生影响,从而推动社会和轨道交通行业基本架构的发展。

◆——◆

1.城市轨道交通突发事件的分类

城市轨道交通突发事件分为四类:自然灾害、事故灾难、公共卫生事件和社会安全事件。(资料来源:《中华人民共和国突发事件应对法》)

(1)自然灾害:主要包括强台风、强降雨、地震等。

(2)事故灾难:主要包括火灾、爆炸、列车脱轨、列车冲突、列车颠覆、接触网断线、严重水浸、大面积停电、城市轨道交通构筑物坍塌等。

(3)公共卫生事件:主要包括恶性传染病疫情、食品安全与职业危害事件等。

(4)社会安全事件:主要包括突发性大客流、重大刑事案件(炸弹恐吓、毒气、劫持)、有毒化学物质泄漏、放射性物质扩散等。

2.城市轨道交通突发事件的分级

按照社会危害程度、影响范围等因素,运营突发事件分为特别重大、重大、较大和一般四个等级。(资料来源:《中华人民共和国突发事件应对法》)

(1)特别重大运营突发事件:造成30人以上死亡,或者100人以上重伤,或者直接经济损失1亿元以上的。

(2)重大运营突发事件:造成10人以上30人以下死亡,或者50人以上100人以下重伤,或者直接经济损失5000万元以上1亿元以下,或者连续中断行车24 h以上的。

(3)较大运营突发事件:造成3人以上10人以下死亡,或者10人以上50人以下重伤,或者直接经济损失1000万元以上5000万元以下,或者连续中断行车6 h以上24 h以下的。

(4)一般运营突发事件:造成3人以下死亡,或者10人以下重伤,或者直接经济损失50万元以上1000万元以下,或者连续中断行车2 h以上6 h以下的。

三、城市轨道交通应急管理

1.应急管理概述

应急管理是指应对突发事件的过程中,为了减少突发事件的危害,达到优化决策的目的,基于对突发事件原因、过程及后果的分析,有效集成社会各方面的相关资源,对突发事件进行有效预警、控制和处理的过程。

应急管理是以其客体突发事件应急响应全过程为主线,涵盖突发事件监测监控、突发事件预测预警、突发事件信息报告、突发事件响应处置、应急资源组织调配、事件善后处理、应急体系与预案的建设等。应急管理主要包括应急组织机构、应急预案管理、应急资源管理和突发事件应急处理等。

(1)应急组织机构。应急组织机构是应急体系的中枢,是日常应急体系建设和应急规章制度监督的主体机构;在突发事件发生时,应急组织机构也是应急指挥的决策和执行机构。

(2)应急预案管理。突发事件发生在不同领域、不同环境、不同处置条件下,其结果也不尽相同。这就需要对容易发生突发事件的领域及突发事件特征进行专业性、针对性的研究和分析,科学推演,制订相对完善的应对方案,这些方案的集合就是预案。预案就是一系列决策点、实施原则、方法和措施的集合,用于应对将来可能出现的突发事件。预案制订完成后还需要反复进行演练,演练也是对预案的验证和反馈。预案管理就是根据这些研究和实践对可能出现的突发事件的规律进行分析、预测,从而完善预案。

(3)应急资源管理。应急资源包括物资资源、人力资源、社会资源和环境资源等。突发事件的潜在危害需要在限定的时间内处理完毕,避免突发事件影响扩大,这就要求决策者迅速组织所需的应急资源来响应,突发事件应急处理最终将落实在应急资源的管理上。应急资源管理是应急管理的一项重要内容,应急资源的布局、调度、协调就显得尤为重要。决策者能否在限定的时间将各种资源有效地调度到指定的地点,将会直接影响突发事件处理的效果。

(4)突发事件应急处理。突发事件应急处理是应急管理的核心,应急管理的各项内容都是围绕着应急处理这一核心展开的。突发事件发生后,决策者就应该对突发事件的特征、发展趋势、可能造成的影响进行分析和判断,作出相应的决策;应急人员则通过在预案和反复演练中所获得的应对能力及经验熟练应对和处理突发事件。

2. 城市轨道交通应急管理阶段

传统的突发事件应急管理模式主要是分类管理和分阶段管理,即不同的事件由不同部门管理,同一事件划分为事前、事中和事后三个阶段。随着城市轨道交通运营系统的复杂化、网络化和系统化发展,所对应的城市轨道交通应急管理正在由分类管理走向综合管理、由分阶段管理走向全过程管理,形成预防与预警、准备、响应和恢复4个阶段应急管理。这4个阶段的管理不是相互割裂的,而是一体化、连续、动态反馈的系统过程。

(1)预防与预警。

预防是城市轨道交通突发事件应急管理的重要一环,导致突发事件发生的各种可能性都要予以排除。该阶段涉及城市轨道交通企业和管理机构为防止事故发生采取的各类安全措施和技术手段。

预防工作主要针对运营危险源,制订相关安全生产风险的管理办法保障运营监控。运营监控的主要内容包括设施设备及安全运营管理情况。

技术手段主要是指通过车站环境与设备监控系统(BAS系统)、电力监控系统(SCADA系统)、主控系统(MCS系统)和火灾自动报警系统(FAS系统)等自动化系统对车站机电设备、供电设备、重要系统接口、火灾危险源等进行实时监控。通过客流系统对大客流进行监控,在高架线路设置风力检测装置实现对特殊气象的监控,在地铁车辆段建立周界报警系统实现车辆段治安监控;辅以其他监控方法,包括定时、定人进行轨道巡检、设备检修、安全检查和危险源识别等。

预警的内容包括:可能引起突发事件的人员、设施设备及环境的状态的预警,自然灾害预警,纵火、投毒等恐怖活动的预警,以及其他可能威胁运营安全的预警。

📖 知识链接1-2 ——————————————————— ◆

城市轨道交通突发事件的预警级别

依据危害程度发展情况和紧迫性等因素,突发事件的预警级别分为Ⅰ级、Ⅱ级、Ⅲ级、Ⅳ级共4级,依次用红色、橙色、黄色和蓝色来表示。

红色预警:预计将要发生特别重大(Ⅰ级)以上城市轨道交通运营突发事件,事件会随时发生,事态正在不断蔓延。

橙色预警:预计将要发生重大(Ⅱ级)以上城市轨道交通运营突发事件,事件即将发生,事态正在逐步扩大。

黄色预警:预计将要发生较大(Ⅲ级)以上城市轨道交通运营突发事件,事件已经临近,事态有扩大的趋势。

蓝色预警:预计将要发生一般(Ⅳ级)以上城市轨道交通运营突发事件,事件即将临近,事态可能会扩大。

——————————————————— ◆ ◇ ———————————————————

(2)准备。

准备阶段工作包括制订应急预案,建立应急组织机构和危机预警机制,制订应对不利的紧急情况的应急方案;然后根据方案需要,做好组织、人力资源、资金、应急物资和设备等方面的准备。

城市轨道交通运营企业各单位或部门都应建立应急人员保障制度、应急物资保障制度、技术保障制度、培训保障制度和培训演练保障制度等。其中,应急人员保障制度包括应急人员的配置、救援队伍和应急抢险人员的培训等。应急物资保障制度应明确应急物资配置的地点和物资清单。技术保障制度包括成立技术保障组,建立技术图纸及物资台账的存档制度等。培训保障制度包括:各部门结合自身业务,制订年度应急培训计划,开展自救、互救、逃生的知识和技能培训,组织应急抢险队伍进行突发事件处置的知识和技能培训。培训演练保障制度包括:各运营生产部门结合自身业务,制订年度应急演练计划,由安全部门统筹发布年度应急演练计划,各运营生产部门按年度应急演练计划组织实施。

(3)响应。

一旦发生紧急事件,立即启动城市轨道交通应急响应程序。应急响应程序包括接警、应急响应级别确定、应急启动、救援行动、应急恢复、应急结束等。城市轨道交通运营企业及主管部门与外部机构协调,在事发现场采取初步措施,同时派相关人员赶赴现场,明确所需的技术支持手段。

响应行动按照事故(事件)的可控性、严重程度和影响范围予以分级,不同等级的响应由不同应急指挥层级来指挥组织实施,相关单位执行相应的预案。超出本级应急处理能力时,应报请上一级应急机构启动上一级应急预案。

接到相应级别的突发事件信息后,应急领导机构和现场指挥机构即时成立,应急领导机构和现场指挥机构的相关人员应立即赶赴事件现场,指挥布置相关工作。下一级现场指挥机构必须服从上一级的指挥,并向上一级报告应急抢险工作。

突发事件应急处置过程中的应急指令下达、应急信息收发及应急资源协调、调配等管理规定一般以运营单位的总体应急预案为依据;具体应急处置方法和流程按照专项应急预案和现场处置预案执行。

(4)恢复。

突发事件处置完成后,需要对恢复或重建工作进行管理。城市轨道交通运营企业各当事单位或部门应尽快组织运营秩序恢复工作,消除突发事件对正常运营的影响。

应急抢险结束后应对应急处理过程进行总结,对应急救援能力做出评估,就事故应急救援过程中暴露出来的问题,及时进行调整、完善,改进措施,并将结果反馈给预防与预警阶段相关人员,作为制订或修改安全措施和技术手段的依据。

评估的内容有如下几个方面:

①应急抢险过程中发现的问题;

②对应急抢险物资准备情况的评估;

③对各专业救援组在抢险过程中的救援能力、协调能力的评估;

④对应急指挥部的指挥效果的评估;

⑤对应急抢险过程中通信保障的评估;

⑥对预案有关程序、内容的建议和改进意见;

⑦对防护器具、抢救设置等方面的改进意见。

任务 1.1　姓名_____　班级_____　小组_____　学号_____　日期_____

任务实施

整理小组讨论成果,填写至表中。

序号	影响因素	突发事件	防范措施
1	人员因素		
2	设备因素		
3	环境因素		
4	管理因素		

任务评价

通过个人自评、小组互评、教师点评的方式,对学生的知识掌握情况、资料搜集情况、分析汇报情况、团队合作及职业素养等进行考核计分。

项目	分值	得分
知识掌握情况	30	
资料搜集情况	20	
分析汇报情况	30	
团队合作及职业素养	20	
总分	100	

总结反思

通过本任务学习，请对自己在课堂中的表现进行反思及评价。

自我反思：

自我评价：

互助提高

(1)城市轨道交通应急管理阶段有哪些？

(2)城市轨道交通突发事件如何分类分级？

(3)结合实际，谈谈管理对运营安全的重要性。

拓展训练

结合实际，谈谈人对城市轨道交通运营安全的特殊作用，举例说明运营安全对人员的素质要求。

任务导入

某日 7:00,某日均客流超过 100 万人次的地铁线路发生两列列车碰撞事故。由于事故发生时恰逢上班通勤高峰和冬至扫墓出行高峰,大量乘客滞留车站。乘客在换乘地面交通方式时,又面临打不到出租车、难以挤上公交车的窘况。突发事件发生后,政府管理部门、地铁运营单位、相关公交企业等及时启动了应急预案,一方面派出抢修队伍,另一方面启动公交预案组织疏散乘客。紧急增援的公交车多达 105 辆,大量公安干警紧急维持秩序。直到 11:48,乘客才疏散完毕。整个应急疏散过程超过 4 h。

想一想:

在应对诸如此类的突发事件时,地铁企业应该遵循哪些工作原则和流程呢?

学情检测

1.城市轨道交通员工在处理应急事件时,坚持对外宣传( )的原则,不得擅自发布相关信息。

　　A. 集中控制　　　　　B.归口管理　　　　　C. 授权发布　　　　　D. 保密

2.列车迫停于区间时,须抢险救援时,应( )。

　　A. 由司机负责组织抢险救援工作

　　B. 由值班站长负责组织抢险救援工作

　　C. 由企业领导负责组织抢险救援工作

　　D. 先由司机负责组织,当值班站长到达现场后,由值班站长负责组织抢险救援工作

3.在站列车发生突发事件时,现场应由( )指挥。

　　A. 列车司机　　　　　　　　　　B. 所在车站的行车值班员

　　C. 所在车站的值班站长　　　　　D. 行车调度员

4.城市轨道交通车站发生突发事件时,事故处理负责人由( )担任。

　　A. 中心站站长　　　　　　　　　B. 行车调度员指定的值班站长

　　C. 所在车站的值班站长　　　　　D. 现场最近最高职务的员工

5.突发事件处置过程中,运营企业要根据现场事件变化和处置情况分阶段及时续报,最长间隔时间不得超过( )h 报告一次。

　　A.0.5　　　　　　　B.1　　　　　　　C.2　　　　　　　D.3

任务目标

1.知识目标

(1)了解城市轨道交通突发事件应急组织机构及其职责。

(2)了解突发事件应急处理的原则与通用流程。

（3）掌握突发事件信息通报的原则、内容与流程。

2. 技能目标

（1）能够运用应急处理原则处理突发事件。

（2）会用标准化用语进行信息通报。

3. 素养目标

（1）培养认知与分析问题的能力。

（2）培养全局意识，提高综合能力。

任务要求

以小组为单位调研某一城市轨道交通企业的应急组织机构构成，了解城市轨道交通突发事件应急组织机构及相关人员在应急处理工作中的岗位职责。

任务计划

建议学员小组每组 5 ~ 7 人为宜（不宜超过 10 人/组）。教师为每个小组的观察和监督员，并设置组长 1 名，记录员 1 名。

组长：负责组织任务实施，确保组员全员参与。

记录员：负责文案记录工作，记录每个组员的参与情况。

小组成员：完成各项任务，互相监督、互相提出改进意见。

知识储备

一、突发事件应急组织机构及职责

1. 应急组织机构类型

根据城市轨道交通线网化的特点，某城市轨道交通企业应急组织机构分为 3 个级别设置，分别是总公司层级应急组织机构、线网层级应急组织机构和各线路层级应急组织机构。各应急组织机构根据所处层级不同，其分工各不相同，如表 1-1 所示。

某城市轨道交通企业各层级应急组织机构分工　　　　　表 1-1

项目	总公司层级应急组织机构	线网层级应急组织机构	各线路层级应急组织机构
管理范围	总公司内所有应急资源的调配，包括新线建设业务、地铁运营业务	地铁运营范围内全线网内的严重突发事件	负责本条线路的紧急事件的处理
管理职责	①负责制订公司层级应急制度、应急预案，指导下级应急组织机构制订相关应急处理程序。②负责接报并处理由下级应急组织上报的地铁建设和运营的重大突发事件，协调总公司内部应急资源，进行合理的救援。③负责与政府、社会救援力量联系	①负责接报并处理由线路控制中心上报的重大突发事件，对于特别重大的突发事件应向总公司应急组织上报。②负责协调各线路的应急人员、应急资源进行救援。③负责监督各线路应急组织的救援工作	①负责本条线路的突发事件接报，并向线网指挥中心上报。②协调本线路控制中心的应急资源和救援力量，进行应急抢险。③负责向全公司各级应急组织通报现场救援情况

城市轨道交通企业应急组织机构应按照以属地为主,分工协作、应急处理与日常建设相结合的原则建立,在应急处理过程中实现统一指挥、分级负责、科学决策,保证事故灾难信息的及时准确传递、事故快速有效处置,同时还要做到既保证常备不懈,又降低运行成本。目前应急组织机构设置主要有以下几类:

(1)层级型。

由城市轨道交通运营企业主要负责人为总负责人,组建公司、部门两级应急系统。公司级包括企业主要负责人、分管安全生产的负责人及安全、保卫、调度、设备、信息管理、对外联络、卫生、物资保障、环保等部门的负责人;建立二级部门应急机构,并延伸至基层班组。

(2)联动型。

由城市轨道交通运营企业主要负责人为总负责人,将运营中产生的所有行车、设备、消防、治安等安全信息上报城市轨道交通控制中心,城市轨道交通控制中心组成联动中心,统一指挥相关部门处置各类安全减灾及应急工作。

(3)专职型。

城市轨道交通运营企业建立应急救援管理指挥专门机构和专业应急救援队伍,内设信息管理、应急管理(抢险、指挥)、重大危险源管理三个职能部门,负责城市轨道交通安全生产信息接收、汇总、上报、发布,重大事故隐患排查,应急预案编制管理,应急培训,预案演练,救援物资管理,抢险指挥,重大危险源建档、管理,专家库管理,查处谎报、瞒报案件等工作,使应急救援工作贯穿安全生产事故的事前预防、事中应急、事后管理,形成安全生产应急救援工作的一条较为完整的工作链和较完备的工作体制、机制。

城市轨道交通运营企业可根据自身的发展规模、线路长度、员工素质等情况选择适合自身的安全、应急管理体系和机构。某城市轨道交通运营企业突发事件应急组织指挥体系结构如图1-5所示。

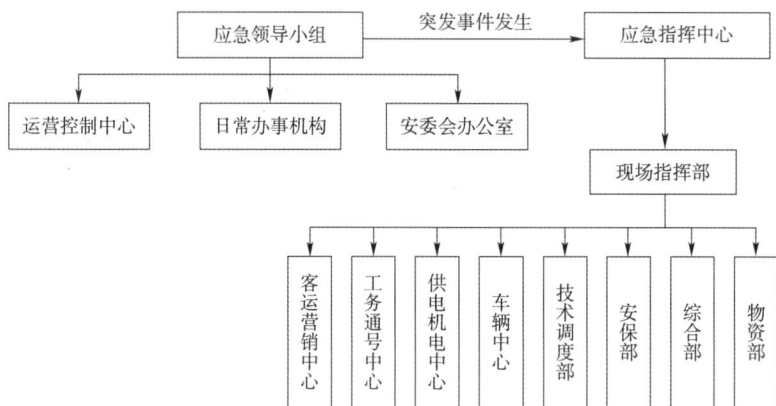

图1-5 某城市轨道交通运营企业突发事件应急组织指挥体系结构

2.应急组织机构组成及主要职责

应急组织机构由应急指挥机构、应急管理日常机构、现场处置机构组成。

1)应急指挥机构

应急指挥机构由应急领导小组、应急指挥中心、现场指挥小组三部分组成。其中,应急领导小组是运营公司突发事件应急救援工作的全面领导、指挥和决策机构,应急指挥中心为应急领导小组的辅助机构,现场指挥小组为现场应急指挥机构。

（1）应急领导小组。

运营公司成立应急领导小组,统一指挥地铁运营突发事件的应急处置工作,应急领导小组的主要领导及成员如下:总指挥为运营公司总经理,副总指挥为运营公司分管安全的领导及其他领导,成员为运营公司各部门负责人。

主要职责:负责统一指挥、协调城市轨道交通运营突发事件应急救援工作;参与、配合城市轨道交通企业、行政主管部门及上级部门牵头组织的城市轨道交通运营突发事件的应急救援工作。

（2）应急指挥中心。

应急指挥中心设在运营控制中心（OCC）,应急指挥中心成员如下:指挥为分管调度部副总经理,副指挥为调度部经理,成员为调度部副经理、OCC负责人。

主要职责:负责突发事件信息的收集、传达、汇报工作;负责突发事件应急响应的启动和结束工作;负责运营公司范围内各项应急救援工作的协调;在应急领导小组的领导下负责应急响应期间的应急指挥工作;负责对接城市轨道交通公安指挥中心,及时传达运营突发事件有关信息,开展应急联动处置工作;按照相关规定及时联系公安、消防、公交、医疗等社会救援力量参与城市轨道交通应急救援,有效统筹和管理运营公司内部及社会的应急资源。

（3）现场指挥小组。

现场指挥小组由现场指挥和专业救援队伍负责人组成。现场指挥原则上由到达现场职位最高的领导担任,或由现场处置相关专业的部门负责人担任;各专业救援队伍和前期处置负责人为工作人员。必要时,由应急领导小组指定现场指挥。

主要职责:加强与应急指挥中心的联系,及时反馈救援现场情况;负责救援现场的指挥协调工作。

2）应急管理日常机构

运营公司安全保卫部（应急管理办公室）为运营公司应急管理日常机构,承担公司日常应急管理相关工作,履行以下应急管理职责:组织运营公司应急管理专题会议,督促落实有关决定事项;负责运营公司突发事件应急预案体系建设;负责指导、督促各部门应急机制建设工作;负责接收和办理向上级应急机构、外部接口单位报送的紧急事项。

3）现场处置机构

现场处置机构由相应的应急救援队伍组成。应急救援队伍由专业救援队伍、后勤保障队伍和外部救援队伍组成。

主要职责:负责现场应急救援处置工作,抢救受伤人员,疏散乘客,处置突发事件的设施、设备、系统故障,尽力恢复运营服务;开展救援工作服务,为救援工作提供支持;做好应急终止前期各项工作。

（1）专业救援队伍。

专业救援队伍由车辆救援队伍、客运调度救援队伍、供电机电救援队伍、工务通号救援队伍等组成。各部门救援队伍组长由各部门经理担任,副组长由各部门副经理担任。

各部门应急救援队伍在应急领导小组统一指挥下,负责本部门的各项应急准备工作,并根据专业成立相应的专业救援队伍,实施具体的救援行动。组长负责具体的应急救援指挥工作,副组长在各自分管范围内协助组长工作。突发事件发生后,根据应急领导小组的决策意见,开展各项具体救援工作。

(2)后勤保障队伍。

后勤保障队伍由综合部、党群工作部、人力资源部、财务部、物资部以及其他部门可调动的救援力量组成。根据职能分工不同,负责应急救援过程中相应后勤保障工作。如开展现场秩序维护工作,协助有关救援事宜,做好应急救援物资、装备的管理工作,落实应急抢险救援工作资金保障,负责突发事件处置期间的交通、饮食等后勤保障工作。

(3)外部救援队伍。

外部救援队伍主要是能为运营突发事件应急响应提供救援支持的外部单位,如铁路部门、公安部门、公交公司、电力公司、自来水公司、燃气公司、给排水公司等社会单位。另外,要加强与社会力量沟通协调,建立与持有救援机械设备、装备(如起重机、挖掘机、轨道起复设备等)等有关单位和个人的联络机制。

二、突发事件应急处理原则与通用流程

1. 突发事件应急处理原则

处理突发事件应遵循"预防为主、以人为本、反应迅速、先通后复"的原则。

(1)预防为主。

建立健全综合信息支持体系,准确预测、预警,采取防范措施,防止突发事件发生。对已经发生的事件尽可能避免扩大影响。

(2)以人为本。

抢险工作应坚持"先救人,后救物;先全面,后局部"的原则,优先组织人员疏散、伤员抢救,同时兼顾设备和环境保护,将损失降到最低。

(3)反应迅速。

建立"高度集中、统一指挥、逐级负责"的应急指挥体系,做到"早发现、早报告、早控制"。

突发事件应急
处理原则
与通用流程

(4)先通后复。

发生突发事件后,在确保安全的前提下,尽快恢复正常运营。

2. 突发事件应急处理通用流程

突发事件应急处理通用流程分为四个阶段:信息收集和判断、前期处置、应急抢险处置、应急恢复。

1)信息收集和判断

①突发事件初期由OCC值班主任负责总体指挥,OCC值班主任任命属地车务人员(值班站长、车厂调度员等)为事故处理主任,负责现场初期应急处置,收集现场最新的详细情况。同时,OCC向现场工班人员发布抢修令,设备抢修负责人到达现场开

展抢险工作。

②作为行车组织及信息收发单元,OCC在接收到事故处理主任汇报现场信息后应及时调整行车组织和按规定发布相关信息。

③抢险负责人全面负责设备故障处理,在故障处理的前期需要对故障的影响、预计处理时间进行预判,并报OCC和事故处理主任。

④事故处理主任负责现场的抢险组织及客运组织等工作,随着现场情况的不断变化及时将节点性的信息及行车组织建议汇报给OCC。

⑤OCC根据现场信息进行判断,如事件影响已达到响应条件,立即启动相应等级应急响应。

2)前期处置

(1)事故处理主任的任命。

突发事件初期由OCC值班主任负责总体指挥,OCC值班主任任命属地车务人员为事故处理主任后,事故处理主任携带手持无线台前往现场,通过手持无线台及时将故障或险情信息通报OCC,OCC及时发布故障或险情信息,并负责整体把控抢险现场的组织安排工作。

(2)设备抢险负责人的任命。

OCC值班主任发布抢险指令,原则上设备故障类抢险由专业抢险人员担任设备抢险负责人,负责故障点的抢险处置,通报现场情况、抢险进度与方案。

(3)指挥权变更及交接。

①事故处理主任、设备抢险负责人的变更遵循高一层级接替低一层级的原则,低层级人员将先期的现场处置情况做好交接。同时将人员变更信息通报OCC(设备抢险负责人变更还需要通报部门调度),OCC发布人员变更信息(姓名、电话、专业)。

②高层级的事故处理主任或设备抢险负责人与低层级人员进行交接后,担任新的事故处理主任或设备抢险负责人,低层级人员负责协助高层级人员开展后续处置工作。

③为保证应急抢险组织的连贯性,避免人员频繁更替造成信息偏差等问题,在现场指挥部成立前,事故处理主任、设备抢险负责人原则上最多变更一次。

(4)前期应急指挥。

设备抢险负责人到达现场后,开展前期抢修工作,并及时将现场信息报告OCC,OCC根据现场反馈信息和抢险需求,负责本线的应急指挥决策、行车组织、信息发布和资源调配。

3)应急抢险处置

(1)启动响应。

当发生突发事件需要抢险时,由OCC发布启动相应应急响应指令,通知相关层级人员赶赴现场,须明确现场集结地点。

(2)人员集结和报到。

当OCC发布应急响应指令时,由指定人员到达现场担任现场总指挥,各单位支援人员到达现场后向本单位的抢险负责人报到并集中待命,听从抢险负责人安排。

（3）现场指挥部运作。

为确保现场指挥部的完整性和统一性，各抢险负责人到达现场后，围绕现场总指挥开展工作。现场总指挥及抢险组组长指定专人为传令官，完成现场指挥部与抢险现场内、外的信息传递任务。

①现场勘察。现场总指挥召集各抢险负责人及相关专业负责人听取事故处理主任对事发现场及先期处置情况的介绍，并进行事发现场勘察，了解事故经过、影响。

②制订抢险方案。抢险组组长根据现场勘察结果，制订抢险方案及抢险保障措施，经现场总指挥同意后组织实施，各抢险负责人接到抢险指令后负责落实抢险方案及保障措施。

③组织实施抢险。抢险的组织以抢险组组长为主，抢险组组长基于抢险方案安排各专业抢险负责人落实、细化抢险方案和安全措施，各专业抢险负责人直接由抢险组组长领导。在抢险过程中，各专业抢险负责人必须随时、及时地将抢险情况向抢险组组长报告，抢险组组长负责向现场总指挥报告。

④信息传递及指令下达。

主要抢险指挥人员（现场总指挥、抢险领导小组组长等）设置传令官一职，协助进行信息通报、沟通协调及指令下达工作。

各小组有最新情况时，立刻报告现场总指挥或其传令官，并通过信息汇报渠道来汇报各小组情况。

抢险组负责向现场总指挥报告现场抢险情况及进度，接收现场总指挥的指令。

4）应急恢复

在确保安全的前提下，按照"先通后复"的原则恢复通车。现场总指挥接到抢险保障组组长抢险结束报告和恢复通车的信息（包括列车运行限制条件）后，通知安全技术保障组会同抢险组对轨行区进行最后的安全检查和确认。经安全检查确认具备行车条件和人员出清后，由抢险组组长向总指挥或传令官报告（需明确相关列车运行要求，如是否限速等）。现场总指挥向 OCC 下达恢复行车的指令和相关行车要求。OCC 对外发布运营恢复信息。

突发事件应急处理流程如图 1-6 所示。

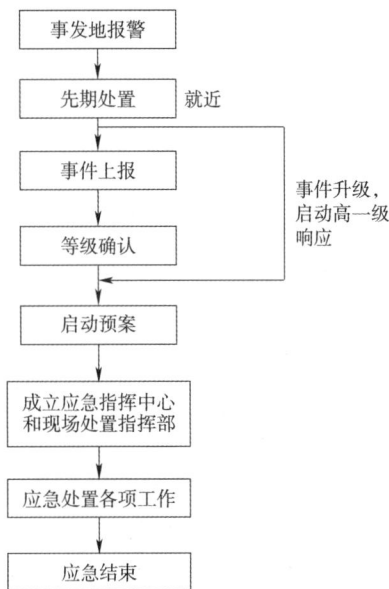

图 1-6 突发事件应急处理流程图

👥 **知识链接1-3** ──────────────────────── ✦

突发事件现场临时负责人的规定

突发事件发生时，在上一级应急处理负责人到达现场前，现场员工按规定担任现场临时应急处理负责人，即事故处理主任；在上一级应急处理负责人到达现场后，则由上一级应急处理负责人担任现场指挥。各场所现场临时负责人（事故处理主任）如表 1-2 所示。

序号	发生场所	现场临时负责人（事故处理主任）
1	列车上（列车在区间）	本列车司机
2	列车上（列车在车站）	所在车站的值班站长
3	车站	所在车站的值班站长
4	区间线路上	行车调度员指定的值班站长
5	场段	车场调度
6	其他场所	现场职务最高的员工

三、突发事件信息通报

车站及运营线路发生突发事件后的请示报告，是减少各类损失、降低事故影响、缩短救援时间的重要环节，全体员工必须对此高度重视。

突发事件
信息通报

1. 突发事件信息通报的原则

突发事件信息通报应遵循迅速、准确、完整的原则，任何员工发现或接到突发事件信息，均应立即执行相应的通报流程，不得延误、中断或缺漏。具体原则如下：

（1）迅速准确、简单明了、逐级上报。

（2）企业内部及协作单位并举。

（3）控制中心负责信息的收集和传递。区间发生突发事件时，由司机立即报告行车调度员（简称"行调"）。车站或基地发生突发事件时，由车站值班站长或信号楼调度员立即报告行调。

（4）发生人员伤亡、火灾、爆炸、毒气袭击等事故，需要报告"119"火警、"120"急救中心或城市轨道交通公安分局时，由现场负责人或目击者在第一时间直接报告；如果无法直接报告，则应遵循尽快报告的原则，向就近的车站或控制中心（信号楼调度员）或上级报告，再报告"119"火警、"120"急救中心或城市轨道交通公安分局。

2. 突发事件信息通报的主要内容

城市轨道交通突发事件信息通报过程中，除了要遵循通报原则，还要确保信息通报内容的准确性和完整性，突发事件信息通报主要内容如下：

（1）报告人姓名、职务和单位（部门、车间、室）；

（2）事件发生类别、时间（时、分）、地点（站、厂、区间、线别、百米标、股道、车次号、车厢号、楼名、楼层、房号等）；

（3）事件发生概况、原因（若能初步判断）及影响运营程度；

（4）人员伤亡情况、设施设备损坏情况；

（5）已采取的措施；

（6）任何需要的援助（包括救援、救护、支援）；

（7）其他必须说明的内容及要求。

3. 突发事件信息通报的流程

城市轨道交通运营突发事件发生后,员工(或目击者)应迅速报告,以便高效、迅速地处置突发事件,因此,运营单位必须建立一套行之有效的信息通报流程。一般来说,运营单位采用突发事件现场到控制中心再到应急处理专业机构和外部支援的三级通报流程。

某地铁车站各类突发事件报告程序见表1-3,表中数字代表信息报告顺序。

某地铁车站各类突发事件报告程序 表1-3

报告对象	火灾、爆炸、毒气	乘客坠轨	站台掉物	列车延误	缝隙夹人	轨行区进人	ATP或ATS故障	AFC全故障	大客流	车站照明全熄灭	安全屏蔽门故障	乘客受伤	乘客死亡	直升梯故障	BOM或闸机全故障	治安纠纷	可疑物品及恐吓电话	人质劫持
行车调度员 环控调度员	①	①	①	①	①	①	①	①	①	①	①		①	②	②		②	②
运营公司	⑤	③	②	②	③	②	③	③	②	③	③	②	④	③	③	②	③	③
站长	⑥	④	③	③	④	③	④	④	③	④	④	③	⑤	④	④	③	④	④
安保部	⑦	⑤	④		⑤	④			④			④	②	⑤		④	⑤	⑤
城市轨道交通公安分局	④	⑥		④	⑥	⑤		⑤	⑤	⑥			③		⑤	①	①	①
消防部门	②																	
急救中心	③	②			②	⑥						①	⑥					⑥
设备部门							②	②		②	②			①	①			

注:1. 黑框内的部门必须报告,黑框外的部门视情况而报;

2. 火灾、毒气袭击发生后,向运调中心报告时只报环调,不再报行调。

任务 1.2　姓名＿＿＿＿　班级＿＿＿＿　小组＿＿＿＿　学号＿＿＿＿　日期＿＿＿＿

任务实施

整理小组调研成果,填写至表中。

序号	运营岗位	工作地点	应急处理工作职责

任务评价

通过个人自评、小组互评、教师点评的方式,对学生的知识掌握情况、资料搜集情况、分析汇报情况、团队合作及职业素养等进行考核计分。

项目	分值	得分
知识掌握情况	30	
资料搜集情况	20	
分析汇报情况	30	
团队合作及职业素养	20	
总分	100	

✏️ 总结反思

通过本任务学习,请对自己在课堂中的表现进行反思及评价。

自我反思:

自我评价:

互助提高

(1)城市轨道交通应急组织机构有哪些？

(2)突发事件发生后,如何进行信息通报？需要遵循什么原则？

(3)试述城市轨道交通突发事件应急处理的通用流程。

拓展训练

(1)通过对城市轨道交通企业的调研或资料收集,了解不同地区处理城市轨道交通应急组织机构的构成情况。

(2)请查阅不同城市轨道交通企业的信息报告及发布原则、信息分级及报告范围。

任务导入

某日23:57,某地铁列车4节车厢尚在隧道中,这时列车突然停驶,司机随即收到车内发生火灾的报警信号。正当乘客不知所措时,列车内的广播响起,指导百余名乘客疏散,两三分钟后乘客疏散完毕。防爆警察随即到达现场,处理燃烧物,并向指挥部报告现场情况。防化警察对整列地铁车厢进行地毯式防化检测,仔细查看有无化学武器藏匿。而××广场站地面的出口处则拉起了隔离警戒线,警察在疏散围在站口的群众。在对列车进行彻底检查并确认无异常后,警方才将警报解除,并将检查结果通知地铁企业,允许地铁列车恢复开行。

想一想:

地铁为什么必须定期举办应急演练?有哪些演练方式?什么是应急预案?它又包括哪些内容呢?

学情检测

1.从方法论角度,事故应急预案属于(　　)。

  A.事前预防   B.事中应急   C.事后教训   D.事后管理

2.预案制订的目的之一,就是希望能够将事故控制在事发初期,尽量减少损失,降低影响。因此对于初期事故的处置,以下说法不正确的是(　　)。

  A.自救非常重要   B.自救可以完全控制事故的蔓延

  C.自救可以为外部救援赢得时间   D.自救应与外部救援相结合

3.(　　)是应急活动的最基本原则。

  A.分级响应   B.属地为主   C.统一指挥   D.公众动员

4.城市轨道交通应急预案包括(　　)。

  A.运营突发事件应急预案   B.自然灾害应急预案

  C.公共卫生事件应急预案   D.社会安全事件应急预案

5.启动应急方案时需汇报的内容有(　　)。

  A.汇报车站、事件发生时间、区间地点、列车编号

  B.事件概况(人、物的基本情况等)

  C.现场先期处置情况

  D.跟进情况报告

任务目标

1.知识目标

(1)认知应急预案的定义与分类。

（2）识记应急预案的层次与文件体系。

（3）掌握应急预案的演练与实施方法。

2. 技能目标

（1）能够说明综合应急预案、专项应急预案和现场处置方案的关系。

（2）能够运用应急预案开展突发事件应急演练。

3. 素养目标

（1）培养认知与分析问题的能力。

（2）培养全局意识，提高综合能力。

任务要求

以小组为单位调研某一城市轨道交通企业的应急预案体系，搜集应急预案，将预案按自然灾害、事故灾难、公共卫生事件和社会安全事件进行列表归类。

任务计划

建议学员小组每组 5～7 人为宜（不宜超过 10 人/组）。教师为每个小组的观察和监督员，并设置组长 1 名，记录员 1 名。

组长：负责组织任务实施，确保组员全员参与。

记录员：负责文案记录工作，记录每个组员的参与情况。

小组成员：完成各项任务，互相监督、互相提出改进意见。

知识储备

一、应急预案的定义与分类

认知应急救援预案

1. 应急预案的定义

应急预案是应急救援准备工作的核心内容。应急预案又称应急计划，是为保证在可能发生的重大事故（件）或灾害中迅速、有序、有效地开展应急救援行动、降低事故损失而预先制订的有关计划或方案。它是在辨识和评估潜在的重大危险、事故类型、发生的可能性及发生过程、事故后果及影响程度的基础上，对应急机构、人员、技术、装备、设施（备）、行动方案以及救援行动的指挥与协调等方面预先作出的具体安排，它明确了在事前、事中、事后，谁负责做什么、何时做以及相应的策略和资源准备等。

◇ 知识链接1-4 ─────────────────────── ✦

应急预案的作用

应急预案在应急管理中的重要作用主要体现在以下几个方面：

（1）明确了应急救援的范围和体系，使应急准备和应急管理，尤其是培训和演习工作的开展有据可依、有章可循。

（2）有利于及时作出应急响应，降低事故危害程度。

（3）成为各类突发事故的应急处理基础。

（4）当发生超过应急能力的重大事故时，便于与上级应急部门协调。

（5）有利于提高各级人员的风险防范意识。

2. 应急预案的分类

应急预案按照突发事件的不同可以分为三种：故障应急预案、事故应急预案、突发事件应急预案。应急预案的分类如图 1-7 所示。

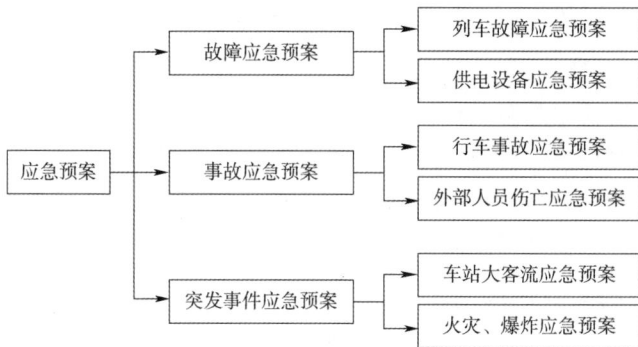

图 1-7　应急预案的分类

二、应急预案的层次与文件体系

1. 应急预案的层次

城市轨道交通系统中可能发生的突发事件是多种多样的，对应急预案合理地划分层次，是将各种类型应急预案有机结合在一起的有效方法。

城市轨道交通系统应急救援体系的总目标是控制事态发展、保障生命与财产安全、恢复正常运营。为了保证各种类型预案之间的整体协调和层次清晰，实现共性与个性、通用性与专业性的结合，宜采用分层次的综合应急预案。从保证预案文件体系的层次清晰及开放性角度考虑，可划分为三个层次，即综合应急预案、专项应急预案和现场处置方案。应急预案的层次如图 1-8 所示。

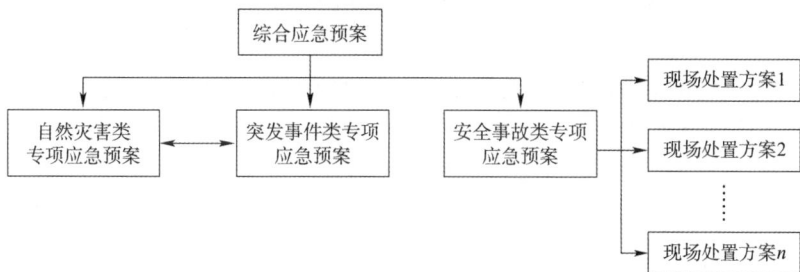

图 1-8　应急预案的层次

（1）综合应急预案。

综合应急预案是企业的总体预案，侧重于应急救援活动的组织协调，从总体上阐述事故的应急方针、政策，明确相关职责、行动等，是应对各类突发事件的综合性文件。

（2）专项应急预案。

专项应急预案是针对不同的突发事件类别、危险源而制订的计划或方案。它在综合应急预案的基础上，充分考虑特定危险的特点和形势、组织机构等进行更具体的阐述。其常作为综合应急预案的附件。

（3）现场处置方案。

现场处置方案是针对在运营过程中特定的具体场所、装置或重要防护区域等发生的具体事故所制订的方案。如列车脱轨、挤岔，车站及线路设备故障，车站火灾等。现场处置方案具体、简单、针对性强。

特殊气象及自然灾害应急预案、防淹门故障应急处理程序、控制中心应急处理程序、疫情暴发应急预案、应急信息报告程序、大面积停电事件应急预案、保卫应急预案、城市轨道交通消防应急预案、机电设备（电梯、给排水、事故照明装置）应急处理措施及程序、供电专业抢修应急预案、工建专业应急预案、车辆专业应急处理办法、水污染应急处理预案、车务安全应急处理程序、接触网（轨）附近有异物的应急处理程序等，都属于专项应急预案和现场预案的范畴。

2. 应急预案的文件体系

从广义上来说，应急预案是一个由各级预案构成的文件体系，它不仅包括应急预案本身，也包括针对某个特定的应急任务或功能所制订的工作程序等。一个完整应急预案的文件体系应包括预案、程序、指导书和记录，是一个四级文件体系。

各预案的内容在详略程度和侧重点上会有所不同，但可以采用相似的结构。

基于应急任务或功能的"1＋4"预案编制基本结构如下：

应急预案＝基本预案＋（应急功能附件＋特殊风险预案＋标准操作程序＋支持附件）

（1）基本预案：该项应急预案的总体描述。主要阐述要解决的紧急情况、应急的组织体系、应急方针、应急资源、应急的总体思路。明确各应急组织在应急准备和应急活动中的职责以及应急预案的演习和管理等规定。

（2）应急功能附件：针对在各类重大事故应急救援中通常要采取的一系列基本应急行动和任务而编制的计划。包括指挥、控制、警报、通信、人群疏散、人群安置、医疗等。明确每一应急功能针对的形势、目标、负责机构、支持机构、任务要求、应急准备和操作程序等。

（3）特殊风险预案：针对每一种可能发生的重大风险事故，明确其相应的主要责任部门、有关支持部门及其相应的职责，为该类专项预案的制订提出的特殊要求和指导意见。

（4）标准操作程序：规定在应急预案中没有给出的每一任务的实施细节，各个应急部门必须制订相应的标准操作程序，为组织或个人提供履行应急预案中规定的职责和任务时所需的详细指导。

（5）支持附件：应急救援有关支持保障系统的描述和相关附图表。如城市轨道交通系统主要危险有害因素登记表、重大事故影响范围预测分析图、应急机构及人员通信联络方式表、消防设施分布图、疏散线路图、媒体联络方式表、相关医疗单位分布图、交通管制范围图等。

三、应急预案的演练与实施

1.应急演练分类

1)按演练形式划分

(1)模拟跑位演练。

模拟跑位演练是指在生产场所模拟特定的意外事故,营造特定的事件情景,然后组织演练人员按应急预案程序的要求,并且规定相关岗位的人员相互配合执行的应急演练。必要时,演练人员可以实际操作相应的设备,在演练结束之后,由相关专业人员检查设备并将其恢复正常。模拟跑位演练最大的好处就是可以提高情景模拟训练的真实性,在紧张、高压的环境下也可以提高检测工作人员应急事故处理能力。

(2)桌面演练。

桌面演练是指在模拟事故、事件情景的情况下,在非生产场所组织演练人员采用口述对话、使用多媒体、写板书、画图、模拟操作设备等形式,按应急预案程序开展的救援模拟行动。桌面演练采用类似"上课教学"的形式,它不需动用车站设备、设施,不可避免地造成了员工的注意力不集中、兴趣不足的问题,使得演练效果大打折扣。不过演练成本低,人员组织容易,是该演练方式的最大优势。

2)按照演练实施时间划分

车站级应急演练包括突击演练和日常演练。

(1)突击演练。

突击演练主要是指在事先没有通知的情况下,随机抽取一部分人员组织参与的专项演练。由于突击性较强,只有演练人员真正掌握了必要的技能才能尽可能减少失误。

(2)日常演练。

日常演练主要是指按照演练计划定期进行演练。此种演练方法具有规律性,演练频率比较高,有利于员工熟悉演练流程。但是由于相关人员事先知道演练的项目和时间,因此该演练方式对能力的提升具有一定的限制性。

2.应急演练组织流程

(1)应急预案培训。

地铁车站级部门应当组织员工进行应急预案培训,培训需要由专业人员进行,确保员工熟悉应急流程。培训要注重实用性及科学性,并保证人员培训的实效性。

(2)应急演练实施。

应急预案培训可以在理论方面和逃生技巧方面给员工提供相应的指导,为了达到满意的应急效果,进行应急演练是十分重要的。这样可以帮助员工将培训中学到的应急知识应用到实际的应急环节中,同时也可以提高应急演练的有效性和真实性。

(3)应急演练总结(观察员)。

观察员对应急演练过程中存在的问题及优势进行分析,并总结报告,以不断改进和完善,从而提高应急演练效果。

（4）应急预案再次演练。

在修改和完善应急预案后，应当再次演练，不断总结预案中的失误，不断改善。对于上次演练中存在的问题，相关人员要找出合适的解决措施。

3. 应急演练效果评价

应急演练结束后应对演练的效果给出评价，并提交演练报告，形成评估报告。

详细说明演练中存在的问题，按照对应急救援工作的影响程度，可以将演练中发现的问题，分为改进项、不足项、整改项。针对暴露出的问题，从完善预案、修订制度、加强培训等方面制订整改措施，明确整改责任，限期全部整改，从而确保预案的高效性，避免预案不完善而导致事态扩大化。

演练报告还需要进行归档管理，如总部、二级/基层单位应建立预案演练档案，档案至少包含演练内容、存在问题和整改完成情况。

任务1.3　姓名_____　班级_____　小组_____　学号_____　日期_____

任务实施

整理小组调研成果,填写至表中。

序号	类别	应急预案
1	自然灾害	
2	事故灾难	
3	公共卫生事件	
4	社会安全事件	

任务评价

通过个人自评、小组互评、教师点评的方式,对学生的知识掌握情况、资料搜集情况、分析汇报情况、团队合作及职业素养等进行考核计分。

项目	分值	得分
知识掌握情况	30	
资料搜集情况	20	
分析汇报情况	30	
团队合作及职业素养	20	
总分	100	

✎ 总结反思

通过本任务学习,请对自己在课堂中的表现进行反思及评价。

自我反思:

自我评价:

互助提高

(1)城市轨道交通应急预案的作用体现在哪些方面?

(2)假如你是值班站长,试述如何有效组织桌面演练。

拓展训练

调研某一城市轨道交通企业的应急预案体系,对于应急预案是否有新的建议,与同学交流与分享。

任务导入

某日 14:00,某线路一列车正行驶,一名乘客因乘坐地铁方向错误,情绪失控,多次脚踹车门并擅自启动列车内的紧急制动装置,列车在区间紧急制动,导致该线路行车中断 20 min。该乘客随后被警方带走,事后被处以行政拘留 5 d 的处罚。

地铁列车因设备故障、技术行为、人为破坏、不可抗力等,均可能会发生突发事故。为保证紧急情况下乘客的人身安全,列车和车站都安装有相应的应急设备,当出现紧急情况时,乘客可以通过应急设备进行报警或自救。

想一想:

城市轨道交通车站与列车有哪些应急设备?你知道其使用时机和使用方法吗?

学情检测

1. 下列不属于车站配备的突发事件抢险器材的是( )。

　　A. 空气呼吸器　　　　B. 防烟面具　　　　C. 便携式扶梯　　　　D. 应急疏散门

2. 乘客发现紧急情况时按下列车内紧急报警按钮后可与( )建立通话。

　　A. 公安　　　　B. 行调　　　　C. 车控室值班人员　　D. 司机

3. 车辆上的驾驶室应至少设置( )具灭火器;每个客室应至少设置( )具灭火器。

　　A. 1;1　　　　B. 1;2　　　　C. 2;1　　　　　D. 2;2

4. 乘客按压站台紧急停车按钮后,会造成( )。

　　A. 自动扶梯紧急停止　　　　　　　　B. 列车紧急停车

　　C. 站台门紧急打开　　　　　　　　　D. 列车门紧急打开

5. 站台门应急门在( )情况下使用。

　　A. 站台门破裂

　　B. 紧急情况下,列车进站停稳,车门未对准滑动门

　　C. 列车到站后 3 s,滑动门未打开

　　D. 任何

任务目标

1. 知识目标

(1)熟悉城市轨道交通应急设备的类型。

(2)明确城市轨道交通应急设备所在位置和使用时机。

(3)掌握城市轨道交通应急设备的使用方法。

2. 技能目标

(1)能够正确使用各种列车应急设备。

(2)能够正确使用各种车站应急设备。

3. 素养目标

(1)树立安全第一的指导思想。

(2)培养遵章守纪、团结协作的意识。

任务要求

以小组为单位调研某一城市轨道交通企业的应急设备,列举应急设备的类型,讨论其所在位置、使用方法与使用时机,提出相关改进建议。

任务计划

建议学员小组每组 5 ~ 7 人为宜(不宜超过 10 人/组)。教师为每个小组的观察和监督员,并设置组长 1 名。

组长:负责组织协调全组成员分工,组织制作展示 PPT。

小组成员:分工合作完成各项任务,包括资料搜集、PPT 制作、汇报等。

知识储备

安全是相对的,没有绝对安全。城市轨道交通运营安全也是相对的,并不存在绝对安全。为了应对突发状况,保护乘客的安全,城市轨道交通运营企业一般在列车、车站、区间内都安装有相应的应急设备。当出现突发状况时,乘客可以通过应急设备报警或进行自救。

一、列车应急设备运用

城市轨道交通车辆在客室和驾驶室内一般都安装有应急设备,主要包括应急疏散门、紧急报警装置、灭火器、紧急开门装置等。

1. 应急疏散门

应急疏散门(图 1-9)一般通过安装于驾驶室左部顶的水平轴垂直向上开启。在手动解锁应急疏散门后,通过气簧执行机构机械动作,可推下专门的接近轨道的紧急梯。当列车在运营区间发生故障时,司机可以通过前后的应急疏散门疏散乘客。通过该门,乘客可以快速、有序地疏散到隧道进行逃生。

列车应急
疏散门

某城市轨道交通列车应急疏散门基本信息如下:

所在位置:两端驾驶室各有一扇。

使用方法:①扳动红色锁把手柄,向上扳动,轻向上推应急疏散门。②按操作指示牌所示标识移走梯盖。③展开紧急梯。

使用时机:发生爆炸、火灾等意外情况,列车在隧道不能运行,需要组织疏散时使用。由司机操作打开,或得到司机广播通知后由乘客使用。

图 1-9　应急疏散门

备注:应急疏散门紧急梯有两级,打开后可从驾驶室铺设到轨道上,形成临时通道。

2. 紧急报警装置

紧急报警装置(图1-10)安装于列车的车厢内。一般情况下,列车的每节车厢至少安装两个紧急报警装置,包括紧急报警器和紧急对讲器。当车厢发生乘客冲突、有人昏厥、火灾等紧急状况时,乘客可以立即使用此装置通知司机,以便司机根据现场情况采取相关措施。

列车紧急报警装置

图 1-10　紧急报警装置

某城市轨道交通列车紧急报警装置基本信息如下:

所在位置:每节车厢有两个,分别安装在车厢前、后端车门斜上方。

使用方法:①向上推动玻璃罩。②按压红色按钮,通话指示灯"讲"亮时报警。

使用时机:遇到爆炸、火灾、毒气袭击以及抢劫、行凶等意外事件时。

备注:乘客按压此按钮,司机在监视器上获取报警信号后,可与乘客进行通话。

🧑 知识链接1-5 ━━━━━━━━━━━━━━━━━━━━━━━━━━━━◆━━━

列车内乘客报警按钮被触发紧急处理办法

若列车停在站台还未启动时,乘客触发了车内报警按钮,(站台)站务员应按以下程序处理:

(1)接收到车内乘客报警按钮(DAB)被触发的信息,立即赶往事发现场并核实报警按钮启动的原因、启动报警按钮的车次或车门,请示值班站长是否需要列车退行。

(2)使用车内乘客报警按钮扬声器与司机沟通,开展乘客救援工作。

(3)确定情况稳定后,(站台)站务员必须将车内报警按钮复位,离开列车,向司机显示"一切妥当"手信号。

(4)行车调度员通知列车司机,车站已将车内报警按钮复位。

(5)(站台)站务员在日志中详细记录该次事件发生的时间、原因,被启动的报警按钮的编号及事件处理经过。

3.灭火器

城市轨道交通列车是运送乘客的封闭型载客工具。其一旦发生火灾,后果不堪设想。因此,在每节车厢里均配备有灭火器(图1-11)。一般情况下,车辆内配备4kg/6kg的灭火器。当列车发生初期火灾或较小火灾时,乘客可自行利用灭火器进行灭火,防止较严重火情出现。

列车灭火器

图1-11 列车灭火器

某城市轨道交通列车配备的灭火器基本信息如下:

所在位置:车厢乘客座位底下(每节车厢有两个干粉灭火器,对应座椅上方有灭火器标志,并有两个固定灭火器的安全带)或车厢前后两端的专门设备内。

使用方法:①打开安全带卡扣。②取出灭火器,拉开插销,对着火源灭火。

使用时机:车上发生火灾时使用。

4.紧急开门装置

在列车的每个车门上均安装有紧急开门装置(图1-12),其是在列车故障或发生紧急情况需要人工开门时使用。

某城市轨道交通列车紧急开门装置基本信息如下:

所在位置:每节车厢内部各车门上方。

使用方法:①打开防护罩。②按照箭头提示方向旋转扳动红色手柄。③拉开车门。

列车紧急
开门装置

使用时机:在紧急情况下,当列车已停在车站,并且车门已对准站台位置,需要乘客自行疏散时使用。

备注:该装置为机械解锁,在无电情况下仍可使用(当列车在区间紧急停车时严禁使用)。

图 1-12　紧急开门装置

二、车站应急设备运用

1.车站机电设备应急装置

车站机电设备应急装置主要有火灾紧急报警器(图 1-13)、自动扶梯紧停装置(图 1-14)、紧急停车按钮(图 1-15)、站台门紧急开关等。其安装位置和数量均根据不同的城市轨道交通系统建设要求而有所不同,但启用时机基本相同,就是必须在发生危及列车行车安全或危及人身安全的紧急情况下使用。

(1)火灾紧急报警器(火警手动报警按钮)。

当车站发生火灾时,乘客可按下报警按钮。车站将启动消防预警,车站工作人员将指引乘客有序撤离现场。

某城市轨道交通车站火灾紧急报警器基本信息如下:

使用时机:发生火情时。

所在位置:车站站厅、站台消防栓和灭火器旁边的墙壁上。

使用方法:按下按钮即可报警。

火灾紧急报警器

(2)自动扶梯紧停装置(自动扶梯紧急停止按钮)。

如果发生地震等自然灾害或出现碰撞、挤压、夹持、电击、跌倒等情况,乘客可以及时按下设在自动扶梯下端的紧急停止按钮,避免乘客人身伤害。在按紧急停止按钮之前应先大声警示提醒已经上扶梯的乘客,以防他们因为惯性站不稳摔倒。

自动扶梯紧停装置

图 1-13　火灾紧急报警器

图 1-14　自动扶梯紧停装置

某城市轨道交通车站自动扶梯紧停装置基本如下：

使用时机：扶梯上发生紧急情况需停止扶梯运行时。

所在位置：自动扶梯上下两端右侧各一个。

使用方法：按压(红色)按钮即可使自动扶梯紧急停止运行。

(3)紧急停车按钮。

紧急停车按钮(ESB)安装在车站站台适当位置，一般每侧站台设置2个。在紧急情况下，比如发生人员掉下站台等危及乘客安全的突发事件时，可以通过按压站台上任意位置的紧急停车按钮，禁止列车自区间进入站台、禁止停在站台的列车出发进入区间、对已启动而尚未完全离开站的列车进行紧急制动停车，从而实现封锁车站的功能。

某城市轨道交通车站紧急停车按钮基本信息如下：

使用时机：车门、站台门夹人夹物、有人或大件物品掉落轨道时。

所在位置：站台墙壁上，靠近列车车头、车尾两侧。

紧急停车按钮

图 1-15　站台紧急停车按钮

使用方法：击碎中间玻璃按压按钮即可。

备注：该设备涉及行车安全，非紧急情况下严禁使用，否则按章处罚。

知识链接1-6

车站必须按压紧急停车按钮的情况

(1)乘客跳下站台，进入轨道区间时。

(2)物品掉下站台，影响列车运行时。

(3)设备及物品侵入限界，阻挡列车正常进出车站时。

(4)站台门或车门夹人时。

(5)站台门或车门夹物影响列车运行时。

(6)其他可能危及行车安全的突发性事件发生时。

(4)站台门手动解锁装置(站台门解锁手柄)。

当列车进站后站台门无法自动开启时,或当列车发生故障,列车车门无法对准站台门时,乘客可使用站台门手动解锁装置。乘客打开开关(推开手柄),可以将站台门推开。非紧急情况下使用站台门手动解锁装置可能会造成列车无法发车、进站以及列车运行中紧急制动等。

某城市轨道交通车站站台门手动解锁装置基本信息如下:

使用时机:紧急情况下,当列车已停在车站,并且车门已对准站台位置,需要乘客自行疏散时。

所在位置:每组站台门内侧中部。

使用方法:①按照箭头指示方向拉开绿色解锁手柄。②拉开站台门。

备注:该装置为机械解锁,在无电情况下仍可使用。

站台门手动解锁装置

2. 事故救援应急设备

城市轨道交通车站常见事故救援应急设备如表1-4所示。

城市轨道交通车站常见事故救援应急设备　　　　　　　　表1-4

 空气呼吸器:在灭火或进入火灾现场疏散人员时短时隔离烟尘、提供压缩空气供人员呼吸的专业消防设备	 防烟面具:在火灾中个人逃生时使用,可防止热气流、热辐射、毒烟、毒气、一氧化碳等有害气体或有害烟雾对头、面部及呼吸系统的伤害	 湿毛巾:当车站发生火灾、生化恐怖袭击时,分发给乘客使用
 自动体外除颤器(AED):可以诊断特定的心律失常,并且给予电击除颤。供非专业人员使用的用于抢救心源性猝死患者的医疗设备	 担架:统一放置于车站行车值班室,指定专人保管	 应急灯:存放于各岗位,车站要定期检查应急灯的性能,按使用说明及时进行充电,专人管理,建立充电登记制度,确保做到随取随用

便携式扶梯:在车站行车值班室和行车副室各放置两个,指定专人保管

防淹挡板:一种安装于地铁口防止雨水流入地铁站内的工具,多块防淹挡板安装于地铁口可有效防水

防汛沙袋:属于消防器材的一种,也称消防应急包,简称沙袋或者沙包

知识链接1-7

空气呼吸器与防烟面具的使用规定

1. 空气呼吸器

车站应定期组织员工演练并掌握空气呼吸器的使用方法,对空气呼吸器进行定期检查,保证气瓶压力在规定允许使用的范围。空气呼吸器压力不足时工作人员及时向安全保卫科通报,确保突发情况发生时能够正常使用。

2. 防烟面具

车站所有员工必须掌握防烟面具(也称逃生面具)使用方法。防烟面具保存期为3年,超过期限工作人员应立即上报安全保卫科以及更换。车站每岗一具、随岗配发、随岗交接,各岗安排人员进行保管并定期检查防烟面具真空包装的完好情况,有不符合标准的及时报安全保卫科。

车站应急抢险器材要由专人保管,不得随意挪作他用。当出现故障、损坏或数量不足时应立即上报有关部门,如人为因素导致器材出现故障、损坏或数量不足必须由肇事者照价赔偿。

三、区间应急设备运用

1. 疏散平台与联络通道

从消防设计上来看,长度超过600 m的区间隧道内中部位置设置联络通道,区间隧道内设置宽度不小于0.6 m的疏散平台。

应急疏散平台与联络通道

(1)疏散平台。

疏散平台(图1-16)通过支架支撑固定在隧道侧壁上,高度与地铁列车车厢的地面持平或低于车厢地面。当列车在隧道中遇险停车时,乘客在列车车门打开后可直接踏上疏散平台,沿疏散平台前往就近安全车站,

并通过车站到达地面。

　　乘客需要特别注意,受现场环境影响,疏散平台宽度一般较小(700~1100 mm),不能两人并行。因此,如遇紧急情况需使用疏散平台时,应听从指挥,依次有序离开现场。

　　(2)联络通道。

　　联络通道(图1-17)是连接同一线路上两条单线区间隧道的通道,当列车在区间遭遇火灾等事故时,供乘客由事故隧道向安全隧道疏散逃生。当区间隧道内发生火灾或事故时,乘客可通过联络通道从事故隧道疏散至相邻的安全隧道内,之后跑向相邻车站的安全区域(图1-18)。

图1-16　疏散平台

图1-17　联络通道

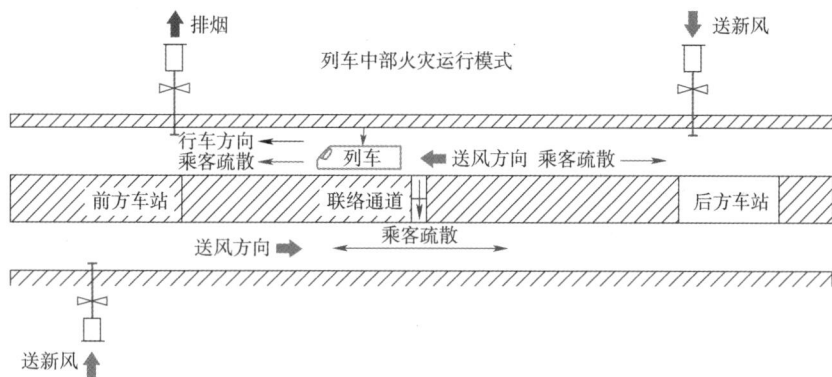
图1-18　区间联络通道应用示意图

2.城市轨道交通防淹门

　　根据《地铁设计规范》(GB 50157—2013):跨河流和临近河流的轨道交通工程,应在进出水域两端的适当位置设置防淹门或其他防淹措施。

　　防淹门作为城市轨道交通的防灾设备,主要应用在水系复杂、常年蓄水或处于海域海岛的地区。城市轨道交通在以地下线路穿越河流或湖泊等水域时,应考虑在进出水域的隧道两端的适当位置设置防淹门,不仅可以阻止越江隧道区间内可能侵入的江水进入城市轨道交通车站,也能防止侵入城市轨道交通车站的地面积水和洪水通过区间隧道淹及相邻城市轨道交通车站。在洪水通过地面出入口入侵城市轨道交通车站时,应根据人员疏散与撤离情况,适时关闭区间隧道的防淹门,以免造成更大的损失。

任务 1.4　姓名_____　班级_____　小组_____　学号_____　日期_____

任务实施

整理小组调研成果,填写至表中。

序号	应急设备名称	所在位置	使用方法	使用时机	改进建议
1					
2					
3					
4					
5					

任务评价

通过个人自评、小组互评、教师点评的方式,对学生的知识掌握情况、资料搜集情况、分析汇报情况、团队合作及职业素养等进行考核计分。

项目	分值	得分
知识掌握情况	30	
资料搜集情况	20	
分析汇报情况	30	
团队合作及职业素养	20	
总分	100	

总结反思

通过本任务学习,请对自己在课堂中的表现进行反思及评价。

自我反思:

自我评价:

互助提高

(1)有些城市轨道交通列车没有设置应急疏散门,城市轨道交通区间隧道内发生意外火灾该怎么办?

(2)乘客坐过站了,可以用紧急报警按钮呼叫司机停车吗?

(3)车站必须按压紧急停车按钮的情况有哪些?以小组为单位展开讨论。

拓展训练

考察某一城市轨道交通企业的安全标志,对于安全标志是否有新的建议,与同学交流与分享。

巩固练习

一、选择题

1. 下列不属于车站机电设备应急装置的是(　　)。
   A. 火灾紧急报警器　　　　　　B. 自动扶梯紧停装置
   C. 紧急停车按钮　　　　　　　D. 应急疏散门

2. 部门内处理突发事件、事故、故障时必须遵循(　　)的原则,参与应急处理的各岗位员工都应紧急行动,迅速开展工作。
   A. 就近处理　　　　　　　　　B. 少数服从多数
   C. 高度集中、统一指挥　　　　D. 服从部门领导

3. 预警信号按照灾害的严重性和紧急程度,分为Ⅳ、Ⅲ、Ⅱ、Ⅰ四级,颜色依次为(　　)。
   A. 黄色、蓝色、红色和橙色　　B. 红色、橙色、蓝色和黄色
   C. 黄色、蓝色、橙色和红色　　D. 蓝色、黄色、橙色和红色

4. 某城市轨道交通企业因自然灾害,导致列车脱轨,造成5人死亡,直接经济损失6000万元,根据《国家城市轨道交通运营突发事件应急预案》的标准,该事件应定性为(　　)。
   A. 特别重大运营突发事件　　　B. 重大运营突发事件
   C. 较大运营突发事件　　　　　D. 一般运营突发事件

5. 突发事件发生于区间线路上时,事故处理负责人由(　　)担任。
   A. OCC控制主任　　　　　　　B. 行调指定的值班站长
   C. 行调指定的行车值班员　　　D. 现场最高职务的员工

二、判断题

1. (　)当列车发生安全事故时,工作人员应以抢救和救治旅客为首要任务。
2. (　)应急管理是对重大事故的全过程管理,贯穿事故发生前、中、后的各个过程,充分体现了"预防为主,常备不懈"的应急思想。
3. (　)发布突发公共事件预警信息时,Ⅱ级(重大)事件一般用红色表示。
4. (　)突发公共事件的信息发布应当实事求是、及时、准确。
5. (　)防烟面具的保存期为3年。

三、简答题

1. 简述城市轨道交通突发事件的定义与特征。

2.试说明突发事件应急预案的层次与分类。

3.简述城市轨道交通突发事件应急处理原则。

4.发生突发事件时,现场报告包括哪些事项？

5.请列举车站必须按压紧急停车按钮的情况。

项目 2

设备故障应急处理

项目描述

　　城市轨道交通设备繁多，其故障类型多样，故障原因复杂，城市轨道交通行业的工作人员，应具备相应的应急处理能力，保证在设备发生故障情况下，能有规可依，有法可行，迅速响应。本项目任务是针对典型设备故障〔站台门故障、自动扶梯故障、垂直电梯故障、信号设备故障、大面积停电、自动售检票系统（AFC）设备大面积故障等〕，能根据现象判断故障类型并分析原因及影响，熟悉各类设备故障应急处理程序及相关要求，能按故障应急处理程序要求进行故障查找、安全防护、乘客引导、信息收发及传达等应急处理。

学习导航

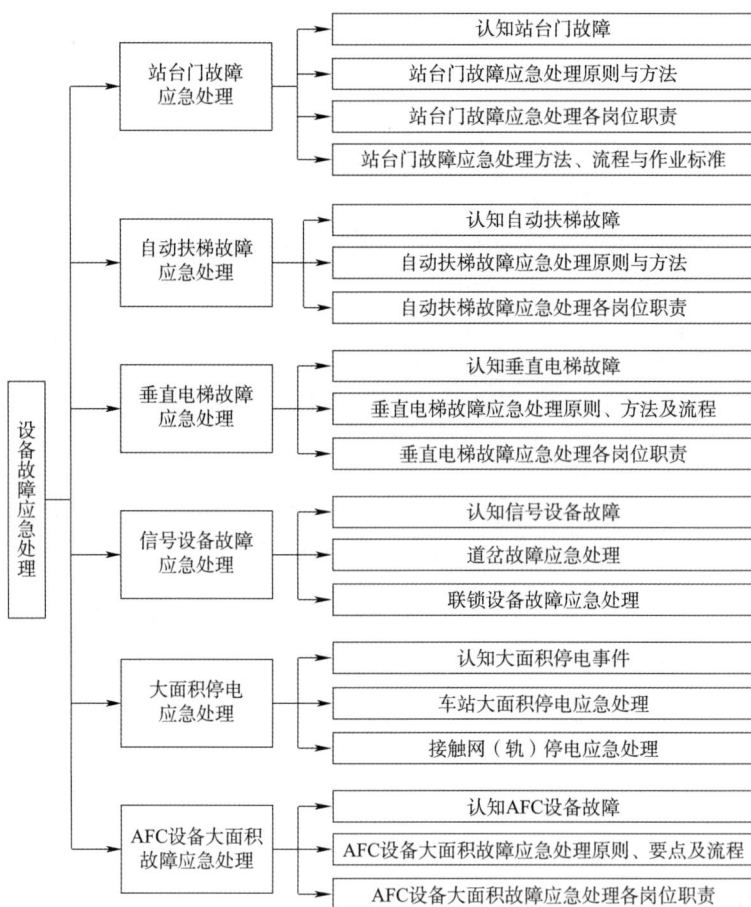

站台门故障
应急处理
- 认知站台门故障
- 站台门故障应急处理原则与方法
- 站台门故障应急处理各岗位职责
- 站台门故障应急处理方法、流程与作业标准

自动扶梯故障
应急处理
- 认知自动扶梯故障
- 自动扶梯故障应急处理原则与方法
- 自动扶梯故障应急处理各岗位职责

垂直电梯故障
应急处理
- 认知垂直电梯故障
- 垂直电梯故障应急处理原则、方法及流程
- 垂直电梯故障应急处理各岗位职责

信号设备故障
应急处理
- 认知信号设备故障
- 道岔故障应急处理
- 联锁设备故障应急处理

大面积停电
应急处理
- 认知大面积停电事件
- 车站大面积停电应急处理
- 接触网（轨）停电应急处理

AFC设备大面积
故障应急处理
- 认知AFC设备故障
- AFC设备大面积故障应急处理原则、要点及流程
- AFC设备大面积故障应急处理各岗位职责

设备故障应急处理

任务导入

某日 7:47,某地铁列车进站乘降完毕后,列车关门。这时,一名 40 多岁背着 3 个行李的乘客冲了过来,无视红灯闪烁警示,不顾"嘀嘀"关门提示声,强行扒开已关闭一半的站台门。站台门弹开后,列车门已正常关闭,但该乘客一直堵在站台门口,站台门反复弹开 3 次,致使站台门防夹功能启动,处于常开状态。这时,正在车尾部接发列车的值班员迅速赶往现场,将乘客和行李拽了出来,并报告车控室,用手中钥匙将站台门调至手动状态进行关闭,通知列车发出,此时列车已延误 50 s。

想一想:

站台门故障有哪些类型?站台门故障会带来哪些影响?如何处理站台门故障?

学情检测

1. 关于站台门故障的处理原则,下列说法正确的是(　　)。

    A. 先通车后恢复　　　　　　　　　B. 先处理后通车

    C. 处理与通车同时进行　　　　　　D. 以上均错误

2. 单个滑动门无法关闭时,站务员在使用 LCB 操作站台门时,应打在(　　)位。

    A. 自动　　　　　B. 手动　　　　　C. 隔离　　　　　D. 任意

3. 单扇站台门无法打开,车站在故障门处需要张贴(　　)告示来提醒乘客。

    A. "请勿倚靠"　　B. "此门故障"　　C. "暂停服务"　　D. "请勿靠近"

4. 当车站内出现多对站台门不能开启的状况的时候,值班站长不应该操作的是(　　)。

    A. 当看到多对站台门不能开启的时候,及时按下紧急停车按钮

    B. 接到站台门故障信息后,及时通知巡视岗和车站督导员到达站台处理

    C. 将信息报行车值班员和故障报警中心

    D. 跟进站台门维修情况,并将站台门的故障和修复情况报行车调度员

5. 当隧道失火或对乘客进行疏散时,可以通过操作(　　)打开整侧滑动门,以便乘客从危险地带转移到安全位置。

    A. PSL　　　　　　　　　　　　　B. IBP

    C. LCB　　　　　　　　　　　　　D. 手动解锁装置

任务目标

1. 知识目标

(1)认知站台门故障。

(2)熟悉站台门故障处理原则与要点。

（3）识记站台门故障应急处理程序及相关要求。

2. 技能目标

能按站台门故障应急处理程序要求进行故障门查找、安全防护、乘客引导、信息收发及传达等应急处理。

3. 素养目标

（1）树立站务人员岗位安全意识。

（2）培养故障应急处理过程中各部门、各岗位间的沟通协作能力。

任务要求

情景设置：运营期间，列车开门/关门作业，突发单个站台门未正常开启/关闭。

请制订一份站台门单门故障应急演练方案，并根据方案分角色开展应急演练。要求：分工明确，配合协调，演练表现力强，整体效果好。

任务计划

建议学员小组每组 5～7 人为宜（不宜超过 10 人/组）。教师为每个小组的观察和监督员，并设置演练组长 1 名，记录员 1 名。

组长：负责演练实施过程的组织，确保组员全员参与。

记录员：负责文案记录工作，记录每个组员的表现情况。

小组成员：扮演行车调度员、值班站长、行车值班员、客运值班员、站务员、支援人员等角色，完成应急演练要求的各项任务，互相监督、互相提出改进意见。

知识储备

一、认知站台门故障

站台门是隔离站台候车区与轨行区的重要安全设备，可充分保证行车安全与候车乘客的人身安全，故而一般城市轨道交通的站台门都实现了与车门的联动开关，并与信号系统形成互锁关系。发生站台门故障时，站台列车不能动车出站或站外列车不能进站，否则影响列车运行，不利于站台乘客的候车安全。

二、站台门故障应急处理原则与方法

1. 应急处理原则

（1）发生站台门故障时，要按照"先通后复"的原则进行处理。

（2）原则上站台门故障时的状态确认和应急处理由车站负责。

（3）运营时段站台门发生故障时，车站要及时做好广播工作，引导乘客上下车。

站台门故障
应急处理

2. 应急处理方法

发生站台门故障时，在确保站台安全的情况下，乘客上下车应急处理优先，故障对信号系统的影响应急处理其次，站台门本体故障应急处理再

次。各部门及下属单位协调配合,按照各自职责开展应急抢险工作,同时及时做好信息报送工作。

(1)单个或少数站台门的滑动门故障时,需由站务员使用专用钥匙进行应急处理。

(2)较多站台门的滑动门故障时,或站台门检测回路故障,影响站台门系统与信号系统的互锁关系,导致列车不能正常运行时,用专用钥匙切除站台门与信号系统的互锁关系(即在 PSL 上激活"互锁解除"按钮),恢复列车运行。

(3)站台门故障(如失电)导致所有滑动门不能开关时,需由(站台)站务员使用专用钥匙逐个开关滑动门,待乘客上下车(一般称为就地级操作)。为节约时间并方便乘客上下车,保证每节车至少应手动开启两对车门对应的站台门。

(4)站台门故障时,站务员须同时做好乘客广播及引导工作,让乘客从正常的站台门上下车。当多对站台门故障时,应保证没有连续不能开启或关闭的滑动门出现,以免影响乘客上下车。站台门修复以后要对相应侧的站台门进行一次开关门试验,确认故障排除。

三、站台门故障应急处理各岗位职责

站台门故障应急处理各岗位职责见表 2-1。

站台门故障应急处理各岗位职责

表 2-1

岗位	职责
值班站长	(1)接到报告后,立即赶到站台了解情况; (2)根据行调命令的操作方式,作出相应车站人员安排,确保站台安全
行车值班员	(1)执行行调命令,当需要车控室远端操作时,按规定正确操作; (2)故障发生后,依次向行调、值班站长、值班室、机电科、站长报告; (3)通过广播引导乘客上下车
站台站务员	(1)重点关注故障门处乘客候车安全; (2)需人工现场手动操作时,按操作方法正确操作,及时开启故障站台门; (3)根据值班站长安排加强站台力量,确保站台安全
保安	根据值班站长安排,到站台维持乘客上下车秩序及保证乘客候车安全

四、站台门故障应急处理方法、流程与作业标准

1. 站台门单门开门故障

(1)处理方法。

列车进站,单道滑动门无法开启。将故障门编号报告内勤,线路控制块(LCB)开关打至"手动关"位直至维修人员到达,引导乘客从其他门上下车。

(2)处理流程。

某地铁站台门单门开门故障的处理流程如图 2-1 所示。

站台门单门
开门故障
应急处理流程

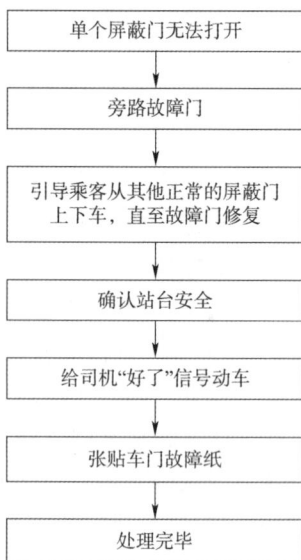

图 2-1　某地铁站台门单门开门故障的处理流程

（3）作业标准。

某地铁单个站台滑动门无法正常开启故障作业标准如表 2-2 所示。

某地铁单个站台滑动门无法正常开启故障作业标准　表 2-2

序号	作业程序	作业内容
1	确认现场情况并汇报	1.站务员观察到存在不正常的站台门状态指示灯显示（站台门门状态指示灯不亮），同时报车控室值班员：上行（下行）×号站台门无法开启。 2.车控室值班员回复：收到
2	现场处置	1.站务员旁路故障门：将 LCB 开关打至"手动开"位。 2.停站时间到，车门关闭，将 LCB 开关打至"手动关"位

2.站台门单门关门故障

（1）处理方法。

乘客乘降完毕后，单道滑动门无法关闭。将故障门编号报告内勤，确认是否有阻碍物，若有则及时清除阻碍物并手动关闭滑动门，若无阻碍物则将 LCB 开关打至"手动关"至维修人员到达。

站台门单门关门
故障应急处理流程

（2）处理流程。

某地铁站台门单门关门故障的处理流程如图 2-2 所示。

（3）作业标准。

某地铁单个站台滑动门无法正常关闭故障作业标准如表 2-3 所示。

3.站台门多门开门故障

（1）处理方法。

列车进站，多道门无法开启。引导乘客从其他可以开启的站台门上下车，查看安全回路是否断开，断开需要在 PSL 上操作"互锁解除"。

站台门多门开门
故障应急处理流程

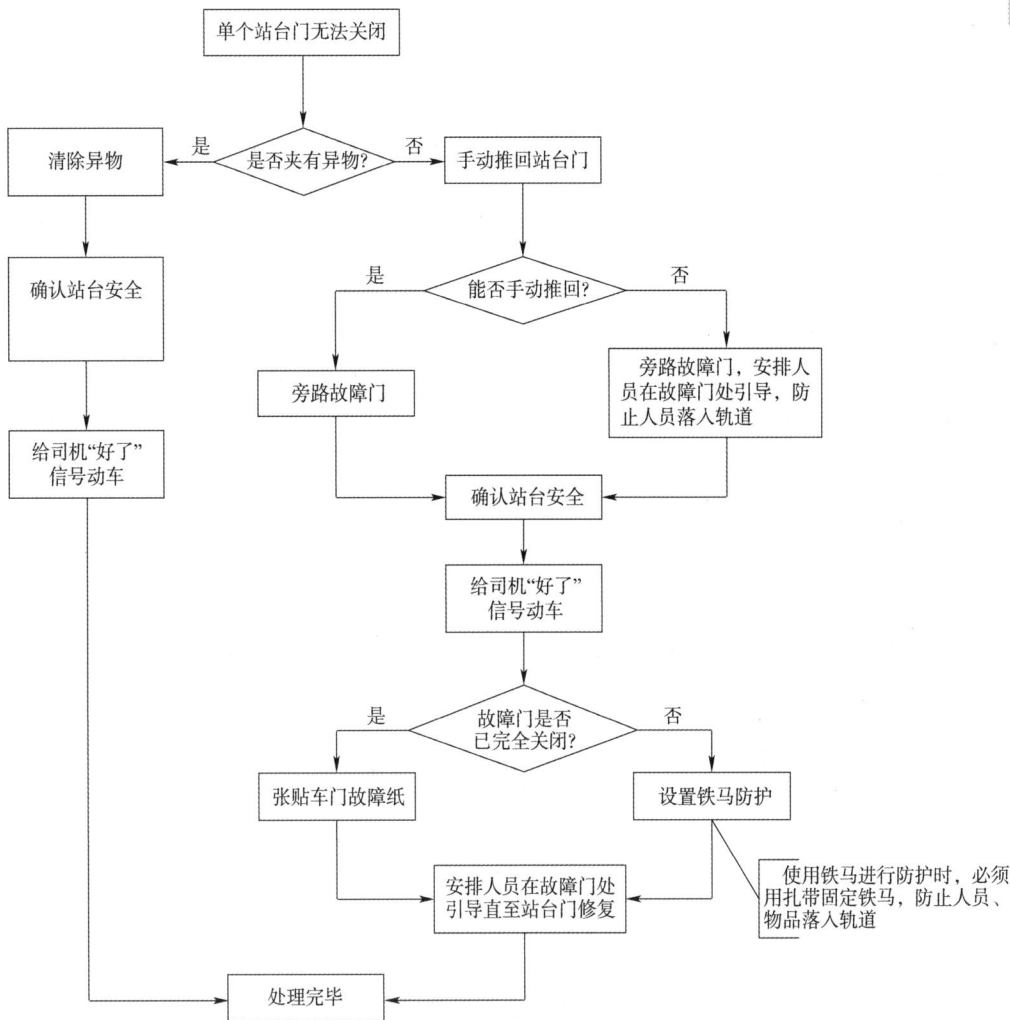

```
单个站台门无法关闭
        ↓
是←── 是否夹有异物? ──否──→ 手动推回站台门
↓                                    ↓
清除异物                    是←── 能否手动推回? ──否
↓                          ↓                      ↓
确认站台安全            旁路故障门          旁路故障门，安排人
↓                          ↓              员在故障门处引导，防
给司机"好了"                ↓              止人员落入轨道
信号动车                    └──→ 确认站台安全 ←──┘
↓                                    ↓
↓                              给司机"好了"
↓                                信号动车
↓                                    ↓
↓                          是←── 故障门是否 ──否
↓                          ↓    已完全关闭?   ↓
↓                      张贴车门故障纸      设置铁马防护
↓                          ↓                  ↓
↓                          ↓        使用铁马进行防护时，必须
↓                          ↓        用扎带固定铁马，防止人员、
↓              安排人员在故障门处      物品落入轨道
↓              引导直至站台门修复
↓                          ↓
└──────────→ 处理完毕 ←────┘
```

图 2-2　某地铁站台门单门关门故障的处理流程

某地铁单个站台滑动门无法正常关闭故障作业标准　　　　　表 2-3

序号	作业程序	作业内容
1	确认现场情况并汇报	1. 站务员观察到存在不正常的站台门状态指示灯显示（站台门门状态指示灯不亮），同时报车控室值班员：上行（下行）× 号站台门无法关闭。 2. 车控室值班员回复：收到。 3. 站务员观察站台门是否存在异物等情况。如有异物则将异物清除。站务员口呼：无异物/有异物，已清除
2	现场处置	1. 站务员旁路故障门：将 LCB 开关打至"手动关"位。 2. 站务员确认故障门关闭。口呼：× 号站台门关闭

（2）作业标准。

某地铁多对站台滑动门无法正常开启故障作业标准如表 2-4 所示。

序号	作业程序	作业内容
1	确认现场情况并汇报	1.站务员观察到存在多对不正常的站台门门状态指示灯显示(站台门门状态指示灯不亮),同时报车控室值班员:上行(下行)多对站台门无法开启。 2.车控室值班员回复:收到。 3.站务员观察站台门是否存在异物等情况。如有异物则将异物清除。站务员口呼:无异物/有异物,已清除
2	现场处置	站务员互锁解除发车: (1)将上行(下行)PSL钥匙开关旋转至互锁解除位,并保持互锁解除位(将互锁解除开关持续拧至开位,此时互锁解除指示灯亮)。 (2)列车出清后,值班员通知:上行(下行)可以停止互锁解除。 (3)松开上行(下行)互锁解除钥匙开关(将互锁解除开关拧至关位,此时互锁解除指示灯灭)

4.站台门多门关门故障

站台门多门关门故障应急处理流程

（1）处理方法。

乘客乘降完毕后,相邻两道门无法关闭。可将 LCB 开关打至"手动关"位。超过两道门故障,则在 PSL 上进行"互锁解除"操作并留守端门,提醒司机为互锁解除模式。

（2）作业标准。

某地铁多对站台滑动门无法正常关闭故障作业标准如表2-5所示。

某地铁多对站台滑动门无法正常关闭故障作业标准   表2-5

序号	作业程序	作业内容
1	确认现场情况并汇报	1.站务员观察到存在多对不正常的站台门门状态指示灯显示(站台门门状态指示灯不亮),同时报车控室值班员:上行(下行)多对站台门无法关闭。 2.车控室值班员回复:收到。 3.站务员观察站台门是否存在异物等情况。如有异物则将异物清除。站务员口呼:无异物/有异物,已清除
2	现场处置	站务员互锁解除发车: (1)将上行(下行)PSL钥匙开关旋转至互锁解除位,并保持互锁解除位(将互锁解除开关持续拧至开位,此时互锁解除指示灯亮)。 (2)列车出清后,值班员通知:上行(下行)可以停止互锁解除。 (3)松开上行(下行)互锁解除钥匙开关(将互锁解除开关拧至关位,此时互锁解除指示灯灭)

5.站台门整侧开门故障

（1）处理方法。

整侧滑动门无法开门。首先由司机打开 PSL 的"操作允许"开关,尝试手动开门,无效则由值班员操作 IBP 盘开门(IBP 盘"操作允许"开关需打至有效位),仍无效则采取以下操作:使用 LCB 钥匙切换至"隔离"位,使用机械钥匙手动开门,保证每节车厢对应的站台门有一道或一道以上常开。发车前进行"互锁解除"操作,并做好站台防护。

（2）处理流程。

某地铁站台门整侧开门故障的处理流程如图2-3所示。

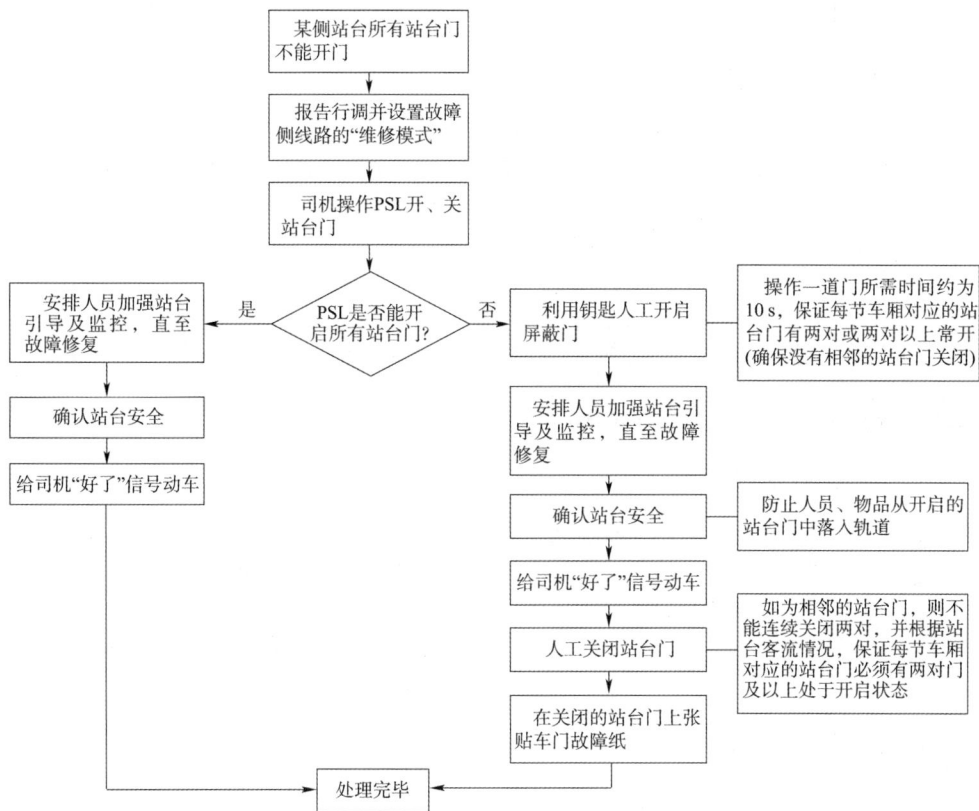

图2-3　某地铁站台门整侧开门故障的处理流程

（3）作业标准。

某地铁整侧站台滑动门无法正常开启故障作业标准如表2-6所示。

某地铁整侧站台滑动门无法正常开启故障作业标准　　　　　表2-6

序号	作业程序	作业内容
1	确认现场情况并汇报	1. 站务员观察到存在整侧站台门未开启，同时报车控室值班员：上行（下行）整侧滑动门未开启，使用PSL操作无效。 2. 车控室值班员回复站务员：上行（下行）整侧滑动门未开启，且PSL和IBP盘操作无效，请处置。 3. 站务员回复：收到
2	现场处置	1. 原则：一节车每隔一门旁路并手动开启一门（将LCB开关打至"手动开"位）。 2. 站务员报告值班员：上行（下行）整侧滑动门处置完毕。 3. 值班员通知站务员：上行（下行）列车未收到站台门关闭锁紧信息，请处置。 4. 站务员回复：收到。 5. 站务员互锁解除发车： （1）将上行（下行）PSL钥匙开关旋转至互锁解除位，并保持互锁解除位（将互锁解除开关持续拧至开位，此时互锁解除指示灯亮）。 （2）列车出清后，值班员通知：上行（下行）可以停止互锁解除。 （3）松开上行（下行）互锁解除钥匙开关（将互锁解除开关拧至关位，此时互锁解除指示灯灭）

6. 站台门整侧关门故障

（1）处理方法。

整侧滑动门无法关门。首先由司机打开 PSL"操作允许"开关，尝试手动关门，车站则进行"互锁解除"操作至维修人员到场，做好站台防护。

（2）处理流程。

某地铁站台门整侧关门故障的处理流程如图 2-4 所示。

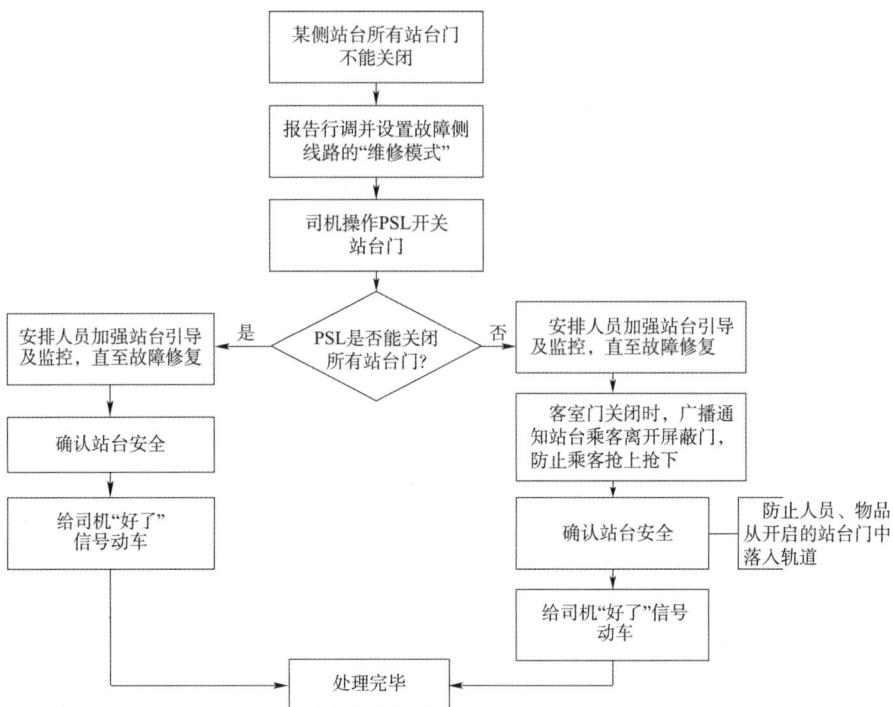

图 2-4　某地铁站台门整侧关门故障的处理流程

（3）作业标准。

某地铁整侧站台滑动门无法正常关闭故障作业标准如表 2-7 所示。

某地铁整侧站台滑动门无法正常关闭故障作业标准　　　　　　　　表 2-7

序号	作业程序	作业内容
1	确认现场情况并汇报	1. 列车关门动车前，站务员观察到整侧站台门无法关闭，同时报车控室值班员：上行（下行）整侧站台门无法关闭。 2. 车控室值班员回复：收到。 3. 站务员观察站台是否存在异物等情况。如有异物则将异物清除。站务员口呼：无异物/有异物，已清除
2	现场处置	站务员互锁解除发车： （1）将上行（下行）PSL 钥匙开关旋转至互锁解除位，并保持互锁解除位（将互锁解除开关持续拧至开位，此时互锁解除指示灯亮）。 （2）列车出清后，值班员通知：上行（下行）可以停止互锁解除。 （3）松开上行（下行）互锁解除钥匙开关（将互锁解除开关拧至关位，此时互锁解除指示灯灭）

任务 2.1　姓名_____　班级_____　小组_____　学号_____　日期_____

任务实施

汇总任务实施情况,填写应急演练记录表。

演练项目:	
地点:	时间:
组长:	记录员:

小组成员及分工	
姓名	岗位

演练脚本

演练总结

任务评价

通过个人自评、小组互评、教师点评的方式,对学生的演练方案编制情况、演练效果及表现力、演练过程记录情况、团队合作及职业素养等进行考核计分。

项目	分值	得分
演练方案编制情况	30	
演练效果及表现力	20	
演练过程记录情况	30	
团队合作及职业素养	20	
总分	100	

✎ 总结反思

通过本任务学习,请对自己在课堂中的表现进行反思及评价。

自我反思:

自我评价:

互助提高

(1)站台门故障处理原则是什么?

(2)站台门单门故障、多门故障与整侧故障应急处理方法有何区别?

(3)对所在城市或其他城市轨道交通企业进行调研,对比不同的站台门应急处理流程异同,并讨论。

拓展训练

模拟多个站台门未正常开启/关闭、整侧站台门未正常开启/关闭等故障状态,进行站台门故障应急处理演练。

任务导入

某日9:36,某地铁线路DWY站A口上行自动扶梯(简称"扶梯")突然发生溜梯故障,导致正在搭乘扶梯的30余名乘客瞬间摔倒滚落。事故共造成一名13岁乘客死亡,3名乘客重伤,27名乘客轻伤。事故调查组认定,此事故是一起责任事故。扶梯制造单位、日常维护保养单位对此次事故的发生负有主要责任,分别被罚20万元;扶梯厂家的重要技术文件发放管理存在问题,对事故负有次要责任,被罚10万元。负责事故扶梯日常维保的两名人员,将被吊销作业许可证,同时,对于这两名涉嫌触及刑法的事故责任人,建议司法机关依法追究刑事责任。

想一想:

造成自动扶梯事故的原因有哪些?如何处理自动扶梯事故?

学情检测

1. 自动扶梯运行时,一旦发现有异常声音或震动,应立即(　　　),停止自动扶梯运行,并通知专业人员检修。

　　A. 报告

　　B. 按下急停按钮

　　C. 引导乘梯乘客离开电梯后关梯

　　D. 查找异常声音或震动的原因

2. 自动扶梯工班人员及车站电梯使用操作管理人员应参加技术监督局培训中心开展的电梯维修操作培训,并取得(　　　)。

　　A. 自动扶梯操作许可证　　　　　　　　B. 电梯维修操作证

　　C. 自动扶梯作业许可证　　　　　　　　D. 自动扶梯操作证

3. 以下情况中需关闭自动扶梯的有(　　　)。

　　A. 突降暴雨

　　B. 巡视中发现自动扶梯有异响

　　C. 有人在自动扶梯上摔倒

　　D. 运营时间无人乘自动扶梯

4. 当车站自动扶梯停梯时,应(　　　)。

　　A. 直接进行开梯操作

　　B. 确认自动扶梯无乘客、无异物后,进行开梯操作

　　C. 确认自动扶梯无法开启后,放置故障提示牌,向乘客做好解释工作,引导乘客从步行梯通行

　　D. 维修人员维修完毕并确认后,进行开梯操作

5.符合电梯运行管理要求的是(　　　)。

A.电梯运行与地铁运营时间同步,运营时间内不得无故关闭电梯

B.每日需对电梯进行检查

C.运营高峰时段、重要节假日,车站要在重点电梯处安排人员值守

D.对于携带较大行李等物品的乘客,须引导其使用垂直电梯或步梯

任务目标

1.知识目标

(1)认知不同自动扶梯故障的风险点、诱发因素及后果。

(2)识记自动扶梯故障应急处理原则。

(3)识记自动扶梯故障应急处理程序及各岗位职责。

2.技能目标

(1)具备简单的自动扶梯基本操作能力。

(2)能在自动扶梯故障时正确自救逃生。

(3)能按自动扶梯故障应急处理程序要求进行故障确认、安全防护、乘客引导、信息收发及传达等应急处理。

3.素养目标

(1)树立站务人员岗位安全意识。

(2)培养故障应急处理过程中各部门、各岗位间的沟通协作能力。

任务要求

情景设置:运营期间,车站工作人员巡视时发现自动扶梯异响,立即向车站值班员汇报。

请制订一份自动扶梯故障应急演练方案,并根据方案分角色开展应急演练。要求:分工明确,配合协调,演练表现力强,整体效果好。

任务计划

建议学员小组每组5~7人为宜(不宜超过10人/组)。教师为每个小组的观察和监督员,并设置演练组长1名,记录员1名。

组长:负责演练实施过程的组织,确保组员全员参与。

记录员:负责文案记录工作,记录每个组员的表现情况。

小组成员:扮演行车调度员、值班站长、行车值班员、客运值班员、站务员、支援人员等角色,完成应急演练要求的各项任务,互相监督、互相提出改进意见。

知识储备

一、认知自动扶梯故障

作为城市轨道交通车站内集散乘客的主要运输工具,自动扶梯可以使乘坐城市轨

道交通的乘客安全、快捷、舒适地进出车站,它是城市轨道交通车站建筑设计中非常重要的一个环节。在自动扶梯使用过程中,设备自身或外在(人为)因素导致故障而造成人员伤亡、财产损失的事故时有发生,如踏板伤人、轴承损坏导致溜梯、急停伤人等。

不同自动扶梯故障的风险点、诱发因素及后果如表2-8所示。

不同自动扶梯故障的风险点、诱发因素及后果　　　　　　　　表2-8

风险点	诱发因素	后果(可能导致的事故)
踏板变形、翘起、脱落、塌陷、卷缠等	踏板质量不合格、老化等	乘客伤亡等
轴承损坏、连接螺栓断裂、驱动链条脱落	相关产品质量不合格、疲劳损坏等	逆行、溜梯、人员伤亡等
失速运行	安全开关、制动器、附加制动器等失效等	乘客挤伤、踩踏、摔伤等
梳齿与踏板齿槽、围裙板与梳齿板、扶手带空槽等间隙部位夹持乘客	相关间隙过大、安全保护开关失效等	乘客被夹持、受伤等
自动扶梯与楼梯板交叉或扶手交叉设置时剪刀口空间、自动扶梯扶手带转向端入口处与地板形成的空间等夹持乘客	剪刀口"小心碰头"告示牌脱落、人员长期蹲靠于扶手带转向端入口处与地板形成的狭小空间	乘客被夹持、受伤等
急停伤人	制动距离过短、急停时引发乘客恐慌等	乘客踩踏、摔伤等

知识链接2-1

自动扶梯遇险自救指南

在发生事故时,应冷静思考后作出判断,避免在事故发生之时盲目奔跑发生踩踏事件。

每台扶梯的上、下两端和中部各有一个紧急停止按钮,一旦发生扶梯意外,靠近按钮的乘客应第一时间按下此按钮,扶梯会自动停下,这样能有效减少事故的伤害。

乘坐扶梯的过程中,如不慎倒地,应该学会用"自我保护动作"来避免事态恶化。滑倒或从高处跌落时,如果让颈部受到强烈的撞击将非常危险,所以应该两手十指交叉相扣,护住后脑和颈部,两肘向前,护住双侧太阳穴。倒地时双膝尽量前屈,护住胸腔和腹腔的重要脏器,侧躺在地。如果发现扶梯前方有人突然摔倒了,应该马上停下脚步,同时大声呼救,告知其他乘客不要向前靠近。自动扶梯遇险自救指南如图2-5所示。

自动扶梯入口扶手处

乘坐自动扶梯时,当遭遇意外事故,或者发现他人发生意外,迅速按下紧急停止按钮

危险点:围裙板与梯级的间隙

当发现前面有人突然摔倒,要马上停下脚步,同时大声呼救,告知后面的人不要向前靠近

大型自动扶梯中部

危险点:扶手带

危险点:梯级间隙

两手十指交叉相扣,护住后脑和颈部,两肘向前,护住双侧太阳穴

自动扶梯内侧盖板底部

危险点:梯级与地面接合处

不慎倒地时,双膝应尽量前屈,护住胸腔和腹腔的重要脏器,侧躺在地

自动扶梯遇险指南

图 2-5　自动扶梯遇险自救指南

二、自动扶梯故障应急处理原则与方法

1. 自动扶梯故障处理原则

(1)以第一时间解救乘客为主,防止事态进一步扩大。

(2)做好隔离防护措施后,组织专业人员尽快查明故障原因,恢复设备运行,保证车站正常客运组织。

(3)各部门及下属单位协调配合,按照各自职责开展应急抢险工作,同时做好信息报送工作。

(4)报质量监管部门现场查验设备状况。

2. 自动扶梯一般性故障或事故应急处理方法

车站的站务人员发现设备故障后,立即对设备做好安全防护,禁止乘客进入。维修人员接到故障通知后,30 min 内赶到现场,并利用专用

自动扶梯故障应急处理

工具、器具对故障进行判断并对设备进行全面检查。当维修人员自身无法处理故障需要技术人员处理时，技术人员接到通知后应在1 h内赶到现场协助处理。故障处理完毕，维修人员汇报部门调度员消除故障后，填写故障处理记录。重大设备故障由技术人员进行分析并提供故障分析报告，以避免今后出现同类故障，同时制订故障处理程序。将故障分析报告存入资料档案。

（1）突然停梯的应急处理。

操作人员应做好记录，切断自动扶梯的控制电源，检查停梯原因。

（2）异常现象的应急处理。

当发现自动扶梯在运行过程中有异常声响、异味、不正常震动和摩擦，梯级或踏板有较大跳动，扶手装置及围裙板有"麻电"感觉现象时，应立即按下紧急停止按钮，使自动扶梯停止运行，并立即通知专业维修人员进行检修，如按下紧急停止按钮仍无法停止运行，应切断供电总电源开关。

（3）无法启动的应急处理。

应先检查电源的供电情况，如无问题但仍无法启动，应暂时停用，进行检修后再投入使用。

（4）制动距离过长的应急处理。

自动扶梯紧急停止时制动距离过长，须及时检查自动扶梯制动器的抱闸间隙、制动器表面油污及磨损情况。

（5）自动扶梯装置夹入异物的应急处理。

发现自动扶梯的出入口或自动扶梯与扶手装置之间夹入异物时，不能等待扶梯的安全保护装置起作用，而应立即按下紧急停止按钮或切断自动扶梯电源开关。

根据夹入异物的情况，对异物进行取出处理，如能顺利取出，对扶手带装置、安全保护开关等有关部位进行检查，确认正常后，重新启动自动扶梯。

如果异物不能顺利取出，须打开驱动机房进行手动盘车，取出异物。如果手动盘车仍不能取出异物，则应请求技术支持，尽快采取可行措施取出异物。

（6）梳齿板夹入异物的应急处理。

当发现梳齿板有异物卡住时，应立即按下紧急停止按钮或切断总电源开关，使扶梯停止运行。

根据夹入异物的情况，借助有关工具取出异物。如果异物能顺利取出，对梳齿板、安全保护开关等有关部位进行检查，确认正常后重新启动自动扶梯。

如果异物不能取出，应打开驱动机房进行手动盘车。如果手动盘车仍不能取出异物，应请求技术支持，尽快采取可行措施取出异物。

案例分析2-1

某站自动扶梯梯级脱落事故

1. 事故经过

某年11月7日15:01，某城市轨道交通A站1号出入口自动扶梯在运行过程中，梯级脱出运行轨道，堆积到扶梯下端地板上，连续损坏67个梯级后，扶梯的梯级缺失监控安全开关检测到梯级的丢失并开始动作,扶梯自动停止运行;15:22,某电梯公司的扶梯维保人员赶到现场进行处理,随后运营公司分管领导,物资设施部、机自中心、安保部、技术部等部门相关人员陆续赶到现场,用彩条布覆盖扶梯进行临时保护处理。当晚,某电梯公司及运营公司相关人员一同对现场进行了初步勘查后,运营公司领导在某站组织召开了现场分析会,落实故障的后续处理办法;11月8日,某电梯公司派出的专家与城市轨道交通总公司、运营公司相关人员共同对现场进行了详细勘查取证,并恢复了故障设备的外观;11月9日,某电梯公司应运营公司的要求,安排维保人员开始参照出厂标准,对全线自动扶梯安全项目及主要运行指标项目共72项,进行全面检查。自动扶梯梯级脱落事故现场如图2-6所示。

图2-6　自动扶梯梯级脱落事故现场

2.事故损失

本次事故造成A站1号出入口自动扶梯停用16 d,对运营服务质量造成了一定的影响。

3.原因分析

导致本案例事故的原因是11月3日某电梯公司维保工维修该梯时,专用维修梯级装夹不到位,导致该维修梯级跳动或攒动,最终脱出轴套,梯级位置发生较大偏移,撞击下端固定的前沿板。

此维修梯级破损后卡夹在前沿板与梯级连杆中间阻塞了后续梯级的通路,导致后续梯级逐个撞击破损后推开下机房盖板冲出下机房,并在扶梯及扶梯出入口处堆积,直到上端梯级缺失保护开关动作才使扶梯停住。

4.防范措施

(1)狠抓质保管理,严格作业程序。
(2)更新安装形式,增加防护措施。
(3)强化过程监督,完善维保工作。

3.自动扶梯客伤事件应急处理方法

若发生自动扶梯客伤事件,车站的站务人员应立即按动红色紧急停止按钮,使自动扶梯停止运行,尽快将伤员送到医院,并对设备做好安全防护,保护现场。部门主管和分管领导接到通知后,尽快赶到现场指挥。维修人员应立即利用专用工具、器具对故障进行判断及对设备进行全面检查。本着"四不放过"(事故原因没有查清不放过,事故责任者没有严肃处理不放过,广大职工没有受到教育不放过,防范措施没有落实不放过)的原则,将故障完全查清楚及处理完毕后再将设备恢复运行。事后,对故障进行分析总结,避免类似事件发生,同时制订故障处理程序。将故障分析报告存入资料档案。

三、自动扶梯故障应急处理各岗位职责

自动扶梯故障应急处理各岗位职责如表 2-9 所示。

自动扶梯故障应急处理各岗位职责 表 2-9

岗位	职责
现场(或首先赶到的)员工	(1)接收到自动扶梯发生人员伤亡事故的信息后,立即到现场处理。 (2)大声通知乘客"紧急停梯,请抓住扶手"后,按下紧急停止按钮。 (3)请现场的其他乘客协助救助当事人,将当事人平抬出扶梯,并请求至少两名目击者作证人。 (4)报告车控室。 (5)将目击证人移交给客运值班员处理。 (6)协助值班站长处理
行车值班员	(1)通知值班站长、客运值班员到现场处理,安排人员到现场维持秩序,封锁现场。 (2)报告行调、维修调度员(简称"维调")、城市轨道交通公安、120(视现场情况而定)。 (3)暂停自动扶梯的使用,并做好防护,未得到事故处理负责人的允许,严禁任何人动用该自动扶梯
值班站长	(1)担任事故处理主任,负责现场事故的处理,协调各岗位工作。 (2)确认当事人的伤势情况,对其进行紧急救助(简单的包扎等),用担架将其送到出口外等候救护车。 (3)组织进行物证、人证的取证工作
客运值班员	(1)到现场负责专项跟进取证工作,并将目击证人带到会议室书写目击经过。 (2)必须请目击证人写下个人的真实资料并作好保管。 (3)必要时移交给公安处理

知识链接2-2

自动扶梯检修注意事项

(1)运营时间内所有自动扶梯停用时,用铁马把自动扶梯上、下端围起进行防护。

(2)重新开启自动扶梯时,应检查自动扶梯是否有异常(尤其是上部及下部),执行开关自动扶梯规范程序。

(3)进行自动扶梯维修作业前,值班站长必须到现场确认自动扶梯上、下端均用专业防护工具(黄色防护屏风)隔离,发现违规作业,没有设置规定防护的,应立即制止,并报环调。同时车站在自动扶梯上、下端加设铁马防护。

(4)在自动扶梯维修作业期间,车站也需要做好客流引导工作,避免乘客误乘正在进行维修作业的自动扶梯。

(5)如需要开启自动扶梯盖板施工,车站还必须要求维修人员安排人员在开启的自动扶梯盖板附近做好引导,车站值班站长在作业期间至少巡视检查该作业一次,检查防护设置和维修人员引导情况,发现施工作业过程中缺乏人员互控,维修人员未安排人员引导的,应立即制止施工,并报环调。

城市轨道交通应急处理（第2版）

任务 2.2　姓名_____　班级_____　小组_____　学号_____　日期_____

任务实施

汇总任务实施情况,填写应急演练记录表。

演练项目:	
地点:	时间:
组长:	记录员:
小组成员及分工	
姓名	岗位
演练脚本	
演练总结	

任务评价

通过个人自评、小组互评、教师点评的方式,对学生的演练方案编制情况、演练效果及表现力、演练过程记录情况、团队合作及职业素养等进行考核计分。

项目	分值	得分
演练方案编制情况	30	
演练效果及表现力	20	
演练过程记录情况	30	
团队合作及职业素养	20	
总分	100	

✏ 总结反思

通过本任务学习，请对自己在课堂中的表现进行反思及评价。

自我反思：

自我评价：

互助提高

（1）自动扶梯试运行时发生异响、异常震动等情况时，车站工作人员应如何处理？

（2）车站工作人员巡查时发现有乘客携带大件行李正准备乘坐自动扶梯应如何处理？

（3）乘客摔倒、大件行李掉落或发生其他紧急情况时，车站工作人员应如何处理？

拓展训练

情景设置：运营期间，车站出入口上行扶梯突然发生溜梯故障，导致正在搭乘自动扶梯的乘客摔倒滚落。

请结合以上情景，制订一份自动扶梯溜梯故障应急处理方案。

任务导入

某日晚,某地铁车站17名乘客乘坐专用电梯准备出站时,电梯停在距地面1.5 m处,由于通风设备也停止运行,加之轿厢空间狭小,被困者出现呼吸困难,有乘客拆下扶手准备敲碎玻璃逃生,但被地铁保安制止。危急之中,有乘客掰开一条门缝,3名小孩得以喘息。在被困30 min后,乘客获救,其中4名乘客因身体不适被送往医院,经检查均无大碍。事件发生后,该地铁企业对于此次应急处理时间较长深表歉意,并承诺进行全面检讨。

想一想:

被困电梯时如何自救?电梯困人时扒门自救有何危险?遇到电梯下坠时如何做好自我保护?乘坐垂直电梯有哪些安全注意事项?

学情检测

1. 按压轨道交通车站内的垂直电梯里的"呼叫按钮",可实现( )。

   A. 报120   B. 报110

   C. 与车站控制室(综控室)通话   D. 与行调通话

2. 发生垂直电梯困人事故时,( )负责现场的组织协调,为救援提供便利条件。电梯专业人员提供专业建议,由( )发布命令,电梯专业救援人员实施。

   A. 站长、值班站长   B. 值班站长、行车值班员

   C. 值班站长、值班站长   D. 行车值班员、值班站长

3. 车站工作人员发现垂直电梯( ),应进行停梯操作。

   A. 设备运行有异常声音   B. 不能正常开关门

   C. 不能正常平层   D. 出现危及人员安全的其他情况

4. 垂直电梯在运行中发生故障,乘客被困在电梯轿厢内,车站工作人员应了解( )。

   A. 电梯轿厢所停的位置   B. 是否有病人或存在其他危险因素

   C. 被困人数   D. 被困人姓名

5. 当确定车站垂直电梯困人时,现场工作人员应( )。

   A. 安抚被困人员   B. 要求被困人员保持冷静

   C. 等候专业人员救助   D. 打开轿厢门

任务目标

1. 知识目标

(1)认知不同垂直电梯故障的风险点、诱发因素及后果。

（2）识记垂直电梯故障应急处理原则。

（3）识记垂直电梯故障应急处理程序及各岗位职责。

2. 技能目标

（1）能够进行简单的垂直电梯基本操作。

（2）能在遇到垂直电梯故障时正确自救逃生。

（3）能按垂直电梯故障应急处理程序要求进行故障确认、安全防护、乘客引导、信息收发及传达等应急处理。

3. 素养目标

（1）树立站务人员岗位安全意识。

（2）培养故障应急处理过程中各部门、各岗位间的沟通协作能力。

任务要求

情景设置：运营期间，车站站台至站厅垂直电梯在运行中发生故障，车站值班员发现后报警，通过电梯三方电话与被困乘客取得联系，得知电梯内有 5 名乘客被困，立即通知值班站长赶往事发地点进行确认，在确认垂直电梯困人后，立即启动电梯困人伤人应急预案，对被困乘客进行安抚、救援。

请制订一份垂直电梯困人应急演练方案，并根据应急演练方案分角色开展演练。要求：分工明确，配合协调，演练表现力强，整体效果好。

任务计划

建议学员小组每组 5 ~ 7 人为宜（不宜超过 10 人/组）。教师为每个小组的观察和监督员，并设置演练组长 1 名，记录员 1 名。

组长：负责演练实施过程的组织，确保组员全员参与。

记录员：负责文案记录工作，记录每个组员的表现情况。

小组成员：扮演行车调度员、值班站长、行车值班员、客运值班员、站务员、支援人员等角色，完成应急演练要求的各项任务，互相监督、互相提出改进意见。

知识储备

一、认知垂直电梯故障

在城市轨道交通车站中，垂直电梯兼具无障碍设施与大尺寸重行李的垂直乘降功能。由于使用频繁，垂直电梯容易发生冲顶、坠落、失速运行、开关门夹伤乘客、困人等故障。

不同垂直电梯故障的风险点、诱发因素及后果如表 2-10 所示。

不同垂直电梯故障的风险点、诱发因素及后果　　　　　　　　表 2-10

风险点	诱发因素	后果（可能导致的事故）
困人	厅门、轿门卡异物，安全开关动作等	乘客受惊、发生踩踏等
轿厢冲顶、坠落等	制动器、安全开关、安全钳失效等	乘客伤亡等

风险点	诱发因素	后果（可能导致的事故）
失速运行	制动器、安全开关、安全钳失效等	乘客伤亡等
开关门夹伤乘客	红外光幕检测系统、防夹指开关失效	乘客伤亡等

知识链接2-3

垂直电梯遇险自救指南

在电梯事故中,最常见的是电梯突然停住,而电梯高速下坠的概率很低。当电梯出事故时,乘客需先镇静下来,按电梯中的紧急按钮或拨打服务电话,等待救援,切不可砸门、扒门,否则容易增加电梯突然下坠的概率。

垂直电梯遇险自救指南(1)

倘若遇到电梯突然下坠的情况,首先,应将每层楼的按键迅速按下,此时紧急电源启动,电梯可以马上停止下坠。然后将整个背部和头部紧贴电梯内墙,呈一条直线,从而利用电梯壁来保护脊椎。然后,紧握扶手以固定位置,防止因重心不稳而摔伤。倘若电梯内没有扶手,便用手抱颈,以避免脖子受伤,另外,膝盖须呈弯曲姿势,因为韧带是人体最富有弹性的一个组织,借用膝盖弯曲来承受重击压力。最后,脚尖点地、脚跟提起,以减缓冲力。

垂直电梯遇险自救指南(2)

小思考2-1

电梯困人时扒门自救有何危险?

首先,让我们来了解一下电梯出现故障时的运作程序。

从电梯的构造上来说,电梯的安全部件分为四个部分:安全电路、限速器(纯机械)、安全钳(纯机械)、轿底缓冲器(纯机械)。

垂直电梯超失速安全保护系统

简单来说,电梯出现故障时,首先由安全电路动作,将电梯停掉;如果安全电路坏了,电梯一旦失速,电梯的机械式限速器和安全钳就会动作,限速器和安全钳都是纯机械部件,即使没有任何电力或钢丝绳全部断掉,在电梯的速度大于电梯额定速度的115%的情况下,限速器也会带动安全钳动作,将电梯紧紧地钳在电梯导轨上,让电梯动弹不得,所以现在的电梯才被称为安全电梯。如果电梯的限速器和安全钳都坏了,电梯井道下也有缓冲器,当然,如果楼层高的话,缓冲器也只能起到一定的作用,电梯里面的乘客肯定会受伤。

垂直电梯终端越位安全保护系统

因此,电梯即使没电,也不会出现任何危险。但是如果没电,关在电梯里的乘客的确会出现焦躁等情绪。不过,早在十几年前,电梯就已经有了断电自动平层系统,就是根据电梯的功率和楼层间距,安装一个蓄电池,在电梯没电的情况下,由蓄电池对电梯进行供电,将电梯停在最近的楼层,开门将乘客放出。但不是每台电梯都配置有断电

自动平层系统,需要购买电梯的开发商或单位提出加价选配,电梯公司才会提供。

有些性急的乘客被困时会尝试自行从里面打开电梯,这是消防人员极力抵制的一种自救方式。因为电梯在出现故障时,门的安全电路有时会发生失灵的情况,这时电梯可能会异常启动。强行扒门就很危险,容易造成人身伤害。另外,被困乘客不了解电梯停运时身处的楼层位置,盲目扒开电梯门,也会有坠入电梯井的风险。

二、垂直电梯故障应急处理原则、方法及流程

1. 垂直电梯故障应急处理原则

(1)以第一时间解救乘客为主,防止事态进一步扩大。

(2)做好隔离防护措施后,组织专业人员尽快查明故障原因,恢复设备运行,保证车站正常客运组织。

(3)各部门及下属单位协调配合,按照各自职责开展应急抢险工作,同时做好信息报送工作。

2. 垂直电梯剪切事故应急处理方法

(1)先断开电梯主电源开关,以避免在救援过程中突然恢复供电而发生意外,同时报急救中心。

(2)有足够的救援人员在场且先行救援不会导致受伤人员受到二次伤害的情况下,可在急救中心专业急救人员到来之前进行救援,否则应根据急救中心急救人员的指示进行前期救援准备工作并在急救中心急救人员到来后配合救援工作。

(3)轿厢内人员或层站乘客在出入轿厢时被剪切。

①如果可以通过打开电梯门直接救出乘客,则应在保证安全的前提下,用层门钥匙打开相应层门,救出被困乘客。

②如果不可以通过打开电梯门直接救出乘客,则派相应人员在受伤乘客所在楼层留守,相应人员进行盘车救援操作或紧急电动运行,并且保持与留守在受伤乘客所在楼层的人员通信,一旦可以将受伤乘客救出,则停止盘车救援操作或紧急电动运行。在保证安全的前提下,用层门开锁钥匙打开相应层门,救出被困乘客。

(4)乘客或其他人员在非出入轿厢时被剪切(发生轿底或轿顶剪切)。

①发生轿底剪切时,相应人员在受伤乘客所在楼层留守,相应人员进行盘车救援操作或紧急电动运行(使轿厢向上移动),并且保持与留守在受伤乘客所在楼层的人员通信,一旦可以将受伤乘客救出,则停止盘车救援操作或紧急电动运行。

②发生轿顶剪切时,相应人员在受伤乘客所在楼层留守,相应人员进行盘车救援操作或紧急电动运行(使轿厢向下移动),并且保持与留守在受伤乘客所在楼层的人员通信,一旦可以将受伤乘客救出,则停止盘车救援操作或紧急电动运行。

(5)救出乘客后,根据急救中心急救人员的指示进行下一步救援工作。

3. 垂直电梯困人事故应急处理措施与流程

运行中的电梯会因供电线路故障、限电、电梯设备老化等,致使乘客被困在轿厢

垂直电梯故障
应急处理

内,乘客要及时报警。电梯的轿厢里通常都设有报警装置,配有电梯应急电话、对讲机,或摄像监控镜头。乘客一旦被困,应及时使用。其次是在救援中要听从维保人员的指挥,密切合作。如电梯有操作人员,操作人员应对乘客说明原因,使乘客保持镇静并与维保人员联系;如无操作人员,维保人员应设法与轿厢内被困人员取得联系,说明原因,使乘客保持镇静。如事故由供电引起,对于短时停电有备用发电机的应及时启用备用发电机。由线路故障或其他原因造成的长时间停电,应考虑采用盘车等适当的方式将乘客救出。

垂直电梯困人事故应急处理措施如下:

（1）报行调,安抚好乘客使其保持镇定,广播寻找持电梯维修操作证人员协助。

（2）确认当事人的伤势情况,进行紧急救助（简单的包扎等）,拨打120。

（3）提前准备好专用电梯钥匙,等候救援人员到场处理。

（4）解困后,暂停相应设备的使用（待相关专业人员检测后才能投入使用）。

垂直电梯故障（困人事故）应急处理流程如图 2-7 所示。

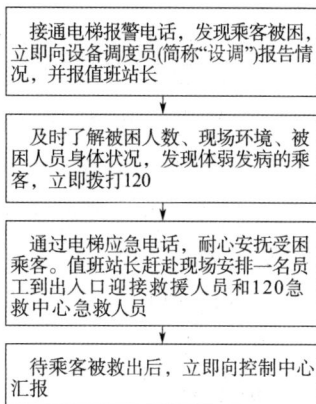

| 接通电梯报警电话,发现乘客被困,立即向设备调度员(简称"设调")报告情况,并报值班站长 |
| 及时了解被困人数、现场环境、被困人员身体状况,发现体弱发病的乘客,立即拨打120 |
| 通过电梯应急电话,耐心安抚受困乘客。值班站长赶赴现场安排一名员工到出入口迎接救援人员和120急救中心急救人员 |
| 待乘客被救出后,立即向控制中心汇报 |

图 2-7　垂直电梯故障（困人事故）应急处理流程

三、垂直电梯故障应急处理各岗位职责

垂直电梯故障（困人事故）应急处理各岗位职责如表 2-11 所示。

垂直电梯故障（困人事故）应急处理各岗位职责　　　　表 2-11

岗位	职责
现场发现人员	（1）发现乘客被困电梯,立即汇报车控室; （2）疏散围观乘客,协助值班站长做好隔离防护工作
行车值班员	（1）接收到乘客被困电梯信息时,立即查看闭路电视（CCTV）/视频监控系统,用电梯应急电话安抚被困乘客,并报值班站长、维调,记录好各时间点信息。 （2）做好与维调、车站各岗位之间的信息传递,密切监视被困人员情况。 （3）视被困乘客伤亡情况,报维调
值班站长	（1）发生电梯困人时,立即赶至现场了解情况。 （2）安抚乘客,稳定乘客情绪。 （3）告知被困乘客不要倚靠轿厢门,不要擅自扒开、撬砸轿厢门。 （4）设置电梯停用标志和隔离带,禁止乘客乘坐故障电梯。 （5）维修人员到现场后,提供协助。 （6）救出乘客后,安抚乘客,了解其受伤情况
客运值班员	（1）协助值班站长处理,维持现场秩序。 （2）准备好应急药箱,必要时使用
保安、保洁	（1）发现乘客被困电梯,立即汇报车控室。 （2）疏散围观乘客,协助值班站长做好隔离防护工作

电梯困人的施救方法

1. 电梯停靠在楼层附近的处理方法

（1）到机房将电源开关断开，防止电梯突然运行造成事故。

（2）在厅外用三角钥匙将层门打开，将乘客从轿厢内放出。

2. 电梯轿厢在两层楼的中间或冲顶、蹲底时的处理方法

（1）劝说乘客镇静等待，劝阻乘客不要强行手扒轿门或试图出入轿厢，并与维保人员或消防人员取得联系。

（2）维保人员到达现场后，应了解轿厢被困人数及其健康状况、轿厢内应急灯是否点亮、轿厢所停层站位置，以便解困工作的开展。

（3）告知乘客尽量远离轿门或已开启的轿厢门口，不要倚靠层门、轿厢门，不要在轿厢内吸烟、打闹，听从工作人员指挥。

施救方法一：施救人员在轿厢位置的上层将层门用钥匙打开，进入轿顶，将电梯设置为检修运行状态，以慢速运行方式将轿厢运行至就近楼层的平层位置，用钥匙将门打开，让乘客撤离。

施救方法二：盘车放人操作。具体方法如下：

①操作前先通知被困人员，盘车操作已经开始，请乘客或司机配合。

②盘车放人操作一般由两人在机房进行。操作前必须先切断总电源开关，一人用松闸扳手打开制动器，另一人盘车。当将轿厢盘至最近层楼面时可停止盘车，使制动器复位。

③让乘客从轿厢内打开层门，或用钥匙打开紧急门锁，并协助乘客撤离。

④盘车时，应缓慢进行，尤其在轿厢处于轻载状态下往上盘车时，应防止对重侧比轿厢重而造成溜车。

如发生事故时轿厢处于冲顶或蹲底的状态，宜采用施救方法二的盘车放人操作方法解救被困乘客。在电梯技术条件允许时，也可以在检修状态下，短接好相关安全回路，在机房控制柜以检修速度将轿厢运行至顶楼平层或底楼的平层位置，救出被困乘客后，使安全回路恢复正常功能。

注：只有取得电梯维修操作证并通过电梯公司放人操作培训，掌握放人操作技能的电梯使用管理人员，才可在10 min内按规定程序步骤尝试完成放人，其他人不得对故障电梯进行任何救援操作，以防操作不当导致乘客伤亡。

任务 2.3　姓名＿＿＿＿＿　班级＿＿＿＿＿　小组＿＿＿＿＿　学号＿＿＿＿＿　日期＿＿＿＿＿

任务实施

汇总任务实施情况，填写应急演练记录表。

演练项目：		
地点：		时间：
组长：		记录员：
小组成员及分工		
姓名		岗位
演练脚本		
演练总结		

任务评价

通过个人自评、小组互评、教师点评的方式，对学生的演练方案编制情况、演练效果及表现力、演练过程记录情况、团队合作及职业素养等进行考核计分。

项目	分值	得分
演练方案编制情况	30	
演练效果及表现力	20	
演练过程记录情况	30	
团队合作及职业素养	20	
总分	100	

✎ 总结反思

通过本任务学习，请对自己在课堂中的表现进行反思及评价。

自我反思：

自我评价：

互助提高

（1）在运营过程中可能会造成垂直电梯困人事故的因素有哪些？

（2）车站应该采取哪些预防措施避免垂直电梯困人事故的发生？

（3）作为一名值班站长或一名车站有关岗位员工，车站发生垂直电梯困人事故时，现场报告包括哪些事项？对于处理流程是否有新的建议？与同学交流与分享。

拓展训练

情景设置：运营期间，车站站台至站厅直升电梯在运行中发生故障，开关门夹伤乘客。

请结合以上情景，制订一份电梯剪切事故应急处理方案。

任务导入

某日 14:00,某地铁 XTD 站信号设备故障,14:10J 站至 N 站上下行采用电话闭塞方式,列车限速运行;15:51 一列列车行至 Y 站至 L 站下行区间不慎与前车发生追尾。271 人受伤,其中 20 人重伤。

电话闭塞法行车时无设备控制,为了防止人员疏忽向占用区间发车,造成同向列车追尾,车站行车值班员接发列车要严格按照作业程序和要求进行,严把承认闭塞和填发路票两大关卡,按列车运行图不间断地接发列车。

想一想:

案例中为何会发生列车追尾?信号系统发生故障时,什么情况下会改用电话闭塞法组织行车?电话闭塞法组织行车有什么规定?

学情检测

1. 正线联锁区发生联锁故障时,由(　　)决定采用站间电话闭塞法组织行车。
   A. 行车调度员　　　　　　　　　B. 控制主任
   C. OCC 值班主任　　　　　　　　D. 值班站长
2. 采用电话闭塞法时,正线车站所有行车许可证在(　　)办理。
   A. 站台监控亭　　　　　　　　　B. 车控室(综控室)
   C. 站长室　　　　　　　　　　　D. 信号设备室
3. 采用电话闭塞法组织行车期间,站台接发车人员携带的物品不包含(　　)。
   A. 电台　　　　　　　　　　　　B. 站台门钥匙
   C. 笔　　　　　　　　　　　　　D. 钩锁器
4. 电话闭塞法组织行车时行车凭证为(　　)。
   A. 行调口头命令　　　　　　　　B. 车控室指令
   C. 调度书面命令/路票　　　　　D. 信号机
5. 道岔应经常保持良好的状态,当(　　)时应禁止使用。
   A. 道岔两尖轨互相脱离
   B. 尖轨与基本轨在静止状态下不密贴
   C. 尖轨或基本轨损坏
   D. 辙叉心损坏

任务目标

1. 知识目标
(1)认知信号设备故障的现象、原因及影响。
(2)识记信号设备故障应急处理程序及相关要求。

2. 能力目标

(1)能够根据故障现象,初步判断故障原因,判断行车组织方法。

(2)能按信号设备故障应急处理程序要求进行手摇道岔、进路确认等应急处理。

(3)能按信号设备故障应急处理程序要求进行信息收发及传达、降级行车组织、接发列车、疏导客流等应急处理。

3. 素养目标

(1)树立站务人员岗位安全意识。

(2)培养故障应急处理过程中各部门、各岗位间的沟通协作能力。

任务要求

情景设置:运营期间,列车司机发现列车长时间没有接收到目标速度,电务人员确认分布式控制系统(DCS)故障1 h内不能及时修复,行调发布命令A至B站上下行区间改用电话闭塞法组织行车。

请根据任务情景,制订一份电话闭塞法接发列车应急演练方案,并根据方案分角色开展应急演练。要求:分工明确,配合协调,演练表现力强,整体效果好。

任务计划

建议学员小组每组5~7人为宜(不宜超过10人/组)。教师为每个小组的观察和监督员,并设置演练组长1名,记录员1名。

组长:负责演练实施过程的组织,确保组员全员参与。

记录员:负责文案记录工作,记录每个学员的表现情况,记录演练过程中存在的不足及改进意见。

小组成员:扮演行车调度员、值班站长、行车值班员、客运值班员、站务员、支援人员等角色,完成应急演练要求的各项任务,互相监督、互相提出改进意见。

知识储备

一、认知信号设备故障

城市轨道交通信号设备能够实现列车进路控制、列车间隔控制、调度指挥、信息管理、设备工况监测及维护管理等功能。

信号设备故障包含列车自动防护(ATP)/自动运行(ATO)子系统故障、列车自动监控(ATS)子系统故障、联锁子系统故障、轨道电路/计轴设备故障、数据通信子系统故障等。信号设备故障可能造成列车受损、列车延误、行车中断及人员伤亡等危害。不同信号设备故障的风险点、诱发因素及后果如表2-12所示。

风险点	诱发因素	后果(可能导致的事故)
ATP/ATO 子系统	列车自动轮径校准失败	列车不能正常定位导致行车中断
	列车 ATO 模式下定位停车不准	列车过标或者欠标停车,车门/站台门不能正常开启
	列车在前后追踪运行时,信号系统输出列车不安全授权	可能导致列车冲突
	区域控制器(ZC)宕机	正线部分区域内列车降级,且无法建立基于通信的列车控制(CBTC)模式
ATS 子系统	运行图加载错误或失败	可能导致当日不能按图正常运营或行车中断
	大屏黑屏	调度工作站指挥行车或控制权下放车站办理可能导致行车事故
	车站工作站黑屏、脱机或不能操作	可能导致行车事故
	ATS 软硬件故障,导致中央及车站工作站黑屏、脱机,无法监控一个或多个联锁区内运行车辆的状态	可能导致行车事故
联锁子系统	室内与室外联锁设备显示信息不一致或联锁关系错误等	可能导致列车冲突、脱轨
	道岔转换阻力过大,导致不能正常转换,无法密贴	可能导致列车挤岔、脱轨
	转辙机行程开关故障,转辙机无法转动或道岔失去表示	可能导致列车挤岔、脱轨
	转辙机安装装置异常震动	可能导致转辙机杆件、固定螺栓断裂
	车场与正线联锁失效	可能导致行车事故
轨道占用检查设备(轨道电路/计轴设备)	列车占用出清检查错误	可能导致列车冲突
	基频、载频等电气指标偏移	可能导致轨道区段红光带,行车中断
	环线、钢轨连接线、磁头安装卡具等破损、断裂	可能导致断线、磁头脱落,不能正常传输速度信息和检查列车占用信息,行车中断
	磁头受外力打击	可能导致计轴磁头意外损坏
数据通信子系统	AP 箱/TRE 箱箱体脱落或开盖	可能导致侵入车辆限界
	车地无线通信受同频干扰	可能导致列车车地无线通信中断,行车中断
	波导管、无线天线、漏缆进水、覆雪	可能降低无线覆盖强度而影响无线数据传输,行车中断
	车地无线通信网络存在外界攻击	可能导致网络瘫痪

二、道岔故障应急处理

城市轨道交通道岔是列车折返、变更进路时必须使用的行车关键设备,当道岔故障影响正线进路时,列车难以绕行通过故障点。故障道岔钩锁后自动列车被迫降级到人工模式限速通过,故障点通过能力降低将持续影响全线列车。与此同时,设备抢修不能中断正线行车,抢修时间、空间又受到明显限制,尤其是折返站咽喉道岔故障,故障影响范围广,应急处理难度大。

1. 道岔故障的类型

转辙机故障时,道岔尖轨与基本轨不密贴,故障处理需到轨旁进行。而道岔位置表示器故障时,道岔尖轨会密贴在一个位置,故障处理常可在信号设备房进行。

(1)单个道岔故障。

单个道岔故障包括不能转动、左(或右)位转不到位、道岔左右位均无表示等,出现故障时需要尝试转换道岔两个来回。

故障不能排除时,车站人员要下线路确认(手摇)道岔转至需要的位置并加钩锁器,列车以自动或人工模式通过道岔。

(2)联锁区内所有道岔故障。

联锁故障时,联锁区内所有道岔位置失去表示,道岔不能电子转动。故障区内要按区间间隔控制列车运行,所有道岔要现场手摇、钩锁在正确位置,列车以人工模式通过道岔。

2. 道岔故障处理原则

(1)折返时非必经的道岔故障:可暂不处理,优先选择其他折返进路进行折返。

(2)站前折返,列车必经且必须转动的道岔故障时,按照行调命令或者按照电话闭塞法组织行车。

(3)站后折返,列车必经且必须转动的道岔故障时,按照调车方式组织行车,具体流程按后文所述。

(4)列车必经但不是必须转动的道岔故障时,则电子锁定在正确位置(不能锁定时则人工手摇并钩锁在正确位置),由行调组织列车折返,配合设备抢修可以采用调车方式组织列车折返。如需操作此类道岔,要经事故处理主任同意,且动作后需到现场重新确认道岔状态。

3. 道岔故障应急处理方法

(1)道岔挤岔故障。

①判断有无列车变更进路,如有则办理变更进路。

②在确认道岔区段空闲及安全前提下,执行"挤岔恢复"命令;若故障仍存在,则通知维修人员。

③执行"转换道岔"命令,对道岔进行左/右位转动操作 2 次后故障仍不能排除时,只能人工办理进路。

(2)道岔无表示故障。

①判断有无列车变更进路,如有则办理变更进路。

②在确认道岔区段空闲及安全前提下,执行"转换道岔"命令,对道岔进行左/右位转动操作2次后故障仍不能排除时,只能人工办理进路。

(3)道岔连接中断故障。

①判断有无列车变更进路,如有则办理变更进路。

②若在允许时间内,故障不能排除,只能人工办理进路。

4.道岔故障应急处理程序

(1)行车调度员发现道岔不能正常转换时,应立即向车站值班员下放"站控",站控失败后立即下达"强行站控"就地操作的命令。

(2)立即通知相关运营公司生产调度室组织通号维保部和工务维保部抢修。

(3)车站工作人员现场办理进路,确认道岔位置正确后用钩锁器锁闭道岔、凭手信号接发列车。

(4)行车调度员向列车司机下达降级运行命令,列车驾驶改为RM模式,列车司机根据行车调度员命令及手信号,通过故障道岔所在的轨道区段。

(5)根据故障道岔区段的通过能力,调整列车运行间隔,向全线发布运营受阻信息。

(6)客服管理部指定现场事故处理负责人,由现场事故处理负责人负责故障区域内的现场行车指挥及现场人员的安全,并协调道岔转换、抢修人员的作业。

(7)事故处理负责人确认在抢险过程中,列车的运行将会危及抢险作业人员的人身安全或行车安全时,应向行车调度员申请封锁区间。

(8)故障处理完毕后,由现场事故处理负责人报告行车调度员恢复设备正常使用。

知识链接2-5

人工转换道岔的作业程序

(1)作业人员进入轨行区必须请示行车调度员并得到行车调度员许可。

(2)车控室值班人员向准备进路人员布置任务。

(3)值班站长和站务员2人着荧光衣、戴手套,并携带有关备品,如信号灯/旗、手摇把、道岔钥匙、端墙门钥匙、钩锁器、扳手、对讲机、无线调度电台和手电筒等。

(4)下线路前得到行车调度员允许,人工准备进路必须从距列车最远的道岔开始,由远及近依次排列。

(5)现场确认道岔,需要转向时应1人操作,1人防护、确认,操作者用工具按正确程序打开盖孔板(须先切断电源),手摇道岔,准备好进路,另一人确认道岔位置正确后加锁。

(6)确认进路上各道岔的开通位置时,相互用对讲机联络,同时用手信号显示正确情况。

(7)上(下)行线路的进路准备妥当并出清线路后报告车控室,再准备下(上)行线路进路。

(8)行车值班员接到进路准备妥当、线路出清的汇报后,立即做好相应线路的接车或发车准备工作并报告行车调度员。

(9)人工摇动道岔时须严格执行如下"六步曲"程序,执行互控、他控程序。

一看:看道岔开通位置是否正确,是否需要改变位置。

二开:切断电源,打开盖孔板及钩锁器的锁,拆下钩锁器。

三摇:摇道岔使其转向所需的位置,在听到"咔嚓"的落槽声后停止。

四确认:手指尖轨,"尖轨密贴开通左(右)位"并和另一人共同确认。

五加锁:另一人在确认道岔位置开通正确后,用钩锁器锁定道岔尖轨。

六汇报:向车控室汇报道岔开通位置。

如果是折返线的道岔,站务员在完成手摇道岔的作业程序后,还须站在安全位置向列车司机发出动车信号[昼间是拢起的黄色信号旗高举头上左右摇摆,夜间是信号灯(白色灯光)高举头上],并目送列车通过道岔。列车通过道岔后站务员还应留在安全位置,手持无线调度电台,继续在折返线等候行车值班员的命令,直到任务结束。任务结束后,站务员应收集全部工具,确保没有遗留任何材料后,返回车站并向行车值班员报告。

◆◇

5. 道岔故障应急处理各岗位职责

道岔故障应急处理各岗位职责如表2-13所示。

道岔故障应急处理各岗位职责 表2-13

岗位	职责
行车调度员	(1)立即下放"站控",站控失败时,向车站值班员下达"强行站控"并就地操作的命令。 (2)下达准许道岔抢修人员进入道岔区的抢修作业命令。 (3)若能现场操作办理进路、中间站道岔故障但能固定开通正线时,应尽量维持列车运行。 (4)第一时间确认现场事故处理负责人并通知全线各次列车司机采用"现场"方式办理。 (5)通知停运车站停止售票、检票,并将停运车站及停运原因通告全线。 (6)故障期间行车调度员应及时调整列车运行秩序,采用小交路、大小交路套跑等方式维持运营,将调整后的列车运行交路通知轮乘室相应列车司机,并通知相关运营公司生产调度室,做好客运组织工作
值班站长	故障发生后,协调各部门对进入轨行区抢险的人员进行把控
行车值班员	(1)根据行车调度员命令进行站控。 (2)确认道岔位置正确后用钩锁器锁闭道岔,凭现场组汇报接发列车。 (3)在维修完成销记前不得操作
列车司机	(1)接到命令后在指定地点降为RM模式,凭车站现场人员给出的手信号通过故障道岔所在的进路。 (2)驾驶过程中加强瞭望,控制车速,发现异常及时采取措施,确保安全
道岔抢修人员	(1)接行车调度员抢修作业命令后进入现场抢修。 (2)配合现场事故处理负责人进行抢修

道岔出现故障时常用的行车调整方式

（1）及时扣车。防止多列车进入同一区间，防止列车在区间长时间停车引发乘客恐慌。

（2）增加列车停站时间。立即组织全线列车多停和非故障端终点站晚发，可拉长行车周期，延迟列车到达故障区域时间。多停和晚发的时间依据实际情况而定。

（3）组织部分列车小交路折返。决定折返后提前向司机和车站发布小交路折返的命令；与相关车站确认线路空闲，提前准备好折返的进路；使用站前折返时，提前通知车站派站台门操作员到站台头端，协助列车司机开/关站台门。

（4）减少上线列车数量，与列车小交路结合使用。根据故障处理期间的行车周期和行车间隔，计算所需上线列车数，及时组织多余列车退出服务，减轻调整运行秩序和控制列车的压力。组织列车在非故障端终点站清客后进入存车线或折返线退出服务，或空车进入中间站存车线、辅助线及出入车场线等，或尾随载客列车空车运行。列车退出服务，应选择在故障恢复时能够快速投入服务地点，优先选择正线辅助线，车场线路次之。

三、联锁设备故障应急处理

1.联锁设备故障的类型

车站联锁设备发生故障时，一般会出现某联锁区（或全线）在调度中心人机界面（MMI）（车站级）上无法显示、车站现场操作工作站（LOW）无显示、通向故障区的进路无法排列、列车在故障区内收不到速度码，或产生紧急制动等现象。根据联锁设备故障发生的范围可以将其分为全线联锁设备故障和集中站联锁设备故障两种情况。无论出现哪种情况，基本的处理方法都是行车调度员给故障区段下达按电话闭塞法行车的调度命令，在非故障区段行车组织方法不变。

2.联锁设备故障应急处理原则

（1）只具备站前折返功能的车站，按照电话闭塞法组织行车。

（2）只具备站后折返功能的车站，正线故障影响区域按照电话闭塞法组织行车，站后折返车站按调车方式办理。

（3）同时具备站前和站后折返功能的车站，正线故障影响区域按照电话闭塞法组织行车，站后折返车站按调车方式办理；或者站前折返，按照电话闭塞法组织行车。

3.联锁设备故障应急处理方法

当联锁设备出现故障时，正常的进路无法排列、信号无法开放，所有的移动、准移动、自动闭塞都无法实现。在这种情况下，城市轨道交通企业主要是在故障区段采用电话闭塞法组织行车。改用电话闭塞法行车，必须有行车调度员命令。在停止使用基本闭塞法时,改用电话闭塞法行车,将控制权下放,实行车站控制,即由车站行车值班员办理接发列车,由于电话闭塞法行车时无设备控制,为了防止人员疏忽而向占用区间发车,造成同向列车追尾,要求行车值班员在接发列车作业过程中,严格按照规定的作业程序和要求进行,严把承认闭塞和填发路票两大关卡,以确保接发列车作业安全。

知识链接2-7

电话闭塞法组织原则

联锁设备出现故障后,由于列车在故障区内只能以 RM(URM)模式运行,车站按电话闭塞法办理接发列车,因而对乘客服务的影响很大,尤其是近年来乘客对城市轨道交通服务质量要求越来越高,而联锁设备故障造成的列车延误一般都在 15 min 以上,因此联锁设备故障经常造成乘客退票,对城市轨道交通企业产生较大的负面影响。但越是在这种情况下,行车指挥人员越应将保障乘客安全放在第一位,切不可因为担心乘客退票或投诉而强行提高效率,置行车安全于不顾。

(1)发生故障需要组织降级运营时必须贯彻"安全第一,效率第二"的原则。确认行车凭证正确且完整后方可给出动车指令或动车。

(2)采用电话闭塞法时,电话闭塞法组织行车区段中各站各方向列车以 RM 模式运行,由车站将限速值记录在路票上,并与司机进行交接,司机严格按路票中的限速行车。

(3)如遇线路限速低于上述限速要求,按实际线路限速要求行车;如遇雨天、雾天等特殊天气,中速运行。

(4)每一个区段内只允许一列列车占用。

(5)占用区段的行车凭证为路票,区段内的信号机显示视为无效。

(6)各站在准备好本站发车进路后,方可请求闭塞;在准备好本站接车进路后,方可同意闭塞。

(7)当信号设备恢复联锁条件后,行调在发布取消电话闭塞法命令前,必须与车站确认线路人员出清后,方可发布取消命令。

任务 2.4　　姓名＿＿＿＿　班级＿＿＿＿　小组＿＿＿＿　学号＿＿＿＿　日期＿＿＿＿

任务实施

汇总任务实施情况，填写应急演练记录表。

演练项目：		
地点：	时间：	
组长：	记录员：	
小组成员及分工		
姓名	岗位	
演练脚本		
演练总结		

任务评价

通过个人自评、小组互评、教师点评的方式，对学生的演练方案编制情况、演练效果及表现力、演练过程记录情况、团队合作及职业素养等进行考核计分。

项目	分值	得分
演练方案编制情况	30	
演练效果及表现力	20	
演练过程记录情况	30	
团队合作及职业素养	20	
总分	100	

✎ 总结反思

通过本任务学习,请对自己在课堂中的表现进行反思及评价。

自我反思:

自我评价:

互助提高

(1)处理道岔故障应遵循哪些原则?

(2)联锁设备出现故障时,行车组织有哪些主要工作?

(3)轨道电路/计轴设备故障会对正常运营造成哪些影响? 有哪些行车组织的应对措施?

拓展训练

情景设置:运营期间,车站处于车站控制状态,现场无列车占用,控制台某道岔出现挤岔报警,经单扳试验故障仍不能排除,车站人员下线路确认(手摇)道岔转至需要的位置并加钩锁器,列车以自动或人工模式通过道岔。

请根据以上情景设置,制订一份手摇道岔应急演练方案,并根据应急演练方案分组分角色开展演练。

任务导入

某日,一场突如其来的停电事故给 LD 轨道交通和 YGL 东南部的铁路交通带来了巨大混乱。停电对 LD 发达的轨道交通网络的影响最为严重,当时正值下班高峰期,每小时有 500 多趟列车在伦敦地下穿梭。停电之后,近 2/3 的轨道交通列车停运,大约 25 万人被困在轨道交通列车中,许多轨道交通站被迫暂时关闭。由于停电,LD 轨道交通里漆黑一片,工作人员一时无法确定各趟列车到底停在隧道里的位置,疏散工作一度遇到困难,但受困的 25 万乘客没有惊慌失措,始终耐心等待,并在救援人员到达后积极地配合并进行有序撤离,从而创造了 25 万人全部安全撤离无一人伤亡的奇迹。正是在乘客的积极配合下,LD 交通部最终凭借高效的应急系统和出色的危机管理能力,迅速消除了停电带来的恐慌。

想一想:

大面积停电的原因有哪些?停电会对城市轨道交通运营造成哪些影响?大面积停电的预防措施有哪些?

学情检测

1.我国城市轨道交通车辆的供电电源一般采用( )的网压。

    A. DC 750 V 或 150 V   B. DC 1500 V 或 1200 V

    C. DC 150 V 或 350 V   D. DC1500 V 或 750 V

2.一旦中断供电会造成人身事故、主要设备损坏的负荷级别是( )。

    A. 二级负荷   B. 三级负荷   C. 特级负荷   D. 一级负荷

3.将中压 35 kV 电源降压整流后变成供轨道交通列车使用的直流 1500 V 的变电所是( )。

    A. 降压变电所   B. 主变电所   C. 区域变电所   D. 牵引变电所

4.( )属于车站用电负荷中的一级负荷。

    A. 污水泵   B. 自动扶梯   C. 站台门   D. 冷却塔风机

5.下列选项中不属于牵引供电方式的是( )。

    A. 直接供电方式   B. BT 供电方式

    C. AT 供电方式   D. 间接供电方式

任务目标

1.知识目标

(1)认知大面积停电的原因及影响。

(2)识记车站大面积停电应急处理程序及各岗位职责。

(3)识记接触网(轨)停电应急处理程序及各岗位职责。

2. 技能目标

(1)能分析大面积停电的原因及影响。

(2)能按车站大面积停电应急处理程序要求进行信息收发及传达、通知专业人员处理故障、播放停运广播等应急处理。

(3)能按接触网(轨)停电应急处理程序要求进行信息收发及传达、通知专业人员处理故障、播放停运广播等应急处理。

3. 素养目标

(1)树立站务人员岗位安全意识。

(2)培养故障应急处理过程中各部门、各岗位间的沟通协作能力。

任务要求

情景设置:运营期间,车站照明全部熄灭,车站立即启动车站照明完全熄灭应急预案,利用车站地面、墙面蓄光型紧急逃生标志及车站备用的应急照明灯、探照灯等照明设备,引导乘客依次从站台到站厅再到出口进行安全疏散。

请制订一份车站照明完全熄灭应急演练方案,并根据方案分角色开展应急演练。要求:分工明确,配合协调,模拟演练表现力强,整体效果好。

任务计划

建议学员小组每组 5~7 人为宜(不宜超过 10 人/组)。教师为每个小组的观察和监督员,并设置演练组长 1 名,记录员 1 名。

组长:负责演练实施过程的组织,确保组员全员参与。

记录员:负责文案记录工作,记录每个组员的表现情况。

小组成员:扮演行车调度员、值班站长、行车值班员、客运值班员、站务员、支援人员等角色,完成应急演练要求的各项任务,互相监督、互相提出改进意见。

知识储备

一、认知大面积停电事件

城市轨道交通大面积停电是指城市轨道交通系统整体或较大范围内电力供应中断,严重影响列车运行及乘客的正常出行。人流密集的地下站大面积停电容易造成乘客恐慌,严重的可能导致踩踏事故,现场处理的关键是及时提供应急照明和做好乘客安抚、引导工作。

1. 大面积停电的原因

(1)电力设备故障,包括变压所变压器故障、整流机组故障、断路器故障、传输电缆故障、接触网故障以及电力监控系统故障等。

(2)城市电力网故障,也可能会造成城市轨道交通大面积停电。

(3)路面施工和恐怖袭击等原因对电力系统造成的人为外力破坏。

(4)自然气象灾害对电力系统造成的破坏。

2.大面积停电对城市轨道交通运营的影响

（1）可造成城市轨道交通局部或全线运营中断，影响乘客出行，给城市地面交通带来极大的压力。

（2）在人员疏散过程中产生的大客流，容易引起乘客恐慌，可能造成踩踏、挤压等事故。

（3）影响城市轨道交通在公众心中的形象。

（4）供电中断可能造成通信、信号、机电等系统不能正常使用，从而引发次生事故和灾害。（备注：停电后车站 AFC 设备、自动扶梯、垂直电梯、空调、风机等设备都会停止运行，事故照明、BAS 工作站停电后备用电源可维持 1 h 供电，FAS 停电后正常监控情况下可维持 8 h，火警联动状态可维持 0.5 h。）

💡 小思考2-2 ————————————————◆———

城市轨道交通停电如何疏散？

（1）停电疏散时，乘客应该按照工作人员的指引有序下车，不要拥挤，依次走到地面。

（2）城市轨道交通列车车门上方的"紧急开门手柄"不能擅动。如果列车正好停靠在站台上，可拉下"紧急开门手柄"；如果在列车停在隧道中时拉下"紧急开门手柄"，会十分危险。

（3）城市轨道交通站台和通道内均设有明显的疏散指示标志（图2-8），突然停电后乘客应按照疏散指示标志沉着应对，就能很快安全、有序地疏散到地面。

（4）如果停电造成城市轨道交通车门打不开，没有工作人员的现场安排，乘客不得擅自扒门。

图2-8 蓄光型疏散指示标志

——————◆◆————————————————

二、车站大面积停电应急处理

1.车站大面积停电应急处理原则

车站大面积停电应急处理要判断正确、反应迅速、措施稳妥；以"以人为本、服务乘客、快速处置、尽快恢复、减少对运营造成的影响"为原则；实行高度集中、统一指挥，各岗位员工要听从指挥和分工；做好停电后的设备保护；根据需要，在确保安全的情况下，恢复供电后尽快投入运营。

2.车站大面积停电应急处理措施

车站发生大面积停电时，如果车站停电时间较短，值班站长安排人员关停自动扶梯，检查确认垂直电梯没有关人后锁电梯，在乘客进出站的楼梯、自动扶梯、闸机等重要的地方放置应急灯，并用手提广播引导乘客慢行进、出站。如果车站长时间无法恢复供电，请求行调让列车不停靠本站，指示站务员停止售票、检票，通知全站员工疏散乘客出站，并关闭车站。待恢复供电时，重新开放车站。

（1）报行调，广播安抚乘客不要惊慌。听从工作人员指引，并检查垂直电梯是否困人。

（2）原则上在停电 30 min 内，行调维持原有列车运行。车站引导乘客只出不进。若停电超过 30 min，行调组织列车越站，车站关站并做好乘客服务。

（3）OCC 及线网相关车站做好信息发布。

（4）车站人员在楼梯、自动扶梯或光线不足处等关键处放置应急灯并引导疏散乘客出站。

（5）关站时检查垂直电梯是否有困人。

3. 车站大面积停电应急处理各岗位职责

车站大面积停电应急处理各岗位职责如表 2-14 所示。

车站大面积停电应急处理各岗位职责 表 2-14

岗位	职责
值班站长	（1）确认大面积停电情况。 （2）通知行车值班员广播宣布执行大面积停电应急处理程序。 （3）带应急灯（或手电筒）到站台指挥疏散，确认站台乘客疏散完后到站厅确认疏散情况。 （4）确认全站乘客疏散完后报车控室。 （5）组织关闭各出口，安排员工检查电梯是否困人，做好车站巡视。 （6）到车控室收集各岗位处理情况，做好停运安排。 （7）接到供电恢复的通知后，指挥员工做好恢复运营的准备，接到恢复运营的通知后，确认车站投入正常运作
行车值班员	（1）报行调、维调，通知值班站长及车站工作人员、公安。 （2）向行调了解停电的原因及恢复时间。 （3）接到行调发布大面积停电、列车停运、车站关闭的命令后，立即通知值班站长。 （4）广播宣布执行大面积停电疏散应急处理程序，反复广播指引乘客疏散。 （5）确认站内乘客疏散完后报行调。 （6）接到恢复供电的通知后，通知各岗位做好恢复运营的准备。 （7）检查车控室设备情况，向行调报车站运营准备工作，并向行调了解列车运行恢复情况，报值班站长
客运值班员	（1）接到执行大面积停电应急处理程序的通知后，赶到车控室，协助行车值班员。 （2）组织保安、保洁到出入口张贴停止服务的告示，关闭出入口。 （3）与车控室保持联系，负责巡视出入口并做好解释。 （4）收到恢复供电的通知后，检查 AFC 设备、各种服务设备设施是否正常，并报车控室。 （5）接到恢复运营的通知后，组织撤除告示，打开出入口
售票员	（1）收到执行大面积停电应急疏散处理程序的通知后，收好票款和车票，锁好客服中心门，打开边门。 （2）在楼梯、自动扶梯或光线不足等关键处放置应急灯，并用手提广播引导乘客疏散出站。 （3）确认站内乘客疏散完后，协助客运值班员关闭各出入口，并张贴停止服务的告示。 （4）与车控室保持联系，负责巡视各出入口并做好解释。 （5）收到恢复供电的通知后，检查 AFC 设备、各种服务设备设施是否正常，关闭边门，并报车控室。 （6）接到恢复运营的通知后，回到客服中心，检查客服中心内设备情况，做好恢复运营的准备，并报车控室

岗位	职责
站务员	(1)接到执行大面积停电应急处理程序的通知后,立即赶到站台疏散站台乘客出站。 (2)确认站台乘客疏散完后,报车控室,到站厅协助疏散。 (3)完成疏散乘客、检查垂直电梯是否困人后,与车控室保持联系,负责巡视站台。 (4)接到恢复供电的通知后,检查站台扶梯、站台门等设备设施情况和线路情况,报车控室。 (5)接到恢复运营的通知后,恢复正常运作
司机	执行行调越站命令
保洁、保安 等驻站人员	(1)接到通知后,听从值班站长安排,并协助疏散乘客出站。 (2)到车控室拿"关站告示",到出入口进行张贴

三、接触网(轨)停电应急处理

1.接触网(轨)停电应急处理原则

城市轨道交通线路发生大面积停电事故时,应沉着冷静,稳定乘客情绪,维持秩序,尽力保证乘客安全。控制中心根据停电影响情况,组织抢修抢险,发布列车停运、急救和车站关闭等命令,并及时将灾情上报给上级。接触网(轨)停电应急处理以"安全第一"为前提;坚持"统一指挥、快速反应、各司其职、密切配合"的原则,力争尽快修复故障、恢复正常运营,缩小事故的影响范围。

2.接触网(轨)停电应急处理措施

(1)司机发现列车无网压,报行调维持进站对标停车待令。

(2)当列车被迫在区间停车时,播放临时停车广播,听从行调指挥。

(3)原则上行调预计停电时间超过 20 min 时,行调按照 30 min 内无法恢复动车处理,组织区间疏散乘客。司机降弓,关蓄电池,在后端驾驶室设置红闪灯防护。

(4)车站人员做好乘客服务、解释、引导疏散工作。

3.接触网(轨)停电应急处理各岗位职责

接触网(轨)停电各岗位职责如表 2-15 所示。

接触网(轨)停电各岗位职责　　　　　　　　　　　　　　　　表 2-15

岗位	职责
行车 调度员	(1)大面积停电事故发生后,行调应立即制订行车调整方案,并报 OCC 值班主任批准。 (2)遵循"安全、稳定"的工作原则,在制订行车调整方案时,要综合考虑停电范围、行车间隔、线路情况、车辆状况等不同因素,作出最适合当前情况的行车安排
司机	(1)发现列车无网压,司机维持进站,报行调;如列车能对标停车,立即打开车门和站台门;如列车不能对标停车或者列车在区间停车时,播放广播安抚乘客,听从行调广播。 (2)接到行调列车停运、疏散列车上乘客的命令后,施加停车制动,做好疏散准备。 (3)当列车停在站台时,播放疏散广播,立即疏散乘客;当列车不能对标停车时,报车站协助手动打开进入站台区域的车门和站台门。

岗位	职责
司机	(4)当列车停在区间时,确认车站人员到达后,打开驾驶室通道门,播放相应的疏散信息,引导乘客。 (5)与值班站长共同确定车内乘客疏散完毕后,关客室灯,并恢复车门,在确认车门锁好和列车状态完好后,报行调,申请降弓、关闭蓄电池,并向车站借用与行调联系的无线电台。 (6)在两端的驾驶室副台设置红闪灯防护,关闭蓄电池,留守在前方驾驶室。 (7)接到行调送电通知后,合蓄电池,开驾驶台,升弓并撤除前端红闪灯防护。 (8)确认列车状态正常和进路安全后,以NRM、RM模式动车到站台后报行调。 (9)按行调令恢复运行
行车 值班员	(1)报行调,通知值班站长及车站工作人员、公安。 (2)向行调了解停电的原因和恢复时间。 (3)接到行调发布大面积停电、列车停运、车站关闭的命令后,立即通知值班站长。 (4)广播宣传执行大面积停电应急处理相关程序,反复广播指引乘客疏散。 (5)确认站内乘客疏散完毕后报行调。 (6)接到恢复供电的通知后,通知各岗位做好恢复运营的准备。 (7)检查车控室设备情况,向行调报车站运行准备工作,并向行调了解列车运行恢复情况,报告值班站长
值班站长	(1)确认大面积停电信息后,担任事故处理主任。 (2)通知行车值班员广播宣布执行大面积停电应急处理程序。 (3)到站台指挥疏散,确定站台乘客疏散完毕之后到站厅确定疏散情况。 (4)确定全站乘客疏散完毕后报告车控室。 (5)组织关闭各出入口,安排员工检查电梯是否困人,做好车站巡视。 (6)到车控室收集各岗位处理情况,做好停运安排。 (7)接到供电恢复通知后,指挥车站员工做好恢复运营的准备。 (8)接到恢复运营的通知后,确认车站投入正常运作
客运 值班员	(1)收到大面积停电应急处理程序的执行通知后,带应急灯到展厅疏散乘客出站。 (2)确认疏散完毕后,报车控室。 (3)组织(站厅)站务员到出入口张贴停止服务的通知,关闭出入口。 (4)与车控室保持联系,负责巡视出入口并做好解释。 (5)收到恢复供电的通知后,检查相关设备和各种服务设施是否正常,并报车控室。 (6)接到恢复运营的通知后,组织撤除停运通知,打开出入口
售票员	(1)收到大面积停电应急处理程序的执行通知后,收好票款和车票,锁好票亭门。 (2)打开闸机门和边门,用手提广播引导乘客疏散。 (3)车站乘客疏散完毕后,负责巡视站厅。 (4)收到恢复供电的通知后,回到票亭,检查票亭内设备情况,做好恢复运营的准备,并报车控室准备情况。 (5)接到恢复运营的通知后,恢复运营
(站厅) 站务员	(1)收到大面积停电应急处理程序的执行通知后,打开闸机门和边门。 (2)用手提广播引导乘客疏散。 (3)确认车站乘客疏散完毕后,协助客运值班员关闭各出入口,并张贴"停止服务"的告示。 (4)与车控室保持联系,负责巡视出入口并做好解释。 (5)收到恢复供电的通知后,检查相关设备和各种服务设施是否正常,并报车控室。 (6)接到恢复运营的通知后,组织撤除停运通知,打开出入口

岗位	职责
(站台)站务员	(1)收到大面积停电应急处理程序的执行通知后,立即疏散站台乘客出站。 (2)确认疏散完毕后,报车控室,到站厅协助疏散。 (3)车站乘客疏散完毕后,与车控室保持联系,负责巡视站台。 (4)收到恢复供电的通知后,检查站台扶梯、站台门等设备设施情况和线路情况,报车控室。 (5)接到恢复运营的通知后,恢复正常运营

知识链接2-8

大面积停电时行车调整方案

在制订行车调整方案时,要综合考虑停电范围、行车间隔、线路情况、车辆状况等不同因素,主要有以下几种措施可供选择:

(1)小交路运行。在不受大面积停电影响的区域,充分利用区间渡线安排列车折返,维持小交路运行。

(2)分段运行。如果大面积停电发生在线路中部区域,可在不受影响的线路两端各自维持小交路运行。

(3)单线双向运行。如果只有一条线路供电受影响,可安排另外一条线路进行单线双向运行。在这种情况下,如果单向线路距离过长,势必会影响列车运行效率。因此,可以分段分别进行单线双向行车,以提高行车效率。

(4)列车跳停。如果列车牵引供电未中断,而车站发生大面积停电,可在相应车站乘客疏散完毕后闭站,通过车站的列车不再停靠该站。

在行车调整过程中,行车调度员要将列车调整情况及时向车站通报,以便车站妥善安排好客运组织工作。

知识链接2-9

大面积停电事故的预防措施

总体思路:在设备、人员、技术、管理等方面采取有效措施,就能够最大限度地减少大面积停电事故发生的概率,降低事故所造成的影响。

1.制订大面积停电应急预案,加强平时演练

(1)编制大面积停电应急预案(综合预案、专项预案、现场预案)。

(2)开展专项和综合演练。

(3)严格执行制度。

2.完善电力系统配置,从根源上杜绝大面积停电事故的发生

(1)电力系统应按远期高峰小时负荷设计,并预留一定的容量;应由两路独立电

源供电,当一路电源故障时,另一路电源立即投入使用。

(2)在电力系统环网中,一座变电所发生故障退出运营时,相邻变电所应能满足相应的牵引负荷及动力照明一、二级负荷供电需求。动力照明一、二级负荷应提供不间断电源(UPS)保护。当动力照明中断时,UPS提供应急电源。

(3)紧急疏散标志应由独立蓄电池供电,当车站照明全部中断时,也能提供稳定电源以保证乘客安全疏散。

3.加强电力设备巡检,确保电力设备安全运行

(1)根据设备自身性能、运作周期以及季节性等特点,科学制订巡检计划,严格完成各类巡视、维护和检修任务。

(2)定期对各系统蓄电池进行失电检测,做好防火、防雷工作。

任务 2.5　姓名_____　班级_____　小组_____　学号_____　日期_____

任务实施

汇总任务实施情况,填写应急演练记录表。

演练项目:			
地点:		时间:	
组长:		记录员:	
小组成员及分工			
姓名		岗位	
演练脚本			
演练总结			

任务评价

通过个人自评、小组互评、教师点评的方式,对学生的演练方案编制情况、演练效果及表现力、演练过程记录情况、团队合作及职业素养等进行考核计分。

项目	分值	得分
演练方案编制情况	30	
演练效果及表现力	20	
演练过程记录情况	30	
团队合作及职业素养	20	
总分	100	

✏️ 总结反思

通过本任务学习，请对自己在课堂中的表现进行反思及评价。

自我反思：

自我评价：

互助提高

(1)简述车站大面积停电的原因及影响。

(2)车站发生大面积停电时，车站具体处置措施有哪些？

(3)城市轨道交通线路发生大面积停电事故时，行车调整方案有哪些？

拓展训练

接触网(轨)停电应急处理过程中的关键部门应是供电部门及车辆部门，请通过调研，了解这些部门的应急预案。

任务导入

某日早高峰,某地铁 2 号线票务系统突然瘫痪,进出站闸机不能正常使用,持续时间长达 1 个多小时。有的市民凭"××通"卡免费乘车,有的市民被要求排队购买纸质票进站。这次故障是该地铁 2 号线自开通以来的第 10 次故障,也是票务系统首次出现故障。

早高峰,地铁站闸机为何会坏掉呢? 原来是地铁的整个票务系统出现了故障。7:12,地铁 2 号线 AFC 故障,导致进出站闸机无法使用。经工作人员紧急处理,8:30 故障排除。持续时间长达 78 min。

想一想:

地铁票务系统故障原因有哪些? 地铁员工如何预防和应对此类事件?

学情检测

1. AFC 进站闸机大面积故障时,应采取(　　)等处理措施。

　　A. 改双向闸机为进站闸机　　　　　　B. 宣传、引导乘客至其他站厅进站

　　C. 利用手持机组织乘客进站　　　　　D. 以上均对

2. 售票设备故障,突发大客流时,由(　　)来决定是否出售预制票或纸质票。

　　A. 站长　　　　　　　　　　　　　　B. 值班站长

　　C. 客运值班员　　　　　　　　　　　D. 票务管理员

3. 当售票类设备发生故障时,首先应及时通知(　　)进行故障处理。

　　A. AFC 综合作业员　　　　　　　　　B. 值班站长

　　C. 客运值班员　　　　　　　　　　　D. 票务管理员

4. 半自动售票机无法发售单程票,可能原因为(　　)。

　　A. 单程票发售模块内没有放入车票　　B. 票箱没有正确安装

　　C. 找零钱箱空　　　　　　　　　　　D. 纸币钱箱将满

5. 当乘客要求退票时,(站厅)站务员应引导乘客去(　　)办理退票。

　　A. 票务处　　　　　　　　　　　　　B. 售票处

　　C. 休息室　　　　　　　　　　　　　D. 问讯处

任务目标

1. 知识目标

(1)认知车站 AFC 设备故障的类型、原因及影响。

(2)识记 AFC 设备大面积故障应急处理流程及相关要求。

2. 能力目标

(1)能够判别 AFC 设备故障。

(2)能按 AFC 设备大面积故障应急处理程序要求进行乘客疏导、票务事务处理、信息收发及传达等应急处理。

3. 素养目标

(1)树立站务人员岗位安全意识。

(2)培养故障应急处理过程中各部门、各岗位间的沟通协作能力。

任务要求

情景设置:某日运营结束,售票员发现车站所有售票机、进/出闸机突然出现故障,导致乘客不能正常购票,不能使用票、卡进、出闸机,站厅乘客人数不断增多,出现拥堵现象。随后售票员立即报告车站值班站长和车站值班员,经车站值班站长现场确认后,启动车站 AFC 故障应急预案。

请制订一份车站 AFC 设备崩溃应急演练方案,并根据方案分角色开展应急演练。要求:分工明确,配合协调,演练表现力强,整体效果好。

任务计划

建议学员小组每组 5 ~ 7 人为宜(不宜超过 10 人/组)。教师为每个小组的观察和监督员,并设置演练组长 1 名,记录员 1 名。

组长:负责演练实施过程的组织,确保组员全员参与。

记录员:负责文案记录工作,记录每个组员的表现情况。

小组成员:扮演行车调度员、值班站长、行车值班员、客运值班员、站务员、支援人员等角色,完成应急演练要求的各项任务,互相监督、互相提出改进意见。

知识储备

一、认知 AFC 设备故障

AFC 设备包含自动售票机、自动检票机、半自动售票机等设备,AFC 设备故障是指车站 AFC 终端设备同时故障,无法正常使用,包括自动售票机(TVM)、半自动售票机(BOM)无法正常售票或进行异常卡处理,进、出闸机无法进行票、卡的正常读写及回收,票务工作站及票务操作系统无法正常使用。各故障诱发因素包含设备(本身)故障、通信故障等。相关故障可能导致售票能力下降、票款损失、客运服务质量降低、乘客积压、乘客投诉等后果。不同 AFC 设备故障的风险点、诱发因素及后果如表 2-16 所示。

不同 AFC 设备故障的风险点、诱发因素及后果　　　　表 2-16

分类	风险点	诱发因素	后果(可能导致的事故)
半自动售票机故障	车站售票能力不足且无法办理乘客事务	设备故障、通信故障等	客运服务质量降低、乘客投诉等

分类	风险点	诱发因素	后果（可能导致的事故）
自动售票机故障或能力不足	车站售票能力不足	设备故障、通信故障等	客运服务质量降低、乘客投诉等
自动售票机和半自动售票机全部故障	车站售票能力不足	设备故障、通信故障等	客运服务质量降低、乘客投诉等
	无法处理乘客事务	设备故障、通信故障等	客运服务质量降低、乘客投诉等
全部进闸机故障或进闸机能力不足	进站能力不足	设备故障、通信故障、大客流等	客运服务质量降低、乘客投诉等
全部出闸机故障或出闸机能力不足	出站能力不足	设备故障、通信故障、大客流等	客运服务质量降低、乘客投诉等
AFC 设备大面积故障	进、出站及乘客事务处理能力不足	设备故障、突发事件等	客运服务质量降低、乘客投诉等
二维码故障	乘客无法进、出站，且无其他进、出站方式	设备故障、通信故障等	客运服务质量降低、乘客投诉等
电子支付故障	乘客无法购票或无法处理乘客事务，且无其他支付方式	设备故障、通信故障等	客运服务质量降低、乘客投诉等

二、AFC 设备大面积故障应急处理原则、要点及流程

1. 应急处理原则

（1）AFC 设备故障不影响乘客安全，因此以服务乘客、减少投诉、尽快疏导为原则。

（2）停止闸机的使用，设置付费区临时进出口，采用人工售、检票方式，先后使用预制票，必要时经请示同意后使用应急票。

（3）在应急处理中以站为单位，值班站长负责全站的统一指挥。

2. 应急处理要点

（1）视情况使闸机处于常开状态，引导乘客通行。

（2）当乘客进、出站均发生 AFC 设备大面积故障时，引导乘客进、出站即可，无须购票。

（3）当乘客进站正常，出站发生 AFC 设备大面积故障时，乘客需购票进站，出站时直接回收单程票，储值卡下次乘车时扣费。

（4）当乘客进站出现 AFC 大面积设备故障，出站正常时，原则上要求进站闸机升放，乘客出站补票。

3. 应急处理流程

车站 AFC 设备发生大面积故障，可视情况由车控室值班人员通过紧急按钮进行

设定,车站应立即将模式设定情况上报行调,行调负责通知线网内其他各站。紧急放行模式启动后,站内所有设备停止使用,闸机全部开放通行。值班站长组织车站工作人员及时到岗,组织乘客有序进、出站。AFC 设备大面积故障处理流程如图 2-9 所示。

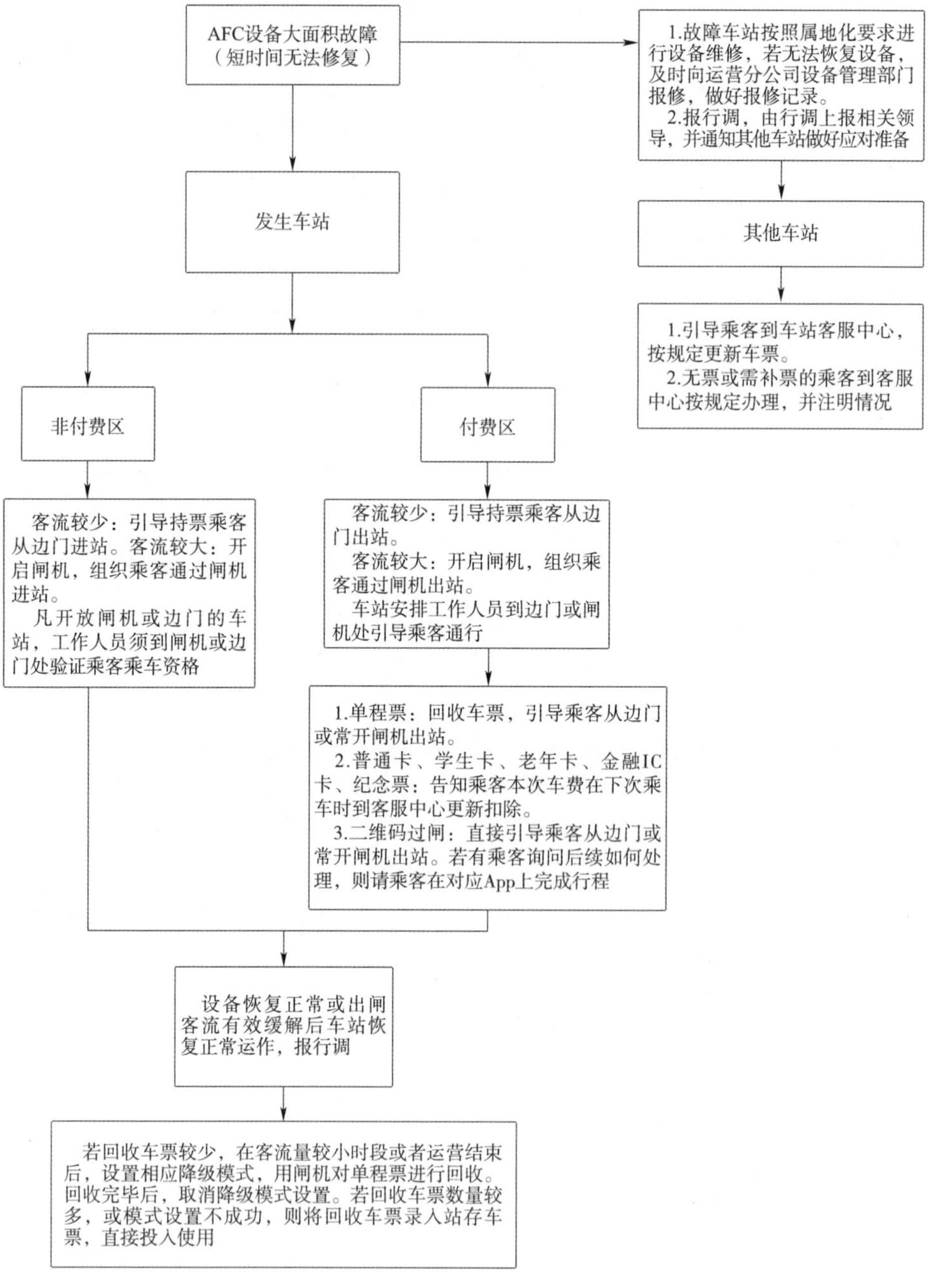

图 2-9　AFC 设备大面积故障处理流程

三、AFC 设备大面积故障应急处理各岗位职责

AFC 设备大面积故障应急处理各岗位职责详见表 2-17 所示。

岗位	职责
值班站长	(1)通知车站员工启动预案。 (2)安排站厅站务员协助进行临时进、出站通道的设置。 (3)同时安排保安及保洁协助开展进、出站乘客的引导及解释工作并寻求驻站民警的协助。 (4)根据上级指示安排使用应急票。 (5)AFC 设备恢复正常后,通知票务员、售票员停止发售应急票,恢复 AFC 设备的使用,安排保安撤除临时入口和隔离设施
行车值班员	(1)按照规定及时进行上报,并与相关部门保持联系。 (2)利用人工广播引导乘客有序进、出站。 (3)接到 AFC 维修人员故障修复的通知后,通过中心监控工作站检查车站 AFC 设备恢复情况并向维修调度员报告
客运值班员	(1)售票员配发预制票及阶梯票价表,同时将所有需录入系统的数据人工记录备案,待系统恢复后进行补录。 (2)随时关注本站预制票及零钞的库存数量,根据需要随时向票务科请求增配。 (3)完成工作后到检票口协助(站厅)站务员维持秩序,引导乘客进、出站。 (4)故障修复后,将设备故障期间人工记录的数据补录入票务系统。 (5)将(站厅)站务员上交的单程票投入闸机,因超时等无法投入闸机的票卡按无效票录入"异常票款变动"中,并于次日按无效票上交票务科。 (6)需清点应急票数量并记录,作为出站客流统计依据,于次日按无效票上交票务科并于次日早上分别将应急票发售金额和数量、出站回收的应急票数量上报票务科
售票员	(1)首先销售 BOM 提前赋值的单程票,销售完毕后立即启用票务员配发的预制票。 (2)在故障期间,持储值卡出站的乘客于下次乘车前更新扣费信息(按最低车资扣费)。 (3)接到故障修复的通知后,停止发售应急票,恢复正常售票,人工统计记录预制、应急票发售数量,妥善保管应急票票根及票款,上交票务员
(站厅)站务员	(1)设置进入付费区的临时出口和入口,并在临时出、入口处张贴醒目的标志,在其余闸机处拉上隔离带将其封闭。 (2)协助值班站长进行临时进、出站通道的设置。 (3)进站口的(站厅)站务员负责引导组织乘客(包括持储值卡的乘客)购买预制票并排队进站。 (4)出站口的(站厅)站务员负责单程票的回收,引导乘客出站,并做好相关的解释工作。 (5)接到故障修复的通知后,撤除临时导向标志,关闭特殊通道,引导乘客正常进、出站。 (6)继续坚守岗位,直到付费区内持应急票的乘客全部出站。 (7)清点车票回收箱内的单程票及应急票,分类统计后上交票务员
保安	协助开展进、出站乘客的引导及解释工作

任务 2.6　姓名＿＿＿＿　班级＿＿＿＿　小组＿＿＿＿　学号＿＿＿＿　日期＿＿＿＿

任务实施

汇总任务实施情况，填写应急演练记录表。

演练项目：		
地点：		时间：
组长：		记录员：
小组成员及分工		
姓名		岗位
演练脚本		
演练总结		

任务评价

通过个人自评、小组互评、教师点评的方式，对学生的演练方案编制情况、演练效果及表现力、演练过程记录情况、团队合作及职业素养等进行考核计分。

项目	分值	得分
演练方案编制情况	30	
演练效果及表现力	20	
演练过程记录情况	30	
团队合作及职业素养	20	
总分	100	

总结反思

通过本任务学习，请对自己在课堂中的表现进行反思及评价。

自我反思：

自我评价：

互助提高

（1）BOM 故障会对哪些乘客票务事务造成影响？当 BOM 故障时如何解决这部分乘客的票务问题？

（2）出站闸机故障与进站闸机故障相比，对乘客的影响及应急处理措施有何不同？

拓展训练

对所在城市或其他城市轨道交通企业进行调研，对比不同车站的 AFC 设备故障应急处理流程的异同。

巩固练习

一、选择题

1. 站台门发生故障时,按"先通后复"原则处理,在确保安全运营的前提下,站台现场工作人员首先需要做好应急措施,包括(　　)。

 A. 现场安全防护措施　　　　　　B. 障碍物清除

 C. 隔离影响行车的故障门单元　　D. 复位操作

2. 使用自动扶梯时,(　　)是容易发生挤压或者剪切的危险部位。

 A. 扶手带底边　　　　　　　　　B. 梯级和旁边裙板的间隙处

 C. 出入口处踏板和梯级的交会处　D. 扶梯与建筑物底梁或柱子的交叉区

3. 需要进行手摇道岔的情况有(　　)。

 A. 车站控制台上道岔标识失去表示或不能正常表示(复示)时

 B. 车站控制台显示与实际不符时

 C. 道岔无法操控时

 D. 转辙机停电时

4. 发生大面积停电事故时,各个部门应该本着(　　)原则进行故障抢修。

 A. 以人为本　　　　　　　　　　B. 反应迅速

 C. 快速处置　　　　　　　　　　D. 先通后复

5. 车站 BOM 设备故障时,正确的处理方式是(　　)。

 A. 进行先期处置,不能处置的及时报修并登记

 B. 设置"暂停服务"提示牌

 C. 宣传并引导乘客用 TVM 购买车票

 D. 使用备用 BOM 预制适量不同票价的单程票,分配给故障 BOM 室发售

二、判断题

1. (　　)站台门系统可以作为站台防火分隔。

2. (　　)电梯在运行中突然停电时,轿厢内的紧急报警装置照样能使用。

3. (　　)遇车站照明全部熄灭时,在站列车应立即打开车门疏散乘客。

4. (　　)联锁设备故障时,各车站可在 OCC 的指令下视情况组织电话闭塞行车。

5. (　　)当站内全部进站闸机故障时,及时报修后,车站工作人员及时引导乘客通过边门进站,同时报控制中心行车调度员。

三、简答题

1. 简述站台门单门故障的应急处理方法。

2. 简述垂直电梯困人事故的应急处理方法。

3. 人工手摇道岔时须执行哪"六步曲"？

4. 简述车站大面积停电应急处理原则。

5. 简述车站 AFC 设备大面积故障的应急处理原则。

项目 3

行车突发事件应急处理

项目描述

　　城市轨道交通列车作为大容量的公共交通工具，直接关系到广大乘客的生命安全，安全运营是运营组织工作的原则和首要目标。列车在运行过程中，可能会出于人为因素或设备因素而发生各种行车突发事件，造成列车延误、行车中断、设备损坏、人员伤亡等后果。本项目任务是了解行车安全基础知识。针对典型行车突发事件（车门/站台门夹人夹物、乘客坠轨、站台落物等），及时、准确地做好事故通报工作及现场应急处置工作，尽快恢复行车，减少事故带来的损失。

学习导航

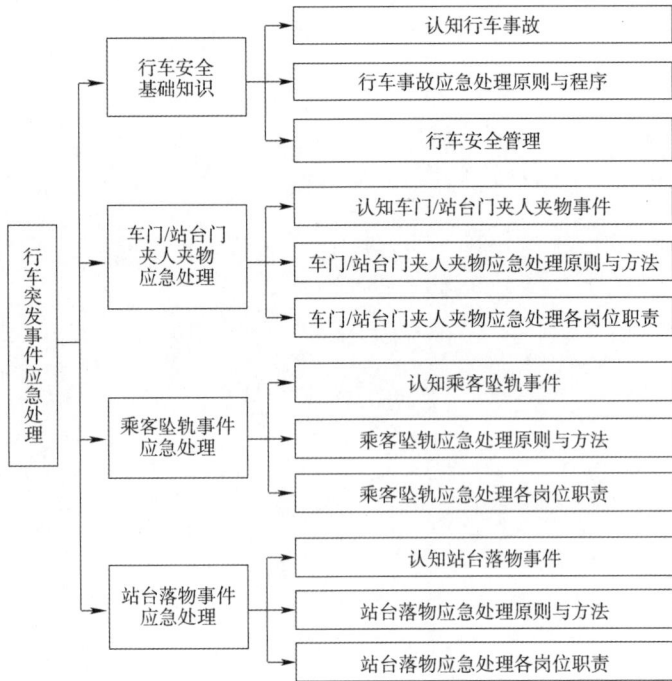

行车突发事件应急处理
- 行车安全基础知识
  - 认知行车事故
  - 行车事故应急处理原则与程序
  - 行车安全管理
- 车门/站台门夹人夹物应急处理
  - 认知车门/站台门夹人夹物事件
  - 车门/站台门夹人夹物应急处理原则与方法
  - 车门/站台门夹人夹物应急处理各岗位职责
- 乘客坠轨事件应急处理
  - 认知乘客坠轨事件
  - 乘客坠轨应急处理原则与方法
  - 乘客坠轨应急处理各岗位职责
- 站台落物事件应急处理
  - 认知站台落物事件
  - 站台落物应急处理原则与方法
  - 站台落物应急处理各岗位职责

任务导入

某日,一列隶属某铁道公司的通勤列车,在一处限速 70 km/h 的急转弯处出轨,冲入距出轨点 60 m、距轨道 6 m 的一栋 9 层楼公寓,两节车厢严重扭曲变形,车上乘客死伤惨重。事故列车共有 7 节车厢,其中有 5 节出轨,第一节车厢冲入公寓(距离轨道 6 m)的一楼停车场,第二节车厢紧贴事故边缘并严重扭曲变形,被挤压成正常宽度的一半。事故列车共搭载约 580 名乘客,事故导致 107 人死亡(乘客 106 人及司机 1 人)、多人受伤。

想一想:

什么是行车事故?行车事故如何分类?如何预防行车事故?

学情检测

1.行车安全是城市轨道交通运营安全的( )部分。

　　A.核心　　　　　　B.重要　　　　　　C.主要　　　　　　D.次要

2.( )俗称"事规",该规则明确事故的等级划分、事故处理、调查、报告等程序要求、事故责任。

　　A.《行车管理规则》　　　　　　　B.《技术管理规则》

　　C.《行车组织规则》　　　　　　　D.《行车事故处理规则》

3.行车组织工作由( )统一指挥。

　　A.行车值班员　　B.列车司机　　　C.行车调度员　　　D.运转值班员

4.行车组织工作必须贯彻( )的方针,坚持高度集中、统一指挥、逐级负责的原则。

　　A.安全生产　　　B.安全第一　　　C.综合治理　　　　D.团结协作

5.事故责任不包括( )。

　　A.无责任　　　　　　　　　　　B.主要责任和次要责任

　　C.全部责任和部分责任　　　　　D.一定责任和同等责任

任务目标

1.知识目标

(1)认知行车事故的类别及性质。

(2)识记行车事故的调查处理程序与责任判定方法。

(3)认知行车相关岗位的安全职责。

2.技能目标

(1)能判断行车事故的类别及性质。

(2)能进行行车事故的调查处理及责任判定。

(3)能严格履行行车相关岗位的安全职责。

3. 素养目标

(1)培养认知与分析问题的能力。

(2)树立安全意识,强化岗位责任意识,培养团结协作能力。

(3)培养高度的社会责任感和历史使命感。

任务要求

以小组为单位召开地铁行车事故案例分析会,选取某一典型地铁行车事故案例,通过互联网等多种渠道查询相关资料,完成该事故案例的事故分析报告并进行汇报。要求:内容翔实,思路清晰,讨论充分。

任务计划

建议学员小组每组 5~7 人为宜(不宜超过 10 人/组)。教师为每个小组的观察和监督员,并设置组长 1 名,记录员 1 名。

组长:负责会议召开过程的组织,确保组员全员参与。

记录员:负责记录工作,记录每个组员的参与情况。

小组成员:完成各项任务,互相监督、互相提出改进意见。

知识储备

一、认知行车事故

1. 事故定义

凡在行车工作中,违反规章制度、违反劳动纪律或技术设备不良及其他原因造成人员伤亡、设备损坏,影响正常行车或危及行车安全的,均构成行车事故。

2. 事故分级

城市轨道交通运营行车事故按照人员伤亡、财产损失及影响正常运行的程度,分为重大事故、大事故、险性事故、一般事故。不同的城市轨道交通系统可根据各自的运营实践制订不同的事故等级标准。某城市轨道交通企业行车事故等级划分示例如下:

(1)重大事故。列车发生冲突脱轨、火灾或爆炸,造成下列后果之一时,认定为载客列车重大事故:

①人员死亡 3 人及以上,或者重伤 25 人及以上者。

②双线中断(有 1 个及以上车站或区间上下行行车中断)时间在 150 min 及以上。

③根据列车、车辆破损的规定,电动客车中破一辆(直接经济损失为现值的 40% 以上)。

(2)大事故。发生冲突脱轨、火灾或爆炸,造成下列情况之一时,认定为载客列车大事故:

①人员死亡或重伤 2 人及以上者。

②双线中断行车 90 min 及以上者。

③根据机车、车辆破损规定,电动客车小破一辆(直接经济损失为现值的 10%以上)。

(3)险性事故。凡事故性质严重,但未造成损害后果或者损害后果不足以认定为大事故的行车事故为险性事故。如:列车冲突、列车脱轨、列车分离、列车错开车门、运行途中打开车门、车未停稳时开车门、列车车门夹人动车、列车冒进信号等。

(4)一般事故。调车冲突;调车脱轨;调车作业冒进信号;列车运行过程中,因车辆部件脱落或其他原因损坏行车设备;行车有关人员漏乘、漏接、出乘迟延,耽误列车行车;错误办理行车凭证发车等,都属于一般事故。

二、行车事故应急处理原则与程序

1. 行车事故的处理原则

(1)发生事故时,要积极采取措施,迅速抢救,以"先通后复"为原则,尽快恢复运营,尽量减少损失。

(2)发生事故后,要以事实为依据,以有关法规、规章为准绳,按照"四不放过"的原则处理事故,查明原因,分清责任,吸取教训,制定措施,防止同类事故再次发生。

(3)对事故要定性准确,对事故责任者(或单位)以责论处。对于事故责任者(或单位),应根据事故性质和情节,分别予以批评教育、经济处罚、行政处分乃至追究法律责任。

(4)对事故分析处理拖延、推脱责任、姑息纵容、隐瞒不报或不如实反映事故情况者,应予以严肃批评教育或纪律处分。

2. 行车事故处理程序

行车事故的完整处理步骤主要分成以下 4 点,如图 3-1 所示。

事故报告 → 应急处理 → 事故调查与跟踪处理 → 责任判定

图 3-1 行车事故处理步骤

1)行车事故的现场处置

在事故报告程序完成后,有关人员要迅速进行事故现场的处置。若事故发生在线路区间,在专业人员及救援人员到达事故现场前,值乘司机负责引导乘客自救、组织疏散、安抚乘客等工作,等待进一步救援;在有关救援人员到达后,应由事故现场的最高行政领导负责或委任相关专业人员负责指挥抢救、处理善后工作。

若事故发生在车站,应由车站站长负责救援乘客、组织乘客离开现场,并保护现场、寻找证人、做好记录,等待有关救援人员与相关领导到达后进一步救援。车站站长应在救援专业人员到达后向有关领导报告,并听从到达现场的最高行政领导和最高行政领导委任的救援指挥员的命令。现场勘查工作由行车管理部门与公安部门按规定开展。

在险性事故和一般事故发生后,值乘司机必须按规定程序要求报告,并且等待行车调度员的进一步指示,按要求执行,不得擅自移动列车。如需事故救援,值乘司机应按照规定请求救援,并在救援人员和设备到达现场前负责保证列车安全、乘客安全等工作。在救援人员到达后向现场指挥人员简单报告情况，并按行车调度员或指定的事故救援指挥人员的命令执行。关于事故现场的勘测工作由行车管理部门按规定开展。

知识链接3-1

典型行车事故的现场救援

1.列车倾覆的现场救援

列车倾覆按照事故发生地点可分为隧道倾覆、高架倾覆、车辆基地倾覆、整体道床倾覆、碎石道床倾覆；按照事故发生时倾覆的列车数量可分为单车倾覆、多车倾覆；按照事故发生时车辆的损坏程度可分为一般倾覆、严重倾覆。

处理方法：在隧道内发生该类事故时，在查看现场后，用气垫设备和扶正设备将车辆复原。当车辆基地发生事故时，将事故车从列车编组中分离以后，用扶正设备将事故车辆复原。

2.列车脱轨的现场救援

脱轨时，首先判断事故的类型，将情况及时向控制中心汇报。控制中心在接报后，及时将事故概况通报车辆检修调度员。

脱轨事故按照事故发生地点可分为隧道脱轨、高架脱轨、车辆基地脱轨、尽头线脱轨；按照事故发生时轮对的状况可分为单轮脱轨、多轮脱轨；按照事故发生时车辆的损坏程度可分为一般脱轨、严重脱轨。

处理方法：根据现场的条件和事故的状况，制订合适的起复方案。起复一般按照"先易后难，先顶、再移、后复"，即先起复容易复轨的轮对，对于需要多次横移才能复轨的轮对，根据现场条件选择横移的次数和落轨的位置。

3.列车挤岔的现场救援

列车挤岔按照事故发生的位置可分为正线挤岔、车辆基地挤岔。按照事故发生时道岔的损坏程度可分为一般挤岔、严重挤岔。

处理方法：挤岔时，列车禁止后退，在维修专业人员的确认和监护下，列车可缓慢驶出岔区或待固定好道岔后再后退，最大限度地减少事故对整个地铁运营的干扰和影响，将事故损失降到最低。

4.列车冲突的现场救援

列车冲突按照事故发生的位置可分为正面冲突、侧面冲突、追尾；按照事故发生时车辆的损坏程度可分为一般冲突、严重冲突。

处理方法：列车出现冲突时，在最短的时间内将相关车辆拖走，出清线路，最大限度地减少事故对整个系统运营的干扰和影响，将事故损失降到最低。

2）行车事故的调查和处理程序

（1）重大事故、大事故调查和处理程序。

重大事故和大事故发生后,应成立专门的事故处理调查小组与各有关部门一起参加调查、处置、协调、善后、分析等各项工作,包括现场摄、录像及绘制现场草图、检测设备、收集物证、询问人证、记录现场情况等。

值乘司机和事故有关人员要积极配合,实事求是提供事故发生时的情况报告,便于事故处理调查小组掌握现场真实资料,以分析事故产生的原因并确定事故责任,明确事故责任者和事故关系者,制订防范措施。

(2)险性事故、一般事故调查和处理程序。

险性事故和一般事故发生后,如涉及两个以上直属单位,由城市轨道交通企业负责调查,在规定的时间内将事故调查报告上报,并提出防范措施。对于责任单位无异议的险性事故,由险性事故责任单位组织调查分析,明确原因与责任者,提出处理意见,制订防范措施。对于涉及一个直属单位的一般事故,由责任单位调查分析,找出原因、判定责任,并对责任者进行处理,制订事故处理措施。

与险性事故和一般事故有关的人员必须配合调查分析,如实报告情况,不得隐瞒事实,对推脱责任、拖延调查、隐瞒真相的个人与单位部门,一经查实予以从重处理。

对于事故涉及城市轨道交通以外单位的调查,由城市轨道交通企业事故调查处理小组与相关单位协调处理,必要时提请司法部门裁决处理,凡行车事故涉及刑事责任的调查、处理均由公安部门负责,事故有关单位、个人协助配合调查工作。行车事故分析报告见表3-1。

行车事故分析报告　　　　　　　　　　　表3-1

事故单位						
时间						
地点						
车次						
车型号码						
事故概况 (含损失程度)						
事故(事件)定性						
事故处理会议 参加人员姓名、职务						
责任者	姓名	性别	年龄	职务	单位	处理意见(建议)
全部责任						
主要责任						
次要责任						
防范措施						
填表人:					报告时间:	

行车事故的责任判定

1. 行车事故的责任类型

根据责任性质,行车事故分为责任事故和非责任事故。

责任事故是指采取管理或技术手段能够预见或避免,但因工作疏忽、盲目蛮干而未能预见或避免而发生的事故;或者采取了及时措施降低损失,但由于过失或采取措施不力,损失和影响加重的事故。

非责任事故是指由自然因素造成的不能预见、人力不可抗拒的事故,或在技术改造、发明创造、科学实验活动中,受科学技术限制无法预测而发生的事故。

行车事故责任按责任程度分为全部责任、主要责任、同等责任、次要责任、一定责任、管理责任。

(1)全部责任:负有事故损失及不良影响100%责任。

(2)主要责任:负有事故损失及不良影响60%～90%责任。

(3)同等责任:各方均负有事故损失及其不良影响的50%的责任。

(4)次要责任:负有事故损失不良影响30%～40%责任。

(5)一定责任:负有事故损失不良影响10%～20%责任。

(6)管理责任:根据事故性质承担。

2. 行车事故的责任划分

(1)承办商在城市轨道交通内进行设备维修、施工而造成的行车事故,列为承办商事故。

(2)各设备主管部门出于设备质量等原因发生的事故一律统计在该部门的事故中,能确定责任的,列为责任事故。如不能确定为城市轨道交通责任的,列为非责任事故。

(3)运营单位批准的技术革新、科研项目进行试验时,在规定的试验期内,试验项目发生事故,不列为行车责任事故。但违反操作规程造成的事故以及其他人为事故,仍列为责任事故。

(4)下列事故可列为非责任事故:

①自然灾害等原因使设备损坏造成行车事故的;

②人为破坏(经公安部门确认)造成行车事故的;

③列车火灾、爆炸以及线路上障碍物造成行车事故且判明非城市轨道交通责任的;

④特殊情况经城市轨道交通企业领导审查,确定可列为非责任事故的。

(5)凡隐瞒事实、弄虚作假的,一经查实,列为该部门或人为责任事故。

三、行车安全管理

行车安全是城市轨道交通运营安全的核心部分。行车安全工作包括行车调度安全、列车驾驶安全、接发列车作业安全等。

1. 行车调度安全指挥工作的基本要求

调度指挥必须坚持安全生产，正确、及时地指挥列车运行，防止指挥不当造成事故隐患。遇突发紧急事件时，要冷静、正确、及时处理，必须提高业务水平，提高应变能力。

(1)城市轨道交通行车组织工作必须严格执行单一指挥的原则。

(2)行车调度要具备较高的业务水平和紧急处理能力。

(3)调度命令要正确、完整、清晰。

行车调度安全指挥的基本要求如表 3-2 所示。

行车调度安全指挥的基本要求　　　　　　　　　　　　　表 3-2

基本要求	具体要求
严格执行单一指挥原则	(1)各部门听从集中统一指挥。 (2)指示通过行调下达。 (3)坚决禁止令出多口、多头指挥。 (4)维护调度命令的严肃性、权威性
人员具备较高的业务水平和紧急处理能力	(1)熟练掌握调度工作技术。 (2)熟悉主要行车人员情况。 (3)掌握车辆、线路、设备知识。 (4)熟知规章制度和行车作业程序。 (5)掌握与其他调度的工作衔接。 (6)掌握处理意外情况和事故的方法。 (7)胸有成竹、沉着冷静
调度命令要正确、完整、清晰	(1)发布前详细了解情况，听取意见。 (2)先拟后发，不得边拟边发。 (3)发布程序：一拟、二签、三发布、四复诵核对、五下达命令号码和时间。 (4)制订命令格式和用语规定，确保发布规范化、用语标准化。 (5)确保传达准确无误：口头命令指定一人复诵，其他人核对；书面调度命令须填写记录

2. 列车驾驶安全的基本规定

列车驾驶安全是整个城市轨道交通行车安全工作的关键环节之一，是保证行车安全的最后一道关口。

(1)牢记"安全第一"宗旨，驾驶列车时做到"三严格"：严格遵守规章制度，正确执行作业程序；严格按照运营时刻表及信号显示行车，严守岗位，不得擅自离岗；严格遵守动车前认真确认"行车三要素"(进路、信号、道岔)的规定。

(2)列车司机必须掌握设备设施情况，必须掌握列车(车辆)的基本构造、性能，熟悉城市轨道交通线路和站场等基本设施情况。

(3)列车司机必须掌握其他相关的业务知识并具有一定的应变能力，必须掌握有关突发事件初期的处理方法。

(4)列车司机必须持证上岗,上岗值乘的必要条件:取得驾驶证(脱岗 3 个月以上需再次培训和考核)。

列车驾驶作业安全准则如表 3-3 所示。

列车驾驶作业安全准则 　　　　　　　　　表 3-3

安全准则	具体内容
列车运行 安全准则	(1)取得驾驶证并经鉴定合格方准独立驾驶。 (2)严格遵守规章制度:按要求操作使用设备,正确执行作业程序。 (3)严格按运营时刻表动车:动车前确认行车凭证,退行或推进运行时前端有人引导。 (4)班前注意休息,班中集中精力:保持不间断瞭望,严禁打盹、看书。 (5)接收调度命令或行车指示:逐句复诵,领会内容
折返作业 安全准则	(1)严格遵守交接班制度。 (2)关门前确认:行车凭证、道岔、进路。 (3)动车前确认所有人员均在安全区域
站台作业 安全准则	(1)严格执行开关门作业程序。 (2)到站停稳后,确认列车停在规定范围。 (3)跨出站台开关站台门、车门:注意空隙,避免摔伤。 (4)关站台门、车门前确认:车载信号开放,进路防护信号开放,具有行车凭证。 (5)动车前确认:站台门、车门关好、空隙无人、无物
人身安全准则	(1)升弓前,确认所有人员均在安全区域。 (2)严禁无关人员进入驾驶室,确认登乘证件。 (3)禁止擅自进入线路

3. 接发列车作业安全管理

接发列车的作业安全直接关系到城市轨道交通的行车安全,因此,所有参与接发列车的作业人员,均应以高度的工作责任感认真履行岗位职责,严格执行规章制度,保证接发列车作业安全。

接发列车作业安全要求如表 3-4 所示。

接发列车作业安全要求 　　　　　　　　　表 3-4

作业内容	安全要求
办理闭塞	(1)办理闭塞前: ①确认前一列车是否整列到达。 ②通过闭塞设备确认区间空闲。 ③确认区间是否有列车占用。 ④确认区间是否封锁。 ⑤确认区间是否遗留车辆。 ⑥确认区间道岔是否向正线开通并锁闭。 ⑦确认有关记录情况。 ⑧确认其他占用区间的情况。 (2)办理闭塞时: ①车次必须准确、清晰。 ②用语必须准确、完整

作业内容	安全要求
准备进路	(1)确认接车线路空闲。 (2)确认接发车进路正确无误。 (3)确认影响进路的其他作业已经停止
办理及交付行车凭证	(1)保证正确操作信号设备。 (2)保证正确填写行车凭证
接送列车及指示发车	(1)确认列车整列到达。 (2)严密监视列车运行安全状态。 (3)确认发车条件无误后,指示发车

遇特殊情况接发列车时,车站接发列车人员应严格执行接发列车作业程序,并使用规定用语,若随意简化,甚至颠倒作业程序及规定用语,将危及行车安全。

4. 运营时间设备抢修管理

进入站台或靠近站台的第一个轨道电路区段线路的运营时间设备抢修管理施工安全措施有:

(1)设置红闪灯进行防护。

(2)值班站长用紧急停车按钮对相关轨道区段进行施工防护,并通知行车调度员和站台保安。

(3)行车调度员自行或行车值班员通知后方站(相对于列车运行方向)把列车扣停在后方站。

(4)对于没有运营员工参与或配合的施工作业,站台保安要监督和确认作业人员进入的上、下行线是否正确。

5. 非运营时间轨行区施工的管理

(1)施工人员必须先到车控室办理相关手续,得到行车调度员批准并落实安全防护措施后方可进入。

(2)进入轨行区必须穿荧光衣以及其他安全防护用品。

(3)对于没有运营员工参与或配合的施工作业,站台保安要监督和确认作业人员进入的上、下行线是否正确。

(4)两站之间作业需要开行工程列车时,由行车调度员指定的车站值班站长负责掌握施工情况,监督施工安全。

(5)站内施工时,由施工负责人在车站两端墙外轨道上设红闪灯防护。

(6)在站间线路施工时,由施工负责人在作业区域外的两端轨道上设红闪灯防护。

(7)站间线路施工前,由清点车站通知作业区域另一端车站值班员施工线路的占用情况,施工时两端车站检查是否需要车站设置红闪灯防护。

(8)施工销点后,销点车站通知另一端车站施工结束,两端车站各自撤出本站设置的红闪灯。

任务 3.1　姓名_____　班级_____　小组_____　学号_____　日期_____

任务实施

整理小组任务实施成果,填写至表中。

事故分析记录表

事故概况	
原因分析	
经验教训	
防范措施	

任务评价

通过个人自评、小组互评、教师点评的方式,对学生的知识掌握情况、资料搜集情况、分析汇报情况、团队合作及职业素养等进行考核计分。

项目	分值	得分
知识掌握情况	30	
资料搜集情况	20	
分析汇报情况	30	
团队合作及职业素养	20	
总分	100	

总结反思

通过本任务学习，请对自己在课堂中的表现进行反思及评价。

自我反思：

自我评价：

互助提高

（1）行车事故如何分级？

（2）简述行车事故的处理原则与处理流程。

（3）车站安全隐患区域有哪些？"轨道"区域的安全应该如何管理？

拓展训练

考察某一城市轨道交通企业的行车事故处理流程，对于该处理流程是否有新的建议，与同学交流与分享。

任务导入

某日15:34,某地铁1号线某站下行站台上,一名乘客在上车时被夹在站台门和列车之间,列车正常启动后,该乘客被挤压坠落隧道。事故发生后,车站立即拨打急救电话,将这名乘客送往医院。当时,列车蜂鸣器与站台门灯光已经发出警示,列车即将开动。在这种情况下,这名乘客仍欲强行上车,由于车内拥挤,他未能挤进车厢。这时,站台门已经关闭,列车正常启动,这名乘客遂被挤压坠落隧道。

想一想:

为什么车门/站台门夹人夹物事故频发?容易造成车门/站台门夹人夹物的情形有哪些?车站工作人员如何处理才能保证乘客的生命与财产安全?

学情检测

1. 以下哪种情况车站工作人员不必按动紧急停车按钮(　　)。

　　A. 乘客跳下站台、进入轨道区间时

　　B. 乘客逾越黄线而列车即将进站

　　C. 物品掉下站台,不影响列车运行时

　　D. 设备侵入限界,阻挡列车正常进出车站时

2. 车门/站台门夹人夹物事件对(　　)造成的影响最大。

　　A. 乘客人身安全　　　　　　　　B. 乘客财产安全

　　C. 城市轨道交通行车安全　　　　D. 城市轨道交通行车秩序

3. 当一名站务员在站台监察厅当值,看到有乘客的行李被车门夹住,列车正准备发车,他应立刻(　　)。

　　A. 按动站台紧急停车按钮　　　　B. 跑到车门处,帮助乘客拉出行李

　　C. 通知值班站长　　　　　　　　D. 通知行调

4. 有关车门夹人夹物而列车未启动时站台人员的处理,以下选项中错误的是(　　)。

　　A. 发现列车车门夹人夹物自动弹开释放,立即就近按动紧急停车按钮

　　B. 在赶赴现场查看的同时将情况报告车控室

　　C. 将人或物撤出后,向车控室报告,并向司机显示"好了"信号

　　D. 值班站长到场后,协助调查处理

5. 车门/站台门夹人夹物后值班站长处置流程包括(　　)。

　　A. 接到车门/站台门夹人夹物通知后,立即赶至现场,启动应急预案

　　B. 同时做好站台安全防护,疏导乘客

　　C. 指导监督(站台)站务员对车门/站台门的处理,加强站台安全巡视,做好乘客疏导、安抚工作。会同客运值班员处理必要的客运事务

D. 列车离站后,通知各岗位终止应急预案

任务目标

1. 知识目标

(1)分析车门/站台门夹人夹物的类型及影响。

(2)认知车门/站台门夹人夹物应急处理原则。

(3)识记车门/站台门夹人夹物的应急处理方法与岗位职责。

2. 技能目标

(1)能严格按照应急处理方法及岗位职责对列车车门/站台门夹人夹物(列车未启动)进行应急处理。

(2)能严格按照应急处理方法及岗位职责对列车车门/站台门夹人夹物(列车已启动)进行应急处理。

3. 素养目标

(1)提升应对突发事件的心理素质并增强应急处理过程中的角色意识。

(2)增强服务意识,培养临危不乱、敢于担当的职业素质。

(3)树牢底线思维,敬畏生命、敬畏职责、敬畏规章。

任务要求

情景设置:运营期间,车站上行站台一名乘客被车门夹伤,站务员发现后立即按压紧急停车按钮,并用对讲机及时向值班站长和值班员汇报。站务员及时将受伤乘客搀扶到站台安全区域,值班站长携带急救箱迅速赶往现场,对受伤乘客进行初期救治并安抚乘客情绪。其他工作人员及时寻找目击证人并疏散围观乘客,维持站台秩序。值班站长确认恢复运营条件后,解除车门/站台门夹人夹物应急预案。

请制订一份车门/站台门夹人夹物应急演练方案,并根据方案分角色开展应急演练。要求:分工明确,配合协调,各司其职,演练表现力强,整体效果好。

任务计划

建议学员小组每组 5 ~ 7 人为宜(不宜超过 10 人/组)。教师为每个小组的观察和监督员,并设置演练组长 1 名,记录员 1 名。

组长:负责演练实施过程的组织,确保组员全员参与。

记录员:负责文案记录工作,记录每个组员的表现情况。

小组成员:扮演行车调度员、值班站长、行车值班员、客运值班员、站务员、支援人员等角色,完成应急演练要求的各项任务,互相监督、互相提出改进意见。

知识储备

一、认知车门/站台门夹人夹物事件

1. 事件定义

车门/站台门夹人夹物事件是指在城市轨道交通线路列车到站进行乘降作业过程

中,发生列车车门、站台门夹人夹物或车门与站台门之间缝隙处有人(物)滞留,危及行车安全和人身安全的事件。

2. 事件类型

列车车门/站台门夹人夹物事件包括以下两种类型:

(1)由于设备故障,车门、站台门夹人夹物。若发生此类意外事件,(站台)站务员需要第一时间到对应位置进行处理,保证乘客人身安全,保证列车正常发出,不造成晚点。

(2)出于乘客自身原因,抢上抢下,车门、站台门夹人夹物。只要意外发生,车站应第一时间对乘客进行救助,按照客伤流程进行处理,采取相应应急措施。

☀ **小思考3-1** ──────────────────────── ◆◇

乘客被站台门夹住怎么办?

(1)乘客如果在站台门关门时被夹,站台门将启动障碍物探测程序自动弹开,此时请乘客及时退出站台门,在站台耐心等候下一趟列车。

(2)乘客如果被夹在列车与站台门之间,尽量站在中间防夹挡板处,阻碍站台门关闭。

(3)如果站台门已关闭,立即扳动滑动门轨道侧手动解锁开关,同时,向站务员及乘客呼喊求救。

(4)如站台门已完全关闭(门头指示灯熄灭)而列车即将启动,站台乘客可按下紧急停车按钮或列车内乘客可扳动紧急手柄(非紧急情况不能使用)都可以使列车制动。

乘客被夹在列车与站台门之间的自救设施如图3-2所示。

图 3-2　乘客被夹在列车与站台门之间的自救设施

────────────────────────── ◆◇

二、车门/站台门夹人夹物应急处理原则与方法

1. 应急处理原则

车站人员在处理车门/站台门夹人夹物过程中,首先保证自身及被夹人员人身安全,处理被夹物品时在保证安全的前提下"先通后复",现场处置完毕后报行车调度员。

(1)以人为本,减少影响。要把确保乘客安全和正常运营作为应急

车门/站台门
夹人夹物应急
处理

处理的出发点,最大限度避免乘客伤亡并减少对正线运营的影响。

(2)快速反应,协同配合。发生车门/站台门夹人夹物时,现场人员应快速作出反应、做好站车联控、密切配合,共同做好应急处理工作。

(3)当车门/站台门夹人时,按照"一按、二呼、三显示",即第一时间按压紧急停车按钮、呼叫司机及车控室、向司机显示紧急停车手信号的处置程序执行。

(4)当车门/站台门夹物时,现场作业人员判断是否影响行车并按照对应的处置程序执行。

(5)发生车门、站台门间滞留乘客或夹人时,车站当班值班站长应第一时间到达现场担任事故处理现场负责人,统筹负责现场的应急处理工作。

2.应急处理方法

(1)(站台)站务员在列车办理乘降作业时,应及时引导乘客上下,避免乘客冲门,并认真观察车门、站台门开闭情况,如发现列车车门/站台门发生夹人夹物或列车车门与站台门之间缝隙有人(物)滞留,应立即按压紧急停车按钮并保持 3 s 以上,同时向车站值班员报告情况。

(2)对于无人值守的站台,应加强卡控,同时车站值班员应通过 CCTV 和综合监控系统对无人值守站台进行监控,如发现车门/站台门夹人夹物或有人(物)滞留车门与站台门之间,应立即按压车控室紧急停车按钮并通知值班站长前往现场处理。

站台门夹人夹物
(未动车)应急
处理流程

(3)列车在站台办理乘客乘降作业时,如列车司机发现列车车门夹人夹物,应按压"再开闭"按钮,"再开闭"操作无效时重新开关车门 1 次;若列车司机发现站台门夹人夹物或有人(物)滞留车门与站台门之间时,应重新开关车门和站台门。

(4)如运行中列车司机获知车内夹人夹物信息,应立即报告行调,并运行至前方合适车站进行处理。

三、车门/站台门夹人夹物应急处理各岗位职责

1.列车未启动情况下车门/站台门夹人夹物

列车未启动情况下车门/站台门夹人夹物应急处理各岗位职责如表3-5所示。

车门/站台门夹人夹物(列车未启动)应急处理各岗位职责　　　　表3-5

岗位	职责
(站台)站务员	(1)发现列车车门/站台门夹人夹物且没有自动弹开释放,立即就近按动紧急停车按钮(在去按压紧急停车按钮的途中,可向司机显示停车手信号)。 (2)在赶赴现场查看的同时将情况报告车控室。 (3)将人或物撤出后,向车控室报告,并向司机显示"好了"信号(值班站长到场后,协助调查处理)
行车值班员	(1)发现异常或接到报告后,通知值班站长前往处理,并向行调汇报。 (2)通过 CCTV 观察现场情况。 (3)需要时,通知公安或运营管理办公室(简称"运营办")到现场协调处理。 (4)接到人或物撤出通知后,取消紧急停车,并向行车调度员汇报

岗位	职责
值班站长	（1）赶赴现场处理，调查事件原因。 （2）如发生客伤事故，按客伤处理程序办理。 （3）如是乘客抢上抢下造成事故，寻找目击证人，并记录详细资料。 （4）事件处理完毕后，将有关情况通报行调（对乘客进行教育，对于蛮不讲理的乘客，通知运管办到场处罚）
司机	（1）如接到报告或观察到夹人夹物及站台人员显示停车手信号后，应重新打开车门和站台门，待人和物撤离后，再关闭车门和站台门。 （2）当司机发现而站台保安未发现夹人夹物处所时，应通过端墙直线电话通知车控室。 （3）接收到站台保安"好了"信号后，关闭车门和站台门，确认车门、站台门无夹人夹物及车门和站台门之间空隙无人或物滞留。 （4）凭行调指令动车
行车调度员	（1）接到报告后，了解现场情况，必要时，指示有关人员按规章处理，监控事件处理经过和结果，提醒相关人员防止夹人夹物开车。 （2）接到事件处理完毕报告后，提示司机动车

站台门夹人夹物（已动车）　　车门夹人夹物（已动车）

应急处理流程　　　　　　　应急处理流程

2.列车已动车情况下车门/站台门夹人夹物

列车已动车情况下车门/站台门夹人夹物应急处理各岗位职责如表3-6所示。

车门/站台门夹人夹物（列车已动车）应急处理各岗位职责　　　　　　表3-6

岗位	职责
（站台）站务员	（1）发现列车车门/站台门夹人夹物，列车已启动，立即就近按压紧急停车按钮。 （2）立即将情况报告车控室，如列车尚未出站且所在位置在站台有效范围内，应前往夹人夹物现场了解情况和处理。 （3）如列车未停车，应立即报车控室
行车值班员	（1）发现异常或接到报告后，立即向行调汇报，并通知值班站长到现场处理（如列车未停止运行，应立即向行调汇报，不能立即与行调通话时，应通知前方站扣停列车进行处理）。 （2）利用CCTV观察现场情况，需要时，通知公安或运管办现场协调处理。 （3）接到行调通知后，取消紧急停车，恢复正常运行
值班站长	（1）赶赴现场，协助司机处理。 （2）调查事件原因，并检查是否对车站设备造成影响，将有关情况通报行车调度员
行车调度员	（1）接到报告后，通知司机前往现场处理。 （2）通知前方车站安排人员到指定车厢了解情况和采取相应的处理措施。 （3）接到司机夹人夹物事件处理完毕报告后，通知车站取消紧急停车，指示司机动车。 （4）如对设备造成影响，还应通知相关部门前往处理和指示后续列车的运行

岗位	职责
司机	（1）列车出于不明原因紧急制动后汇报行调（如运行中获知夹人或夹物信息应立即停车）。 （2）接到行调（乘客报警）有关夹人夹物处理指示后确认具体位置，做好广播、安抚乘客。 （3）携带800 M便携式无线电台前往现场采用单个车门紧急解锁方式处理（解锁前要确保附近乘客的安全）。 （4）严禁按压驾驶室门控按钮开门。 （5）处理完毕后，将车门恢复至正常状态，汇报行调，凭行调指令动车

3. 非站台侧车门夹人夹物

非站台侧车门夹人夹物应急处理各岗位职责如表3-7所示。

非站台侧车门夹人夹物应急处理各岗位职责　　　　　　　表3-7

岗位	职责
站务员	（1）接到非站台侧车门夹人夹物报告（无论是否知道具体位置），待列车进站停稳后或列车动车前就近按压紧急停车按钮，同时汇报车控室。 （2）迅速进入客室逐个查看非站台侧车门状态（如客室乘客较多则通过站台到达相邻车门）。 （3）找到夹人夹物具体位置后妥善处理，同时汇报车控室，如现场不能处理则就近按压乘客紧急报警装置通知司机，如司机没有响应则在站台显示手信号或通过车控室中转通知司机。 （4）协助司机处理夹人夹物事件（按照列车未动车程序执行）。 （5）如未发现夹人夹物情况则汇报车控室或值班站长。 （6）接到非站台侧车门夹人夹物报告后，若知道具体位置且列车正在动车，按照列车已动车程序执行；若不知道具体位置且列车已离开车站，立即报告车控室转交下一站处理
行车值班员	（1）接到（站台）站务员、邻站或行调有关非站台侧夹人夹物报告后，通知站台人员立即处理，同时通知值班站长到现场处理。 （2）在车控室设置紧急停车，并汇报行调。 （3）如在本站处理，则通过CCTV重点观察现场处理情况，及时汇报行调。接到处理完毕的通知后，取消紧急停车，恢复正常运营。 （4）如不能在本站处理，及时联系行调要求下一站扣车处理，同时使用站间电话转告下一站，下一站按照规定扣车处理。 （5）如本站人员检查全部非站台车门后仍未发现夹人夹物情况则汇报行调
值班站长	（1）接到非站台侧车门夹人夹物通知后，立即组织尽可能多的人员（至少3名人员）赶往站台支援。 （2）与车控室确认已设置紧急停车，否则按压站台紧急停车按钮。 （3）尽可能平均安排站台工作人员值守站台，逐车搜寻非站台侧车门有无夹人夹物。 （4）查明夹人夹物位置并处理。如不能处理则就近按压乘客紧急报警装置通知司机，协助司机处理。 （5）处理完毕，通知车控室取消紧急停车，向司机显示"好了"手信号。 （6）如未发现夹人夹物情况，与其他站台工作人员确认非站台侧车门已全部检查完毕，汇报车控室

非站台侧车门夹人夹物应急处理流程

岗位	职责
行车调度员	（1）接到报告后及时通知司机停车或站内扣车，指示司机前往现场处理。 （2）通知就近车站安排人员上车搜寻，并采取相应的处理措施。 （3）接到司机/车站有关夹人夹物事件处理完毕的报告后，通知车站取消紧急停车，指示司机动车。 （4）如对设备造成影响，还应通知相关部门前往处理和指示后续列车的运行
司机	（1）接到行调通知或通过客室乘客紧急报警装置得知车门夹人夹物后，前往现场处理（携带 800 M 便携式无线电台）。 （2）采用单个车门紧急解锁方式妥善处理夹人夹物事件（解锁前要确保附近乘客的安全），处理完毕，恢复车门。 （3）如在站台则根据站务员"好了"手信号关门，确认车门、站台门无夹人夹物及站台门和车门之间空隙无滞留人或物，如在区间则汇报行调。 （4）凭行调指令动车

知识链接3-3

城市轨道交通站台安全防护设施

1. 障碍物探测功能

站台门在关闭过程中接触到宽度大于 5 mm 的刚性障碍物将立即自动弹开，待 2 s 后尝试重新关闭，如障碍物仍存在，将再次弹开，重复 3 次后，站台门将完全打开并停止动作，同时门头状态指示灯闪烁、蜂鸣器报警。此外，列车车门也具有这一功能：其探测到超过 60 mm×25 mm 障碍物时，将自动弹开，后续动作同站台门。

2. 防站人斜板、防夹挡板

站台门靠轨行区侧分别设置有与门体宽度一致的防站人斜板（图 3-3）和高度为 0.6 m 的防夹挡板（图 3-4）。防站人斜板可以避免乘客站立于已经关闭的站台门门槛上；乘客被夹在列车门和正在关闭的站台门间时防夹挡板可以阻碍站台门关闭，使得信号系统不能检测到站台门系统的整侧关闭锁紧状态，此时列车不会启动。

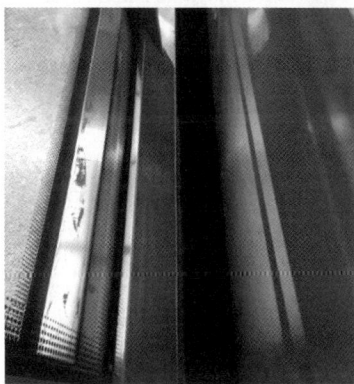

图 3-3　防站人斜板

图 3-4　防夹挡板

3.防踏空胶条

为避免乘客上下车时踏入列车与站台门的间隙,滑动门门槛边缘均安装有防踏空胶条(图3-5)。

图3-5　防踏空胶条

4.瞭望灯带

在站台门完全关闭的情况下,司机还将通过在站台一端瞭望另一端灯带(图3-6),以确认整侧站台列车与站台门缝隙无人或障碍物遮挡后再启动列车,避免发车时乘客被夹在列车门与站台门之间,造成安全事故。

5.红外光栅探测报警系统

如整侧站台门关闭后乘客因故(抢上抢下等)滞留在站台门与列车车体之间,红外光栅探测报警系统(图3-7)则会将声光报警信号反馈给司机,确保乘客安全。

图3-6　瞭望灯带　　　　　图3-7　红外光栅探测报警系统

案例分析3-1

列车夹物动车(险性事故次要责任)

某日7:21:58,某列车按时驶入某城轨车站下行站台开门,7:22:09列车开始关门。7:22:12,一名乘客快步跑上站台,在车门即将关闭的瞬间将随身携带的包塞入车内。

（站台）站务员（替岗）发现列车夹物，该乘客站在黄线内且紧贴车门，车门没有弹开，于7:22:17用对讲机连续呼叫"司机等一下"。7:22:21，列车启动，值班站长发现该乘客在列车动车后，抓着包不松手，跟着列车跑，于是继续大声呼叫司机"停车"，然后呼叫车控室，值班员于7:22:30按下下行紧急停车按钮并报行调。

7:22:29，列车即将行至站台中央时，该乘客奋力拔出包摔倒在站台上，列车在即将开出站台时停在下行站台端部，时间是7:22:36。

1. 存在问题

（1）（站台）站务员（替岗）发现列车夹物，车门没有弹开后，未及时吹口哨制止。

（2）用对讲机呼叫"司机等一下"，用语不标准。

（3）在用对讲机呼叫司机无应答时未及时采取其他安全措施（如按压紧急停车按钮）。

（4）值班员在事故发生时未及时处理，7:22:30才按下紧急停车按钮。

2. 整改措施

（1）客运部按照"四不放过"原则对事故进行了认真调查、分析，找出事故原因，并将此事故在全线范围内通报，组织车站员工学习并展开讨论。

（2）强化员工安全意识，组织学习并严格落实《接送列车一次作业标准》和值班员监控制度；要求（站台）站务员接送列车时站在紧急停车按钮边上，做到及时发现问题，及时处理。

（3）组织员工进行《紧急停车按钮使用规定》及事故应急处理相关知识的培训，提高员工应急处理能力及紧急设备的操作熟练程度。

（4）客运部将该事故编写成案例，以通知形式下发到全线各站，通过组织学习、讨论，明确该类事件的处理程序和注意要点，防止列车夹人夹物的事件再次发生。

◇◇

任务3.2　姓名_____　班级_____　小组_____　学号_____　日期_____

任务实施

汇总任务实施情况,填写应急演练记录表。

应急演练记录表

演练项目:		
地点:		时间:
组长:		记录员:

小组成员及分工	
姓名	岗位

演练脚本

演练总结

任务评价

通过个人自评、小组互评、教师点评的方式,对学生的演练方案编制情况、演练效果及表现力、演练过程记录情况、团队合作及职业素养等进行考核计分。

项目	分值	得分
演练方案编制情况	30	
演练效果及表现力	20	
演练过程记录情况	30	
团队合作及职业素养	20	
总分	100	

总结反思

通过本任务学习,请对自己在课堂中的表现进行反思及评价。

自我反思:

自我评价:

互助提高

(1)发现站台门夹人夹物后何时能按压紧急停车按钮?

(2)对于列车车门/站台门夹人夹物事件,列车未启动与已启动时处理方法有何区别?

(3)城市轨道交通乘降安全注意事项有哪些?

拓展训练

考察某一城市轨道交通企业的乘降安全防护设施,对于乘降安全防护设施是否有新的建议,与同学交流与分享。

任务导入

某日 19:45,某地铁司机驾驶 1320 次(1112 车)进 ZJL 站上行站台,列车距站台 15 m 时,突然发现一乘客坠入轨道,立即采取紧急制动,但列车已撞人,最终列车停在离对标处约 50 m 处。经过地铁运营工作人员与地铁公安人员的联合处置,45 min 后恢复运营。此次坠轨事件造成的影响:清客 6 列,下线 1 列,抽线 3 列,ZJL 站局部封闭 30 min,退票 437 张。

想一想:

乘客坠轨事件的原因有哪些?乘客坠轨事件会造成哪些影响?发现站台乘客掉落轨道,站务员应该如何处置?

学情检测

1.站台乘客掉落轨行区对( )造成的影响最大。

　　A.乘客人身安全

　　B.乘客财产安全

　　C.城市轨道交通行车安全

　　D.城市轨道交通行车秩序

2.发现有乘客跳下站台,下列处置不当的是( )。

　　A.及时报警,并上报相关部门

　　B.立即启动封站预案

　　C.尽量挽留 2 名以上目击证人

　　D.公安人员到来后,协助开展工作

3.发生乘客坠落站台事故后,按列车司机处置要求,以下描述正确的有( )。

　　A.事故发生后,列车内乘客未疏散前,应及时进行安抚广播,稳定乘客情绪

　　B.接收现场指挥人员动车的指令,并及时将信息传递至行车调度员

　　C.保持与行车调度员的信息沟通,报告事态发展情况和现场处置情况

　　D.密切配合现场勘查人员调查和收集证据

4.当人员擅入轨行区时,车站行车值班员应马上向 OCC、值班站长、站长、OCC 质量安全工程师、OCC 主任(副)汇报。( )

　　A.正确　　　　B.错误

5.如果乘客不慎落入轨行区造成伤亡则按照道床伤亡应急预案进行处理。( )

　　A.正确　　　　B.错误

任务目标

1. 知识目标

(1)分析乘客坠轨的原因及影响。

(2)认知乘客坠轨应急处理原则与方法。

(3)识记乘客坠轨应急处理各岗位职责。

2. 技能目标

(1)能严格按照应急处理流程及岗位职责对乘客坠轨事件进行应急处理。

(2)能采取措施预防乘客坠轨事件发生。

3. 素养目标

(1)提升应对突发事件的心理素质并增强应急处理过程中的角色意识。

(2)增强服务意识,培养临危不乱、敢于担当的职业素质。

(3)树牢底线思维,敬畏生命、敬畏职责、敬畏规章。

任务要求

情景设置:运营期间,站务员发现有乘客掉落轨道。

请制订一份乘客坠轨事件应急演练方案,并根据应急演练方案分角色开展演练。要求:分工明确,配合协调,各司其职,演练表现力强,整体效果好。

任务计划

建议学员小组每组 5~7 人为宜(不宜超过 10 人/组)。教师为每个小组的观察和监督员,并设置演练组长 1 名,记录员 1 名。

组长:负责演练实施过程的组织,确保组员全员参与。

记录员:负责文案记录工作,记录每个组员的表现情况。

小组成员:扮演行车调度员、值班站长、行车值班员、客运值班员、站务员、支援人员等角色,完成应急演练要求的各项任务,互相监督、互相提出改进意见。

知识储备

一、认知乘客坠轨事件

乘客坠轨是指乘客从站台跌入车站轨行区,直接影响行车安全和行车时间,危及乘客生命安全的事件。

在站台设立站台门的条件下,大多数乘客翻越站台门进入轨道是为了捡拾掉落的物品,以及在乘车时进入相反站台欲通过轨道到达对面站台,还有个别乘客想要进入城市轨道交通轨道自杀。另外,在车门关闭而站台门未关闭情况下,可能有乘客夹在二者中间,此时司机开动列车会使乘客卷入轨道。

城市轨道交通进入网络化阶段后,乘客坠轨将会对整个线网运营造成极大影响,并极有可能造成伤亡。

二、乘客坠轨应急处理原则与方法

1. 应急处理原则

(1)紧急停车,防止乘客受到二次伤害。

(2)迅速停电,设法从轨行区救出伤者,尽快恢复列车正常运营。

(3)维持好车站秩序,避免群众围观。

(4)保护现场,做好取证工作。

乘客坠轨事件
应急处理

2. 应急处理方法

(1)车站人员(站务员、保安等)应立即按压紧急停车按钮,报告值班站长和车站值班员。立即到伤者附近通过喊话等形式劝其远离接触网,等待救援。

(2)车站值班员接到站务员报告后,应再次确认紧急停车按钮是否使用和是否生效,关闭进站闸机,并立即向行车调度员、值班室、站长和安保部报告;值班站长接到站务员通知后,应立即赶往事发站台,并用对讲机通知车站员工启动应急预案。

(3)(站台)站务员应维持好站台秩序,组织乘客撤离站台,售票员暂停售票,(站厅)站务员和保安暂时阻止乘客进入付费区,并做好乘客的解释工作;值班站长到站台寻找坠轨人员,了解现场情况,由现场职务最高者决定是否停电救援。

(4)站长、值班站长通知站务人员提前打开夹层通道门或站台端头门,携带救援工具(活动楼梯)立即赶到通道口。车站值班员接到行车调度员接触网已经停电的通知后,应立即通知现场人员,由现场职务最高者安排人员进入轨行区实施救援,使伤者尽快离开轨行区。

(5)列车临时停运期间,售票员停止售票,并做好退票准备。

(6)待公安民警到达现场后,配合其开展调查取证工作。

(7)坠轨人员救出后,现场职务最高者应立即向运调中心报告"轨行区满足安全行车条件,恢复行车"。

三、乘客坠轨应急处理各岗位职责

乘客坠轨应急处理各岗位职责如表3-8所示。

乘客坠轨应急处理各岗位职责 表3-8

岗位	行动指引
站务员	(1)立即按压相应侧紧急停车按钮,报行车值班员。 (2)(站台)站务员疏散围观乘客,加强巡视,并挽留目击证人;(站厅)站务员协助疏散围观乘客,携带喇叭抵达现场维持秩序;客服岗做好客服中心票务工作。 (3)配合公安民警做好取证工作
行车值班员	(1)接报后,在IBP盘上按压紧急停车按钮,通知值班站长到现场,向行车调度、公安民警及车站站长汇报。 (2)通过CCTV观察现场情况,做好乘客广播。 (3)做好与现场的信息传递工作,向行车调度员申请下轨救援,视情况拨打120。 (4)确认线路出清,在IBP盘上按压取消紧急停车按钮,并向行车调度员汇报

岗位	行动指引
客运值班员	（1）接值班站长通知，携带药箱、相机、录音笔赶往现场。 （2）协助值班站长做好下轨救援工作，收集现场证据
值班站长	（1）接报后，做好安全防护，做好下轨救援准备，前往现场后做好乘客安抚及疏散工作。 （2）获得行车调度员的许可后，下轨进行救援。 （3）确认人员、工具出清轨行区后报行车值班员。 （4）公安民警、急救中心人员到达后做好相应工作交接，安排人员完成取证工作

知识链接3-4

站台乘客掉落轨道的预防措施

（1）（站厅）站务员要把好"进闸口"，严禁乘客无票进站。

（2）（站台）站务员应加强巡视，发现异常情况及时采取安全措施。

（3）值班员应加强 CCTV 的监控。

（4）各岗位工作人员应注意观察乘客神情举止等动态，发现神智异常者立即与轻轨所联系并将其护送出站，同时向全线其他站通报其体貌、特征，进行站间联控。

（5）若乘客物品掉下轨道，应采取以下措施：

①提醒乘客不要自行拾取。

②利用列车间隙用拾物钳拾取。（注意：若是手机不要用拾物钳拾取，以免将屏幕刮花引起乘客纠纷；最好及时拾起，防止被其他乘客拾走。）

③不易拾起的物品可与乘客协商夜间停电后再拾。

（6）（站台）站务员发现乘客跳下轨道或进入区间，应立即采取按压紧急停车按钮等应急措施，及时处置。

（7）（站台）站务员注意留下至少 2 名目击证人，做好笔录。

任务 3.3　姓名＿＿＿＿＿　班级＿＿＿＿＿　小组＿＿＿＿＿　学号＿＿＿＿＿　日期＿＿＿＿＿

任务实施

汇总任务实施情况,填写应急演练记录表。

应急演练记录表

演练项目:	
地点:	时间:
组长:	记录员:

小组成员及分工	
姓名	岗位

演练脚本

演练总结

任务评价

通过个人自评、小组互评、教师点评的方式,对学生的演练方案编制情况、演练效果及表现力、演练过程记录情况、团队合作及职业素养等进行考核计分。

项目	分值	得分
演练方案编制情况	30	
演练效果及表现力	20	
演练过程记录情况	30	
团队合作及职业素养	20	
总分	100	

总结反思

通过本任务学习，请对自己在课堂中的表现进行反思及评价。

自我反思：

自我评价：

互助提高

(1)乘客进入轨道时，值班站长应如何处理？

(2)遇到乘客跳下（挤下）站台触电事故，值班站长如何处理？

(3)预防乘客坠轨的措施有哪些？

拓展训练

情景设置：运营期间，站务员发现有人员进入轨行区。
请结合以上情景，制订一份人员擅入轨行区应急处理方案。

任务导入

某日,乘客陈先生准备在某地铁3号线某站换乘,边看手机边下车时,被一名上车乘客不慎撞了一下,手机从手中滑落,掉进站台与列车之间的缝隙,落到地铁轨道深处。工作人员闻讯赶来,考虑到列车行驶间隔较短,且接触轨带电,工作人员决定等晚上运营结束后再帮乘客取出手机。乘客听了工作人员的解释后,表示理解,留下联系方式后便离开车站。

当晚凌晨断电后,值班站长带领工作人员拿来拾物钳,来到预定地点,开启站台门,取出乘客手机。第二天早晨运营伊始,考虑到乘客焦急的心情,值班员拨通乘客电话,让他前来取回手机。乘客赶到车控室后,一进门就握住工作人员的手表示感谢,随后现场找来红纸写下感谢信,高度赞扬地铁工作人员,并与工作人员合影留念。

想一想:

站台落物事件的原因有哪些? 站台落物事件会造成哪些影响? 发现站台乘客或物品掉落轨道,站务员应该如何处置?

学情检测

1. 乘客物品掉落轨行区对(　　)不产生影响。

    A. 乘客人身安全　　　　　　　　B. 乘客财产安全

    C. 城市轨道交通行车安全　　　　D. 城市轨道交通行车秩序

2. 下列关于乘客物品掉落轨行区的说法不正确的是(　　)。

    A. 提醒乘客不要自行拾取

    B. 利用列车间隙用拾物钳拾取

    C. 不易拾起的物品可与乘客协商夜间断电后再拾

    D. 立即下轨道拾取

3. 未安装站台门的车站,遇乘客掉落大件物品侵入限界影响列车运营时,第一时间应当(　　)。

    A. 立即按压紧急停车按钮　　　　B. 做好乘客安抚工作

    C. 报告行调　　　　　　　　　　D. 到站台上拾取掉落物

4. 乘客物品掉下站台,工作人员可在线路上无车且注意自身安全的情况下跳下站台将物品取上交还乘客。(　　)

    A. 正确　　　　　B. 错误

5. 当乘客物品掉落轨道时,(站台)站务员应判断掉落的物品是否影响行车。(　　)

    A. 正确　　　　　B. 错误

任务目标

1. 知识目标

(1)分析站台落物的类型及影响。

(2)认知站台落物应急处理原则。

(3)识记站台落物的应急处理流程与各岗位职责。

2. 技能目标

(1)能严格按照应急处理流程及岗位职责对站台落物(不影响行车)进行应急处理。

(2)能严格按照应急处理流程及岗位职责对站台落物(影响行车)进行应急处理。

3. 素养目标

(1)提升应对突发事件的心理素质并增强应急处理过程中的责任意识。

(2)增强服务意识,培养临危不乱、敢于担当的职业素质。

(3)树牢底线思维,敬畏生命、敬畏职责、敬畏规章。

任务要求

情景设置:运营期间,车站上行站台轨道梁发现异物影响行车,站务员发现后立即按压紧急停车按钮,并向车站值班员和值班站长汇报。值班站长携带拾物钳赶到站台指挥处理,尽快恢复行车。

请制订一份站台落物应急演练方案,并根据方案分角色开展应急演练。要求:分工明确,配合协调,各司其职,演练表现力强,整体效果好。

任务计划

建议学员小组每组 5 ~ 7 人为宜(不宜超过 10 人/组)。教师为每个小组的观察和监督员,并设置演练组长 1 名,记录员 1 名。

组长:负责演练实施过程的组织,确保组员全员参与。

记录员:负责文案记录工作,记录每个组员的表现情况。

小组成员:扮演行车调度员、值班站长、行车值班员、客运值班员、站务员、支援人员等角色,完成应急演练要求的各项任务,互相监督、互相提出改进意见。

知识储备

一、认知站台落物事件

站台落物是指在运营时间内,站台发生物品掉落轨行区等类似事件。城市轨道交通列车在运行时,无论是车门与站台门缝隙间落入的异物,还是线路建筑物脱落产生的异物,都会对列车运营造成一定影响,轻则刮伤车体、损坏列车设备,严重时甚至会阻碍列车正常运行,危及列车运行安全,必须尽快处理。

万一不慎将物品掉入区间了怎么办?

首先,站台较高,难以徒手攀爬,私自跳下容易受伤。其次,跳进隧道还将面临高压触电的危险。这不仅影响地铁正点到站,而且威胁个人生命安全。

若不慎将物品掉入区间,请乘客一定要及时联系站台工作人员。若是低峰时段,掉落物品满足拾取条件,工作人员会询问上级运营部门,在确保安全的情况下用拾物钳将物品夹起。若是高峰时段,工作人员将留下乘客的联系方式,在低峰时段或是运营结束后帮助捡取,并会第一时间联系失主。

如今车站工作人员在长期的工作实践中已经摸索并组装出了各式各样的"拾取神器"。比如"捞手机神器"——它由拾物钳改装而成,金属夹上缠着厚布条,以便夹起手机时保护手机的屏幕和外壳;再比如"捞物神器"——将清洁胶或者胶带固定在杆头,以便利用黏性轻松地将地上的车票、戒指等拾起。

经过改良的拾物钳功能多样,工作人员拾物的技巧不断提升,捡拾的物品有票证、钥匙、鞋帽、手机、平板、大闸蟹等,每年拾取的物品多达上百件。

二、站台落物应急处理原则与方法

1. 应急处理原则

(1)车站工作人员得知乘客物品掉落轨道时,应先安抚乘客,劝说乘客不要擅自拾取。

站台落物事件
应急处理

(2)乘客掉落的物品影响行车时,车站工作人员发现后要立即报告行调,得到允许后进行即时、有效、快速的处理,处理时要注意自身安全防护。

(3)原则上不影响行车的落入轨行区的物品,车站工作人员会在低峰期或运营结束后拾回,同时向落物乘客做好解释工作并定期巡视物品情况。

2. 应急处理方法

城市轨道交通车站站台常发生乘客携带的物品坠落轨道的事件,可分为物品不影响行车和物品影响行车两种情况。另外,还涉及乘客贵重物品掉落区间的特殊情况。站台落物应急处理流程如图3-8所示。

1)落轨异物不影响行车的应急处理

站线范围内,发现区间有异物,形态较小,不影响列车运行,原则上运营时间不进行处理,待运营结束后,值班站长指定人员到区间拾取。

(1)站务员接到报告后,立即赶往现场查看情况,向行车值班员报告:该物品不影响行车。若该车站未安装站台门,站务员应在第一时间明确告诉乘客"请勿擅自跳下轨道,工作人员会尽快妥善处理"。

(2)站务员应立即安抚乘客,告知乘客将在当日运营结束后下轨道拾回物品,请乘客留下联系方式,第二日到车站领取物品。

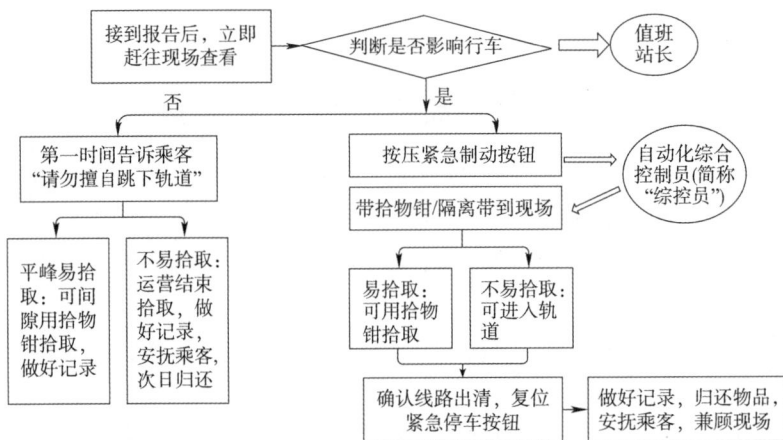

图 3-8　站台落物应急处理流程

2）落轨异物影响行车的应急处理

若物品影响行车,站务员须马上按压紧急停车按钮或显示紧急停车信号暂停列车运行。或出于特殊原因乘客强烈要求立即拾回时,站务员要报车站控制室值班员,由值班员向行调报告,经行调批准后方可下轨道拾回物品。

（1）站务员接到报告后立即赶往现场查看情况,若该物品影响行车,则立即按压站台侧紧急停车按钮。

（2）站务员向行车值班员、值班站长报告该物品影响行车,需立刻处理。

（3）行车值班员上报行调,经批准后,按动车站控制室内紧急停车按钮,做好防护,通知站务员可以进行拾物处理。

（4）站务员立即携带拾物钳（图 3-9）、隔离带到现场,隔离该处站台门,用拾物钳进行拾取。不能立即拾取的先用拾物钳拨至线路旁边不影响行车处,以不耽误列车运行为原则,待列车通过后利用行车间隔下区间拾取。

站台落物应急
处理流程

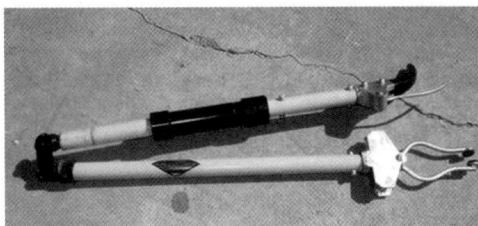

图 3-9　拾物钳

派站务人员下区间进行处理的流程如下:

①值班员接站务员报告后第一时间按下异物侧或上下行（异物有移动的可能时）紧急停车按钮,向行调申请到区间拾物,视情况要求站线接触轨停电。

②得到行调同意,在确认接触轨已断电后,值班站长派人到区间将异物拾起。视情况对异物的形态及位置进行拍照留证。站务员做好站台防护。

③处理完线路出清后向行调报告,恢复紧急停车按钮。

④值班员要通过 CCTV 全程监控,密切关注处理过程,随时向上级汇报。

（5）站务员将物品取回后,确认线路出清,恢复站台门的使用,向行车值班员汇报。

（6）行车值班员及时取消紧急停车，并向行调汇报。

（7）做好相关记录，将物品归还乘客。

3）乘客贵重物品掉落区间的应急处理

对于乘客掉落在站线区间内的贵重物品，如手机、相机、钱包等物品，为避免乘客财产受损失及防止其他乘客跳下站台拾取影响运营，应及时用拾物钳拾取，如无法用拾物钳拾取的，应利用行车间隔拾取。

三、站台落物应急处理各岗位职责

站台落物应急处理各岗位职责详见表3-9。

站台落物应急处理各岗位职责 表3-9

岗位	职责
站务员	（1）初步判断掉落物品是否影响行车，如果影响则按压紧急停车按钮，报行车值班员；如果不影响则做好乘客解释工作，待运营结束后拾回。 （2）如需下轨拾取，做好防护，注意行车安全。 （3）线路出清后，向司机显示"好了"信号
行车值班员	（1）接报后，如影响行车，在IBP盘上跟拍紧急停车按钮。 （2）通过CCTV观察现场情况。 （3）接行调通知可以下轨拾物后，通知值班站长，做好乘客广播。 （4）线路出清后，向行调汇报，在IBP盘上按压取消紧急停车按钮
客运值班员	（1）接报后，协助值班站长进行拾物，共同确认线路出清。 （2）协助值班站长做好拾物登记
值班站长	（1）接报后，做好安全防护，准备落轨梯及拾物钳，做好下轨准备。 （2）如需下轨拾取，抵达对应站台后汇报现场情况，向行车值班员申请下轨。 （3）线路出清后报行车值班员，做好相应拾物登记

任务 3.4　姓名_____　班级_____　小组_____　学号_____　日期_____

任务实施

汇总任务实施情况,填写应急演练记录表。

应急演练记录表

演练项目:

地点:	时间:
组长:	记录员:

小组成员及分工

姓名	岗位

演练脚本

演练总结

任务评价

通过个人自评、小组互评、教师点评的方式,对学生的演练方案编制情况、演练效果及表现力、演练过程记录情况、团队合作及职业素养等进行考核计分。

项目	分值	得分
演练方案编制情况	30	
演练效果及表现力	20	
演练过程记录情况	30	
团队合作及职业素养	20	
总分	100	

✎ 总结反思

通过本任务学习,请对自己在课堂中的表现进行反思及评价。

自我反思:

自我评价:

互助提高

(1)叙述车站物品落入区间的处理流程。

(2)在影响行车和不影响行车的情况下,处理站台落物有何区别?

拓展训练

情景设置1:某乘客在某地铁站候车时,由于乘客多,众人挤着上车,该乘客的一只鞋掉进轨道内。后搭乘返程车辆,准备跳下轨道自己捡……

情景设置2:一日中午,某乘客边上车边打电话,不慎将钱包掉进地铁站的轨道内。该乘客声称,钱包中有1万元现金,并急等钱用,希望马上停车捡拾。

请根据以上情景设置(任意选取一种情景),制订一份站台落物应急处理方案。

巩固练习

一、选择题

1.事故发生后,要以事实为依据,以有关法规、规章为准绳,按照(　　)的原则处理事故,查明原因,分清责任,吸取教训,制订措施,防止同类事故再次发生。

    A.事故原因没有查清不放过

    B.事故责任者没有严肃处理不放过

    C.广大职工没有受到教育不放过

    D.防范措施没有落实不放过

2.遇行车突发事件对列车运行影响无法确定时,如可能影响邻线运行,应对邻线列车采取(　　)措施。

    A.中断行车　　　　　　　　　　　B.扣车

    C.紧急停车　　　　　　　　　　　D.限速运行

3.以下哪种情况车站不必按压紧急停车按钮(　　)。

    A.乘客跳下站台、进入轨道区间时

    B.乘客逾越黄线而列车即将进站时

    C.物品掉下站台,不影响列车运行时

    D.设备侵入限界,阻挡列车正常进出车站时

4.车门/站台门夹人夹物后关闭(未动车),值班站长处理流程为(　　)。

①指导监督(站台)站务员对车门/站台门的处理,加强站台安全巡视,做好乘客疏导、安抚工作。会同客运值班员处理必要的客运事务。

②接到车门/站台门夹人夹物后关闭信息,立即赶至现场,启动应急预案。

③做好站台安全防护,疏导乘客。

④列车离站后,通知各岗位解除应急预案。

    A.②③①④　　　　B.②①③④　　　　C.②④①③　　　　D.①②④③

5.站台落物,站务员应急处理第一步是(　　)。

    A.接行值通知,查看现场情况

    B.发现有物品落入轨行区,初步判断该物品是否影响行车,如影响行车则立即按压相应的紧急停车按钮

    C.报行值

    D.做好拾物准备后,报行值

    E.根据行值命令,从两侧端门进入轨行区捡拾物品,确认人员、工具出清轨行区后报行值

二、判断题

1.(　　)列车脱轨、列车晚点、列车相撞都属于重大事件。

2.(　　)城市轨道交通运营过程中出现的大部分不安全现象都在行车工作中。

3.(　　)站务员接发列车要严格执行"一看、二接、三送"的一次作业程序。

4.( )站线范围内,发现区间有异物,形态较小,不影响列车运行,原则上运营时间不进行处理,待运营结束后,值班站长指定人员下区间拾取。

5.( )行值发现列车车门/站台门夹人夹物,如列车未停止运行,应立即向行调汇报,不能与行调立即通话时,应通知前方站扣停列车进行处理。

三、简答题

1. 在行车突发事件处理中要坚持什么原则？该原则的内容是什么？

2. 什么是列车驾驶"三严格"制度？

3. 若车门或站台门夹人(物),如何进行处理？

4. 试述乘客坠轨事件应急处理各岗位职责。

5. 试述站台落物应急处理原则与方法。

项目 4

乘客事务应急处理

项目描述

随着自媒体时代发展，乘客事务的处置越来越受到各方关注，处置欠妥，易引起大片的负面舆情，导致运营单位形象、名誉受损。地铁车站、列车为人流密集场所，发生乘客冲突、晕倒、伤亡等特殊乘客事务会引起恐慌，导致事态扩大，因此乘客事务的处置效率尤为关键。本项目任务是针对典型乘客事务（突发大客流、车站长时间无车、客伤事件、区间疏散、公交接驳等），熟悉相关乘客事务的处理程序及相关规定，能按信息汇报程序报公安处理。一旦发生人员伤害事件，能分清责任，妥善处理，并从中受到教育。

学习导航

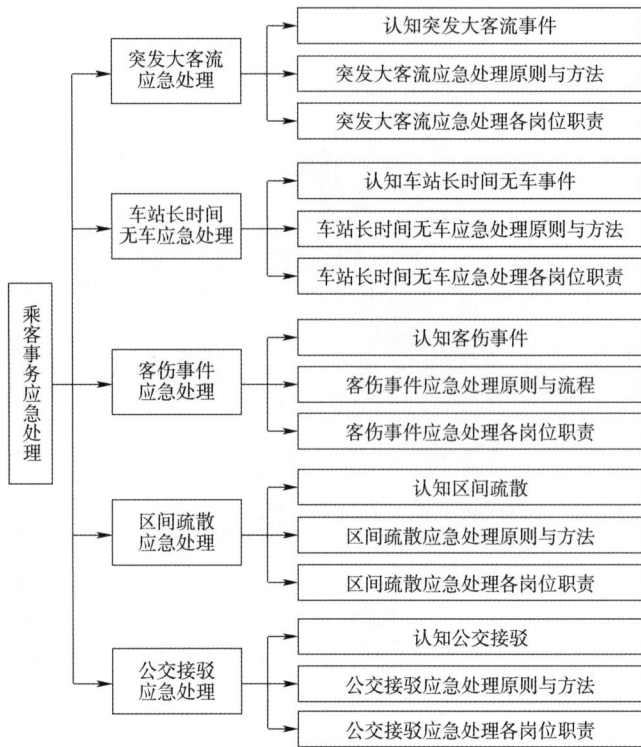

突发大客流应急处理 ── 认知突发大客流事件

突发大客流应急处理原则与方法

突发大客流应急处理各岗位职责

车站长时间无车应急处理 ── 认知车站长时间无车事件

车站长时间无车应急处理原则与方法

车站长时间无车应急处理各岗位职责

乘客事务应急处理 ── 客伤事件应急处理 ── 认知客伤事件

客伤事件应急处理原则与流程

客伤事件应急处理各岗位职责

区间疏散应急处理 ── 认知区间疏散

区间疏散应急处理原则与方法

区间疏散应急处理各岗位职责

公交接驳应急处理 ── 认知公交接驳

公交接驳应急处理原则与方法

公交接驳应急处理各岗位职责

任务导入

　　从2020年3月2日起,某市轨道交通开始对早高峰期间的重点大客流车站限流,运管中心搭建"动态管控+精准限流"指挥体系,灵活运用行车调整和客运组织控制车站人流密度和车厢满载率,以时间换空间,落实疫情防控工作,做到复产复工和防疫两手抓、两手硬。

　　(1)一日一分析、一日一评估、一日一调整。疫情期间,运管中心票务管理部根据历史客流数据分析,做好下周每日客流的预测。并且每日实时评估当日与次日的客流走势,实时更新客流预测数据,指导做好运力配置保障与列车满载率管控。

　　(2)多途径控制乘客进站速度。运管中心客运市场部牵头全面摸排重点管控车站,关注车站、车厢客流变化,通过蛇形栏杆绕行、分段限流、分批放行、车站设备调整等客运组织方式,控制乘客进站速度。同时督促车站提前与属地街镇对接,视情况启动"四长联动"(地铁站长、轨道交通公安警长、属地派出所长、属地街镇长)机制,并在高峰时段增派属地人员加强站外秩序管控和疫情防控信息宣传,强化力量配置和现场管控。加强广播及LED屏等信息宣传,提示乘客"佩戴口罩、适度间隔、有序排队"进站。

　　(3)设立车站"客流观察哨"。通过在重点车站站厅/站台设立"客流观察哨",实时关注高峰时段站内外乘客等候情况。实时对列车车厢内客流情况进行人工观测,以对比客流分析计算结果,进一步提高客流预测的精度,达到动态发现和控制乘客聚集的目的,降低列车满载率。

　　(4)全运力保障"列车满载率"管控。运管中心运营业务部结合复工复产客流预测,在全运力的基础上制定了早晚高峰运力动态调整预案,确保"列车满载率"管控目标可控。各线路调度根据车站实际情况,实时动态调整列车运行计划。

　　(5)全方位持续宣传,提前告知信息。运管中心媒体信息部从3月2日起持续宣传路网17座车站限流的信息。2月27日和3月2日,两次组织十余家媒体现场踏勘,安排采访拍摄,报道限流情况。其间媒体信息部发布出行攻略、编辑视频、拍摄图片、音频采访以及提供早高峰客流与历史对比数据,同时感谢乘客的支持与配合。疫情期间,为管控满载率,某市轨道交通的强化措施得到绝大部分乘客的理解。

　　想一想:

　　大客流产生的原因有哪些?如何根据现场客流情况识别客流控制等级?突发大客流应急处理措施有哪些?

1. 车站突发大客流,有可能导致(　　)。
   A. 发生恐慌衍生事故　　　　　　　B. 人员伤亡
   C. 设备发生故障　　　　　　　　　D. 影响路网正常运营

2. 因客流激增危及运营安全的,运营单位可采取(　　)等应急措施。
   A. 限制客流　　　B. 封站　　　C. 封闭出入口　　　D. 以上都是

3. 路网实施联动限流时,以下说法错误的是(　　)。
   A. 先事发车站,后影响车站　　　　B. 先普通车站,后换乘车站
   C. 先就近车站,后远端车站　　　　D. 先偏远车站,后中心车站

4. 遇大客流时,地下车站按照(　　)的客流控制原则,在站台与站厅的楼梯(或自动扶梯)口、车站进站闸机、车站出入口三处进行客流控制。
   A. 由内至外　　　　　　　　　　　B. 由下至上、由外至内
   C. 由下至上、由内至外　　　　　　D. 由外至内

5. 突发大客流导致站台拥挤时,(站厅)站务员立即到站台维持候车秩序,对站厅与站台的楼梯、扶梯处进行第(　　)级客流控制。
   A. 一　　　　　　B. 二　　　　　　C. 三　　　　　　D. 全面

任务目标

1. 知识目标
(1)识记突发大客流的概念、特征及分类。
(2)掌握大客流应急处理原则与方法。
(3)明确突发大客流应急处理各岗位职责。

2. 技能目标
(1)能正确使用大客流引导与疏散的主要设施、工具。
(2)能在突发大客流的情况下进行信息收发及传达、利用广播告示疏导客流、组织客流控制、处理受影响乘客的车票等应急处理。

3. 素养目标
(1)强化岗位责任意识,培养团结协作能力。
(2)树立以人为本、生命至上的安全意识。
(3)培养处理乘客事务的灵活应变能力。

任务要求

情景设置:运营期间,某站客流突然增加。站台聚集大量乘客无法上车,后面又有源源不断的客流进站,安检口和售票口均出现排队现象。

请制订一份车站突发大客流应急演练方案,并根据方案分角色开展应急演练。要求:分工明确,配合协调,各司其职,演练表现力强,整体效果好。

任务计划

建议学员小组每组 5 ~ 7 人为宜(不宜超过 10 人/组)。教师为每个小组的观察和监督员,并设置演练组长 1 名,记录员 1 名。

组长:负责演练实施过程的组织,确保组员全员参与。

记录员:负责文案记录工作,记录每个组员的表现情况。

小组成员:扮演行车调度员、值班站长、行车值班员、客运值班员、站务员、支援人员等角色,完成应急演练要求的各项任务,互相监督、互相提出改进意见。

知识储备

一、认知突发大客流事件

1. 事件定义

突发大客流主要指车站或列车突然出现的客流集中增长,造成车站、列车拥挤的情形。突发大客流表现为客流非常拥挤或极度拥挤,乘客流动速度明显减缓,客流交叉干扰严重,乘客之间的身体接触明显,产生强烈不适等,继而对乘客的出行造成不利影响,对城市轨道交通运营安全造成较大威胁,甚至危及乘客的生命、财产安全。

2. 事件分类与分级

根据形成原因,突发大客流分为节假日大客流、暑期大客流、大型活动大客流、特殊气象大客流、设备故障大客流以及突发性事件大客流。

根据各车站运能,依据突发大客流可能造成的危害程度、波及范围、行车中断时间、人员伤亡及财产损失等情况,将其划分为一般级、较大级、重大级三个等级。

①一般级即Ⅲ级突发大客流,是指站台较拥挤,城市轨道交通运营秩序未受到较严重影响,通过车站及邻站支援能够处置的突发大客流。

②较大级即Ⅱ级突发大客流,是指站台、站厅都较为拥挤,城市轨道交通运营秩序受到一定影响,以城市轨道交通企业为主能够处置的突发大客流。

③重大级即Ⅰ级突发大客流,是指站台、站厅和出入口都较为拥挤,预计持续时间超过 30 min,城市轨道交通运营秩序受到严重影响,或已经造成人员伤亡、财产损失等后果的突发大客流。

🏵️ 知识链接4-1 ━━━━━━━━━━━━━━━━━━━━━━━━━━━━ ◆ ━

大客流分级控制措施

原则上,地下(车)站按照"由下至上、由内至外"(高架站按照"由上至下、由内至外"的原则)和"先控制进站,后控制换乘"的原则依次进行三级客流控制;特殊情况下,车站可根据本站客运服务设施、设备合理采取客流控制措施,视情况果断采取分流、限流等安全防范措施。某城市轨道交通地下(车)站大客流分级控制措施如下。

第一级客流控制：在付费区采取措施控制站台乘客数量的客流组织行为。

当站台出现乘客拥挤时，站台区域负责人向车控室汇报，由值班站长决定进行第一级客流控制。

措施1：在站厅步梯口设置控制点，控制进入站台乘客数量。

措施2：将站厅付费区通往站台的全部自动扶梯设置为向上运行。

措施3：播放广播，对客流进行引导。

措施4：增加(站台)站务员，加强引导，防止乘客挤压站台门，无法上车，影响列车关门。

措施5：值班员视情况向行调请求延长列车停站时间或加开备用列车，缓解站台压力。

第二级客流控制：在非付费区采取措施控制进入付费区乘客数量的客流组织行为。

当采取第一级客流控制措施后，站厅付费区滞留乘客较多时，由值班站长决定进行第二级客流控制。

措施1：在进闸机或安检机前设置客流控制点，在非付费区设置导流、分流设施。

措施2：行车值班员通过车站计算机(SC)关闭部分进闸机，停止部分TVM售票，售票员放慢售票和兑零速度。

措施3：播放广播，引导部分乘客改乘其他交通工具。

第三级客流控制：在出入口外采取措施控制进站乘客数量的客流组织行为。

当采取第一级、第二级客流控制措施后，站内滞留乘客较多时，由车站与城市轨道交通公安共同决定进行第三级客流控制。

措施1：会同公安、车站保安在出入口设置控制点，控制进站人数。

措施2：将站厅出入口的自动扶梯全部设置为向上运行。

措施3：加强站内疏导，及时引导终到乘客出站，缩短乘客站内停留时间。

措施4：播放广播，引导部分乘客改乘其他交通工具。

二、突发大客流应急处理原则与方法

1. 应急处理原则

(1)整体遵循"安全第一、统一指挥、分级控制、合理引导、及时疏散"的原则。

(2)以实现乘客安全运输为根本原则，保持客流运送过程通畅，尽量减少乘客出行时间成本，避免拥挤，便于突发大客流发生时能及时疏散。

(3)统一指挥，分工明确。OCC负责城市轨道交通线路客流组织工作，车站的客流组织由值班站长负责。

(4)根据车站具体情况，分级实施人潮控制。三级客流控制的控制点分别在车站出入口、入站闸机处及站厅至站台层自动扶梯处。

(5)对于地下站，客流控制应遵循由内至外、由下至上的原则。

(6)在使用各种设施、设备及采取疏导措施时，坚持出站客流优先原则。

2. 应急处理方法

突发性大客流的显著特点是其规模、时间长短等无法提前预测，无法进行充分的准备，并根据客流规模启动相应级别的应急预案进行应对。

（1）发生突发性大客流后，结合突发性大客流的影响程度、发展情况、紧迫性等，车站应立即组织力量，申请组织应急救援队伍（包括各部门、驻站人员），在事件发生初期迅速出动，以控制事态、准确施救、减少损失为目的，开展应急组织工作，实现事发后各部门及各车站反应快、响应快、行动快，把影响运营的程度和损失降到最低。

（2）车站应立即按汇报程序进行汇报，当客流达到第Ⅰ级标准时，事发车站向邻站申请人力支援；当客流达到第Ⅱ级标准时，事发车站向邻站或驻站人员申请人力支援；当客流达到第Ⅲ级标准时，OCC应及时报告应急指挥小组和应急领导小组，视情况请求城市轨道交通公安分局警力支援。

（3）车站做好临时导向标志、告示牌、临时售票亭等客运设施的准备、设置工作。

（4）车站视情况，对AFC终端设备设置相应的降级运行模式。

（5）OCC应根据实际情况采取相应措施，增加运能，缓解车站客流压力。

（6）需要有关单位联合处置时，OCC根据应急指挥小组的指示联系。

（7）若客流太大，严重超出城市轨道交通运输能力，由现场处置小组向应急指挥小组申请关闭车站，经应急指挥小组的允许后，车站做好关站和宣传解释工作。

三、突发大客流应急处理各岗位职责

突发大客流的车站接到启动应急预案的通知后，现场各岗位立即执行突发大客流的现场处置方案。突发大客流应急处理各岗位职责见表4-1。

突发大客流应急处理各岗位职责　　　　　　　　　　表4-1

岗位	职责
值班站长	（1）根据客流情况决定是否启用三级客流控制，当组织相关人员实施不同级别的客流控制时，报OCC。 （2）将情况报告上一级领导，必要时请求站间支援。 （3）协调统筹各岗位工作，确保车站秩序可控。 （4）视客流情况增设预制票点，加快售票速度，组织人员引导乘客快速进出站。 （5）视站台压力，减缓售票速度，请求延长本站停站时间或加开列车。 （6）必要时向城市轨道交通公安、运管办请求秩序维护支援。 （7）必要时，可视车站情况采取客流分流隔离措施。 （8）预制票库存不足时，及时申报
行车值班员	（1）播放相关安全广播，加强引导乘客，做好乘客服务工作。 （2）通过车站SC、CCTV对本站客流进行数据及现场监测；发现故障及时报告，确保AFC系统状态良好。 （3）保持与行调联系，及时汇报车站客流情况。 （4）密切监视列车运行，提醒站台人员加强引导乘客上下车，确保列车运行安全。 （5）监控车站温度、环控通风、照明等情况，根据需要及时上报环调

岗位	职责
客运值班员	(1)增设预制票点,配发预制票。 (2)对临时故障的 AFC 设备进行处理,处理不了时报轮值和 AFC 设备厂商,保证 AFC 设备运作正常。 (3)组织乘客排队,引导乘客进出站,做好客运服务工作。 (4)票务工作提前做好补币补票、闸机回收、钱箱回收等工作,忙而不乱。 (5)及时汇报车站预制票、储值卡与硬币等数量,确保票务各类物资充足
售票员	(1)根据值班站长的通知加快或减缓兑零与售票的速度,必要时停止兑零或售票,同时做好解释工作。 (2)保管好钱、票。 (3)做好礼貌服务工作
(站厅)站务员	(1)利用告示牌、临时导向标志、手提广播,适时做好乘客的宣传、引导工作。 (2)协助车站进行三级客流控制,同时提醒或阻止乘客的不安全行为。 (3)巡视出入口,维护良好运营秩序。 (4)负责临时售票亭及客服中心窗口的排队秩序及安全
(站台)站务员	(1)利用手提广播,适时做好乘客的宣传工作,引导乘客从人少的车门上车。 (2)发生夹人夹物时应立即按压紧急停车按钮,按程序处理。 (3)多巡视站台,提醒或阻止乘客的不安全行为,加强与车控室联系。 (4)密切留意列车进出车站,引导乘客"先下后上"
司机	(1)发现有乘客上不了车或影响车门、站台门关闭时,应及时报告行调,并用广播引导乘客,站务员迅速与司机共同处理。 (2)视情况适当延长站停时间,确保乘客上下车安全。 (3)确认加开命令。 (4)不停站通过车站时注意控制运行速度。 (5)到达指定车站开门上客

任务 4.1　姓名_____　班级_____　小组_____　学号_____　日期_____

任务实施

汇总任务实施情况,填写应急演练记录表。

应急演练记录表

演练项目:	
地点:	时间:
组长:	记录员:

小组成员及分工	
姓名	岗位

演练脚本

演练总结

任务评价

通过个人自评、小组互评、教师点评的方式,对学生的演练方案编制情况、演练效果及表现力、演练过程记录情况、团队合作及职业素养等进行考核计分。

项目	分值	得分
演练方案编制情况	30	
演练效果及表现力	20	
演练过程记录情况	30	
团队合作及职业素养	20	
总分	100	

✎ 总结反思

通过本任务学习,请对自己在课堂中的表现进行反思及评价。

自我反思:

自我评价:

互助提高

(1)突发大客流应急处理方法有哪些?

(2)突发大客流分为几级? 不同级别的大客流应急处理程序有何区别?

拓展训练

请调研某一城市轨道交通企业突发大客流的管控措施,并提出改进建议。

任务导入

某日 18:18,某地铁 1 号线 G 站至 D 站上行区间出现设备故障,造成列车在该区段无法正常行驶,1 号线 J 站以东运行秩序受到影响,致使大批乘客滞留。事故发生后,有关部门及时启动应急预案,加强客流疏导并通过各种手段将事故情况告知乘客,保证客流基本有序。经过约 20 min 的处理,该区段列车恢复正常运行。在此期间,1 号线由西向东的各次列车在 J 站折返,以维持 J 站至 P 站区间的上下行正常运行,同时 2 号线 J 站上层也采取了临时性限流措施,地铁其他各站未受影响。

想一想:

哪些情况容易导致车站长时间无车?长时间无车会带来哪些负面影响?出现长时间无车应该如何应急处置?

学情检测

1. 当车站出现长时间无车的情况时,应宣传解释(   ),必要时做好封闭车站的准备。

A. 地铁故障,请您耐心等待

B. 地铁运力不足,请您耐心等待

C. 某方向暂时无车,请您耐心等待

D. 某方向暂时无车,请您选择其他交通工具出行

2. 当车辆设备出现故障,造成长时间无车时,应采取(   ),必要时做好临时封站的准备。

A. 限流措施　　　　　　　　　B. 临时封站

C. 列车通过　　　　　　　　　D. 以上均是

3. 当车站出现长时间无车的情况时,应根据命令悬挂"(   )"宣传牌,向乘客做好宣传解释工作,必要时做好封闭车站准备。

A. 暂缓开通　　　　　　　　　B. 正常运营

C. 暂停服务　　　　　　　　　D. 运力不足

4. 当车站长时间无车时,下列说法正确的是(   )。

A. 现场负责人视现场情况合理调整人力资源

B. 票务员需维护好站厅秩序

C. 票务员在必要时依据相关规定办理退票手续

D. 以上均正确

5. 当车站出现长时间无车的情况时,车站工作人员立即告知乘客故障区段,建议乘客绕行或改乘地面公交出行。(   )

A. 正确　　　　　B. 错误

任务目标

1. 知识目标

(1)认知车站长时间无车应急处理原则。

(2)识记车站长时间无车的应急处理方法与各岗位职责。

(3)制订车站长时间无车的防范措施。

2. 技能目标

(1)能严格按照应急处理方法及各岗位职责对车站长时间无车事件进行应急处理。

(2)能采取措施预防车站长时间无车事件发生。

3. 素养目标

(1)提升应对突发事件的心理素质并增强应急处理过程中的角色意识。

(2)增强服务意识,培养临危不乱、敢于担当的职业素质。

(3)树牢底线思维,敬畏生命、敬畏职责、敬畏规章。

任务要求

情景设置:运营期间,因信号设备故障,多个车站出现了列车临时停车和等候进站的情况,延误时间 5～10 min 不等。

请制订一份车站长时间无车应急演练方案,并根据方案分角色开展应急演练。要求:分工明确,配合协调,各司其职,演练表现力强,整体效果好。

任务计划

建议学员小组每组 5～7 人为宜(不宜超过 10 人/组)。教师为每个小组的观察和监督员,并设置演练组长 1 名,记录员 1 名。

组长:负责演练实施过程的组织,确保组员全员参与。

记录员:负责文案记录工作,记录每个组员的表现情况。

小组成员:扮演行车调度员、值班站长、行车值班员、客运值班员、站务员、支援人员等角色,完成应急演练要求的各项任务,互相监督、互相提出改进意见。

知识储备

一、认知车站长时间无车事件

当发生车辆、道岔、信号等设备、设施故障或其他突发事件时,可能造成列车延误甚至停运,全线各站乘客候车时间过长,乘客抱怨和投诉将越来越多。

二、车站长时间无车应急处理原则与方法

1. 应急处理原则

(1)做好相关解释与疏导工作,暂停售票,劝滞留在站台、站厅的乘客退票出站。

（2）组织售票员办理乘客退票，关闭闸机的入站检票功能。

（3）加强人员宣传解释工作，劝乘客改乘其他交通工具。

2.应急处理方法

（1）当列车运行时分偏离运行图规定的间隔时间时，车站值班员应主动向行调了解情况，或接到行调直接通知，初步确认本站长时间无车后，车站值班员及时向值班站长报告。

（2）值班站长赶到车控室，确认车站长时间无车后，决定启动应急预案。安排车站值班员先后向行调、值班室和站长报告，必要时向安保部报告。

（3）启动应急预案后，站长、值班站长赶到车站组织指挥，通知售票员停止售票；通知车站值班员操作 AFC 监控设备，关闭闸机的入站检票功能；通知（站厅）站务员和保安在车站进口处做好解释工作，确保车站入口只出不进，阻止站外乘客进站，劝导其改乘其他交通工具；通知票务员做好退票准备。

（4）退票准备完成后，站长、值班站长利用对讲机通知各岗位人员实施清客和临时停运。

（5）车站值班员利用广播向乘客进行宣传解释，劝导乘客改乘其他交通工具；站台安全员在站台向乘客宣传解释，引导乘客到站厅办理退票。

（6）（站厅）站务员、保安组织乘客经专用通道到售票处退票，维护好退票秩序。遇到服务纠纷，请求公安协调解决。

（7）所有乘客退票完毕后，站长、值班站长通知保安和站务员及时关闭和把守车站大门，无关人员一律只出不进，并做好宣传解释工作。

三、车站长时间无车应急处理各岗位职责

车站长时间无车应急处理各岗位职责如表4-2所示。

车站长时间无车应急处理各岗位职责　　　　　　　　　　　　　　　表4-2

岗位	职责
值班站长	（1）接到车站值班员通知后，立即赶到车控室了解情况，决定启动应急预案。 （2）作出暂停售票的决定，无客运值班员时负责为售票员准备备用金，组织售票员为乘客办理退票。 （3）安排其他站务员、保安及车站值班员（当有2名车站值班员时）分别从站台向站厅及站外清客，并到站台、站厅向乘客做好宣传解释工作
行车值班员	（1）得到启动应急预案的命令后，立即向行调、值班室、站长和安保部报告。 （2）利用广播向乘客做好宣传解释工作，引导乘客有序退票出站，提醒乘客积极配合工作人员安排，劝导乘客改乘其他交通工具
客运值班员	为售票员准备备用金，安排售票员回收票卡，维持退票秩序，并做好宣传解释工作
售票员	（1）根据值班站长或客运值班员的命令停止售票，妥善保管钱箱。 （2）根据值班站长或客运值班员的命令为乘客办理退票
（站台）站务员	（1）劝滞留在站台上的乘客退票出站，劝滞留在站厅里的乘客出站改乘其他交通工具，努力做好宣传解释工作。 （2）维持乘客退票出站秩序，随时向值班站长和行车值班员报告站台清客情况。 （3）车站清客完毕后，根据值班站长的要求关闭和把守车站大门，并做好宣传解释工作

岗位	职责
(站厅)站务员	(1)组织乘客依次退票出站。 (2)车站清客完毕后,根据值班站长的要求关闭和把守车站大门,并做好宣传解释工作
保安	(1)配合完成站台、站厅乘客的退票出站。 (2)根据安排维护站厅、站台秩序。 (3)根据值班站长的要求关闭和把守车站大门,并做好宣传解释工作
保洁	配合维护站厅乘客退票秩序

知识链接4-2

上海地铁将推出五大措施缓解运能不足

上海地铁客流连续猛增,单日最高客流突破400万人次大关。巨大的客流也使上海地铁的运量和运能矛盾越来越突出,列车拥挤度加剧,地铁设备故障时有发生。

针对这种情况,上海地铁运营管理部门表示,将采取五大措施,缓解运能不足,确保乘客安全便捷出行。一是加快推进运营管理体制的调整,以适应当前的大客流及突发事件更大客流的全网统筹调度和扁平高效指挥的需求。二是在每晚地铁停运后到次日凌晨,组织近千名各技术工种骨干和管理人员,进行"地铁安全突击大检查",把设备故障率降到最低。三是强化网络中央指挥室和各线路控制室的现场联动指挥协调,安排131名车辆专业检修人员高峰时段直接跟随列车,实时"保驾护航",一旦发生故障立即设法排除。四是提高应急抢修与处置能力。在地铁网络原有8处应急抢修点的基础上,增设3处应急抢修点。同时完善应急状态下与乘客沟通、引导乘客的工作机制,尽可能以最短时间、最佳方式及时疏散因列车故障而滞留的乘客。五是继续采取有力措施提高运能,缓解地铁当前较为突出的拥挤问题。

任务 4.2　姓名_____　班级_____　小组_____　学号_____　日期_____

任务实施

汇总任务实施情况,填写应急演练记录表。

应急演练记录表

演练项目:

地点:		时间:	
组长:		记录员:	

小组成员及分工	
姓名	岗位

演练脚本

演练总结

任务评价

通过个人自评、小组互评、教师点评的方式,对学生的演练方案编制情况、演练效果及表现力、演练过程记录情况、团队合作及职业素养等进行考核计分。

项目	分值	得分
演练方案编制情况	30	
演练效果及表现力	20	
演练过程记录情况	30	
团队合作及职业素养	20	
总分	100	

✎ 总结反思

通过本任务学习，请对自己在课堂中的表现进行反思及评价。

自我反思：

自我评价：

互助提高

(1)试述车站长时间无车的应急处理原则。

(2)车站长时间无车时，行车值班员的主要处理工作有哪些？

拓展训练

车站长时间无车时，行车调度员除了需要下达车站清客的命令外，还需要调整列车运行。请查找资料，制订列车运行调整方案。

任务导入

某日早高峰 8:30 左右,在某地铁 5 号线 H 站一乘客在几百人的站台候车区域出于不明原因晕倒,引起部分乘客尖叫、呼喊,进而引发乘客恐慌情绪,造成乘客恐慌拥挤,发生踩踏。同时,适逢 S 站列车进站,不明状况的下车乘客争先恐后下车,朝楼梯口方向奔逃,且楼梯上尚有人员下站台乘车,形成人流对冲,拥堵持续加剧。事件发生后,车站立即启动应急预案疏导乘客,并尽快恢复车站运营秩序。此次踩踏事件共有 18 名乘客先后受伤并被及时送往医院。

想一想:

乘客乘车哪些环节容易发生客伤事件?客伤事件的原因有哪些?城市轨道交通发生客伤事件时,责任如何判定?

学情检测

1. 乘客乘坐城市轨道交通程序分为(　　　)步曲。

    A. 5　　　　　　　　B. 6　　　　　　　　C. 7　　　　　　　　D. 8

2. 在下列客伤事件类别中,发生频率最高的是(　　　)。

    A. 自动扶梯摔伤　　　　　　　　　　B. 车门/站台门夹伤

    C. 站内摔伤　　　　　　　　　　　　D. 脚踏列车站台空隙

3. 在下列不同年龄段的乘客中,客伤事件发生频率最高的是(　　　)。

    A. 儿童　　　　　B. 青年人　　　　C. 中年人　　　　D. 老年人

4. 如果工作人员在车站发现有乘客受伤、晕倒,应及时上报(　　　)。

    A. 行车调度员　　B. 值班站长　　C. 司机　　　　D. 保安

5. 在下列客伤事件中,(　　　)为城市轨道交通有责事件。

    A. 乘客强行上下车被夹伤　　　　　B. 闸机夹人

    C. 斗殴造成伤害　　　　　　　　　D. 他人伤害

任务目标

1. 知识目标

(1)认知客伤事件的定义、特点与分类。

(2)认知客伤事件的原因与防控措施。

(3)识记客伤事件的处理流程、各岗位职责及责任界定方法。

2. 技能目标

(1)能在乘客受伤事件中进行信息收发及传达,根据情况拨打 120,寻找目击证人,保存相关证据等应急处理。

(2)能够根据车站易发客伤的人群、地段、时间等提前采取相应的防控措施。

3.素养目标

(1)树立安全意识,强化岗位责任意识,培养团结协作能力。

(2)树立以人为本、生命至上的安全意识。

(3)培养处理乘客事务的灵活应变能力。

任务要求

情景设置:运营期间,车站站厅 A 端 1 号口下行自动扶梯一名乘客出于自身原因在自动扶梯上摔倒,1 号口安检点安检员发现后立即通过对讲机向车站值班站长进行汇报,并立即赶往现场关闭自动扶梯,安抚乘客,寻找目击者。立即启动自动扶梯客伤应急预案,对车站的受伤乘客进行救援,并组织车站其他乘客有序进出站,工作人员立即按客伤处理流程进行处理,救助乘客后,及时恢复正常运营。

请制订一份自动扶梯客伤应急演练方案,并根据方案分角色开展应急演练。要求:分工明确,配合协调,各司其职,演练表现力强,整体效果好。

任务计划

建议学员小组每组 5 ~ 7 人为宜(不宜超过 10 人/组)。教师为每个小组的观察和监督员,并设置演练组长 1 名,记录员 1 名。

组长:负责演练实施过程的组织,确保组员全员参与。

记录员:负责文案记录工作,记录每个组员的表现情况。

小组成员:扮演行车调度员、值班站长、行车值班员、客运值班员、站务员、支援人员等角色,完成应急演练要求的各项任务,互相监督、互相提出改进意见。

知识储备

一、认知客伤事件

1.事件定义与特点

乘客伤亡(简称"客伤")事件是指轨道交通列车在运输过程中或在站厅、站台、轨道交通拥有产权的通道、出入口等范围出现乘客(包括非在岗作业的轨道交通员工)伤亡事件。

随着客流量增长,客伤量也明显增加,尤其是自动扶梯客伤事件持续发生,同时由于社会关注度及乘客维权意识的日益增强,轨道交通客伤事件呈现"难控制、难处置、难善后"的特点。

2.事件分类

根据客伤的责任主体分类,可分为乘客自身原因受伤、轨道交通方面导致客伤和第三方侵权导致客伤。

（1）乘客自身原因受伤。

乘客自身原因受伤是指在轨道交通设施设备正常运行的情况下，乘客自身不注意、个人安全防范意识不到位或其他个人因素造成的伤害。如乘客携带大件行李失去平衡而摔倒、乘客抢上抢下导致被车门或站台门夹伤、乘客乘坐自动扶梯时没有抓好扶手甚至在自动扶梯上玩耍打闹而受伤等。

（2）轨道交通方面导致客伤。

轨道交通方面导致客伤是指由轨道交通设施设备或服务存在不足引起的客伤。如自动扶梯故障导致乘客摔伤，轨道交通设施设备运行不良导致乘客被夹伤、绊倒摔伤，地面湿滑导致乘客滑倒受伤等。

（3）第三方侵权导致客伤。

第三方侵权导致客伤是指乘客在轨道交通范围内因非轨道交通的外部人员或设备而受伤。如乘客打架斗殴、乘客推撞致使他人跌倒受伤等。

二、客伤事件应急处理原则与流程

城市轨道交通客伤不仅影响城市轨道交通运营秩序和服务形象，伤害乘客感情，也导致不同程度的人员伤亡和财产损失。对城市轨道交通客伤进行有效预防及控制是城市轨道交通运营中的一个重要课题。

1. 应急处理原则

（1）优先抢救伤者原则。现场处理应本着以人为本的原则，优先抢救伤者，及时将伤者送往医院救治。

（2）避免二次伤害原则。现场处理应当确保伤者、工作人员等的人身安全，避免发生二次伤害。

客伤事件
应急处理

（3）尽量避免影响正常运营秩序原则。现场处理人员应当疏散周围围观乘客，维持好现场秩序，任何单位和个人不得以任何借口妨碍城市轨道交通正常运行，扰乱城市轨道交通正常运营秩序。

（4）尽快恢复运营原则。当车站发生客伤事件影响列车运行时，现场处理人员应当尽快出清线路，坚持"先通后复"原则，尽快恢复行车运营。

（5）尽力获取证据原则。现场处理人员应尽力收集和保存事故的证据，寻找目击证人、保存证词。

2. 应急处理流程

（1）车站现场工作人员发现或接到受伤乘客求救时，应立即报告值班站长并赶赴现场，了解伤（病）者情况及初步原因。

（2）如由城市轨道交通设备造成事故，应立即停止该设备运行（影响列车运行的设备除外），并报告车站控制室。

（3）疏散围观群众，寻找目击证人，收集、记录有关证人资料。

（4）需要时，应对乘客外伤进行简单的包扎处理。

（5）如调查需要，应保护好现场，必要时对有关区域进行隔离，并用相机记录现场有关情况。

（6）必要时,根据值班站长安排,站务员到紧急出入口引导急救中心人员进站。

（7）必要时协助警方进行事故调查。

某城市轨道交通企业客伤事件应急处理流程如图4-1所示。

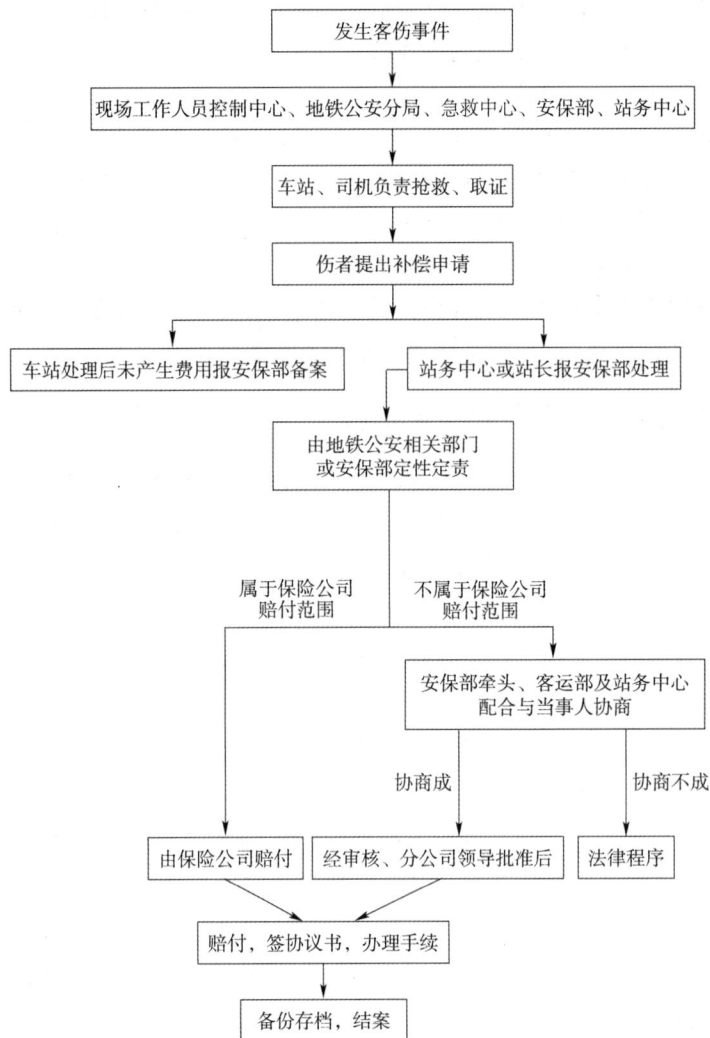

图4-1　某城市轨道交通企业客伤事件应急处理流程

🤕 知识链接4-3 ━━━━━━━━━━━━━━━━━━━━━━━━━━━━━━━━ ✦✦

客伤事件的责任判定

城市轨道交通客伤事件责任划分为城市轨道交通责任和非城市轨道交通责任两类。

（1）乘客自验票进入闸机时起至出闸机时,对于运输期间发生的乘客人身伤害,由城市轨道交通企业承担运输责任。包括(但不限于)以下情况:

①城市轨道交通设备、设施损坏未及时修复且未设置警示标志造成的客伤。

②城市轨道交通施工作业造成的客伤。

③列车紧急制动造成的客伤。

④城市轨道交通范围内的垂直电梯、自动扶梯突然停止运行或启动造成的客伤。

⑤站台门、车门夹人造成的客伤(属乘客强行上下列车的情况除外)。

⑥城市轨道交通设备、设施(垂直电梯、自动扶梯、站台门、车门、闸机等)发生故障造成的客伤。

⑦车站或列车内湿滑未及时清理或未设置防护、警示标志造成的客伤(因不可抗力造成的除外)。

⑧闸机夹人造成的客伤(乘客强行出闸,无票尾随出闸等情况除外)。

(2)无票乘客在城市轨道交通管辖范围内发生人身伤害,视情况进行处理,包括(但不限于)以下情况:

①无票人员在城市轨道交通付费区内发生的人身伤亡,比照乘客办理。

②无票人员(包括已购票但未入验票闸的人员)在城市轨道交通非付费区内发生的人身伤亡,城市轨道交通设备设施或管理所致的,比照乘客办理;其自身原因所致的,城市轨道交通企业原则上不予承担责任。

(3)有下列情形之一造成的乘客人身伤害,城市轨道交通企业不承担运输责任:

①违反《城市轨道交通运营管理办法》而造成的乘客本人或他人伤害。

②不可抗力造成的乘客人身伤害。

③自身健康原因造成的乘客本人或他人伤害。

④能证明是故意、重大过失造成的乘客本人或他人伤害。

⑤由第三者责任(包括斗殴或制止斗殴)造成乘客人身伤害时,受害者直接向施害的第三者索赔,城市轨道交通企业原则上不予承担责任。

⑥利用城市轨道交通站通道穿行或在车站逗留、休息等无票人员由自身原因造成的伤亡,城市轨道交通车站只提供基本援助(如拨打120等),原则上不予承担责任。

❖❖

案例分析4-1

自动扶梯客伤事件

1.事件概况

某日15:50,某城市轨道交通乘客时某在乘×站站厅付费区上行自动扶梯时,违反安全乘坐自动扶梯的要求,站在自动扶梯左侧并且将身体上半部伏在自动扶梯扶手上,回头向下张望;当该乘客运行至自动扶梯与站台顶板夹角处时,头部被卡在夹角处,导致伤害事故发生。两名乘客将其挽扶至自动扶梯上口并告知车站值班人员,值班站长与值班人员立即取急救箱到事发区域,迅速给该乘客包扎,并应乘客的要求及时通知其家属,同时将该乘客送往医院。

2.原因分析

当时自动扶梯处于正常运行状态,并设有"小心碰头"标志,乘客头部被卡在夹角处是出于其自身原因,因此,此事件的责任不在城市轨道交通单位。

3. 处理措施

（1）在确认此事件责任不在城市轨道交通单位的情况下，与乘客进行协商。考虑到事情发生在城市轨道交通管辖范围内，出于人道主义，同意给予乘客适当经济补偿。

（2）签订客伤处理协议，约定补偿后双方不再在经济等各方面发生任何关系。

三、客伤事件应急处理各岗位职责

某城市轨道交通企业客伤事件应急处理各岗位职责详见表 4-3。

某城市轨道交通企业客伤事件应急处理各岗位职责　　　　表 4-3

岗位	职责
值班站长	（1）马上赶赴现场，疏散围观乘客。 （2）安抚乘客并与乘客进行沟通以了解情况。 （3）对伤势轻微的乘客或需要急救者进行简单救助。如伤者要求或伤势严重时应及时拨打 120 急救电话。 （4）寻找目击证人，做好取证记录。 （5）安排人员保护现场（如需恢复现场应在恢复现场前进行拍照取证）并做好记录，收集有关资料，并协助保险公司或公安进行处理。 （6）如由城市轨道交通设备造成事故，应停止该设备运行（影响列车运行的设备除外），并通知维修责任部门到现场检查处理，并出具相关运行记录
行车值班员	（1）立即报行调和保险公司，视情况请求急救中心和城市轨道交通公安支援。 （2）派人到指定出入口引导急救中心人员进站。 （3）将情况报告站长、车务部有关人员。 （4）通过 CCTV 观察现场，加强与值班班长、行调联系。 （5）尽可能联系伤者家属
车站其他员工	（1）需要时，对乘客外伤进行简单救护。 （2）疏散围观乘客，协助寻找两名目击证人并记录证人有关资料，以便协助调查。 （3）设置隔离带，保护好现场。 （4）协助事故调查
行调	（1）接到报告后，报告主任调度员。 （2）如事件影响列车运行，则应扣停列车、调整列车的运行。 （3）按照相关要求进行汇报

🧑 **知识链接4-4** ━━━━━━━━━━━━━━━━━━━━━━━━━━━◇✦

客伤事件的预防措施

（1）严格对设备和设施进行例行检修、保养。城市轨道交通主要客运设备和设施（如自动扶梯、电梯、轮椅牵引机等）都是电动、大功率的，操作、使用时存在一定风险，须严格遵循相关安全操作规程，例如，开关自动扶梯前需确认梯上无人，做好拦截，自动扶梯遇故障要立即停用,使用轮椅牵引机时需站务员操作,慢上慢下;客运设备和设施(如自动扶梯、电梯、楼梯等)遇故障、维修时,需摆放停用、维修警示牌,用栏杆做好围蔽,防止乘客误用、误入导致伤亡;城市轨道交通车站在运营时间对公共区天花板、地板、楼梯、墙体装饰等维修施工或较大设备的安装、维修,或动火、用电的维修施工,需做好围蔽,设置警示标志,现场安排专人防护,防止乘客伤亡。

(2)对存在安全隐患的设备、设施要有警示标志,加强对乘客的安全告知。发现车门、站台门故障时,应立即通知司机,并按车门、站台门有关故障处理的程序办理,当车门、站台门故障不能关闭时,(站台)站务员应阻止乘客靠近,防止乘客坠入轨道。雨雪天气时出入口附近地面湿滑,要做好相应引导和告示;城市轨道交通车站发生大客流时乘客人身安全风险很大,极易造成群死群伤事故,车站应有完善的预案和完整的应急应对体制。

(3)车站工作人员认真巡视,及时劝阻不安全行为,及时制止可能出现的"事故苗头"。(站台)站务员接车间隙要巡视整个站台,不得固定站立在某一个位置。巡视时,不间断地观察乘客的候车动态,要及时提醒乘客不要越过黄色安全线,尤其提醒打电话、玩游戏机、看书、看报的乘客。引导乘客按秩序排队上车。引导下站台的乘客到人较少的地方候车。

(4)进一步完善现有各项行车安全作业规范制度和加强安全教育,进一步完善各项安全措施和预案,严格按照"车调联控""站车联控"的有关规定,加强行车作业各环节的互控、他控,严防类似事件再次发生。

(5)做好对乘客的安全宣传、教育,运用车站广播、城市轨道交通移动电视等媒介,加强文明乘车、安全出行宣传,强化乘客安全意识,营造安全运行、有序出行的良好氛围。

城市轨道交通应急处理(第2版)

任务 4.3　姓名_____　班级_____　小组_____　学号_____　日期_____

任务实施

汇总任务实施情况,填写应急演练记录表。

应急演练记录表

演练项目:		
地点:		时间:
组长:		记录员:

小组成员及分工	
姓名	岗位

演练脚本

演练总结

任务评价

通过个人自评、小组互评、教师点评的方式,对学生的演练方案编制情况、演练效果及表现力、演练过程记录情况、团队合作及职业素养等进行考核计分。

项目	分值	得分
演练方案编制情况	30	
演练效果及表现力	20	
演练过程记录情况	30	
团队合作及职业素养	20	
总分	100	

✏️ 总结反思

通过本任务学习，请对自己在课堂中的表现进行反思及评价。

自我反思：

自我评价：

互助提高

（1）根据统计，自动扶梯、车门、站台门是较易发生客伤的设备，在运营过程中，车站应该采取哪些防控措施？

（2）如果乘客在站台晕倒了，站务员应该如何进行应急处理？

（3）作为一名值班站长或一名车站员工，车站发生客伤事件时，现场报告包括哪些事项？对于处理流程是否有新的建议，与同学交流与分享。

拓展训练

请调研某一城市轨道交通企业的乘客安全管理制度，并制作一张城市轨道交通乘车安全宣传海报。

任务导入

2007 年 10 月 23 日,DJ 轨道交通 D 线发生停电事故,由于事故发生在早高峰,有 1300 多名乘客被困在黑暗中长达 1 h,13 人因为车厢内拥挤、闷热而晕倒,其中有 10 名乘客病情较重被送往医院治疗。其余乘客在工作人员的疏导下通过车门从车厢内撤出,并沿着铁轨步行到最近的轨道交通站。FS 电视台报道,轨道交通企业初步怀疑是当地变电站电力供应出现问题导致停电。此次事故共造成 72 班次轨道交通列车行驶、9.3 万人行程受到影响。

想一想：

区间疏散的启动条件是什么？区间疏散有哪些危险点？如何进行区间疏散？

学情检测

1. 紧急情况下,利用一切通道和出口迅速将乘客从危险区域全部转移到安全区域,称为(　　　)。

    A. 清客　　　　　　　　B. 引导　　　　　　　C. 隔离　　　　　　　　D. 疏散

2. 区间乘客紧急疏散中,不属于站务员现场处理流程的是(　　　)。

    A. 根据值班站长命令组织好乘客退票或者开放边门疏散乘客

    B. 在边门处引导乘客疏散,做好乘客解释

    C. 至指定出入口迎接 120 急救人员、119 消防人员并引导至现场

    D. 准备相应应急备品(如 800 M 便携式无线电台、对讲机、应急灯、扩音器、荧光衣、防毒面具、呼吸器等)做好区间疏散准备

3. 采用接触轨供电的线路,从区间向车站疏散乘客时,错误的处理方法是(　　　)。

    A. 待接触轨停电后进行疏散

    B. 向区间内的乘客广播宣传注意安全

    C. 打开疏散区间内的照明

    D. 催促下车的乘客快速跑向车站

4. 车站乘客疏散完毕,除(　　　)外,其余出入口均应关闭。

    A. 紧急出入口　　　　B. 疏散出入口　　　　C. 正常出入口

5. 区间疏散乘客应以行调命令为准。(　　　)

    A. 正确　　　　　　　B. 错误

任务目标

1. 知识目标

(1)认知区间疏散的启动条件。

（2）识记区间疏散应急处理程序及相关要求。

2. 技能目标

（1）能在乘客区间疏散时与现场人员、行调、司机、邻站进行联控，进行信息收发及传达。

（2）能够安抚乘客，协助医护人员救助伤员。

3. 素养目标

（1）树立安全意识，强化岗位责任意识，培养团结协作能力。

（2）树立以人为本、生命至上的安全意识。

（3）培养处理乘客事务的灵活应变能力。

任务要求

情景设置：运营期间，列车因故障被迫停在区间，有大量乘客滞留在列车上，司机接到控制中心启动区间乘客疏散应急预案的命令。

请制订一份区间乘客疏散应急演练方案，并根据方案分角色开展应急演练。要求：分工明确，配合协调，各司其职，演练表现力强，整体效果好。

任务计划

建议学员小组每组 5～7 人为宜（不宜超过 10 人/组）。教师为每个小组的观察和监督员，并设置演练组长 1 名，记录员 1 名。

组长：负责演练实施过程的组织，确保组员全员参与。

记录员：负责文案记录工作，记录每个组员的表现情况。

小组成员：扮演行车调度员、值班站长、行车值班员、客运值班员、站务员、支援人员等角色，完成应急演练要求的各项任务，互相监督、互相提出改进意见。

知识储备

一、认知区间疏散

1. 事件定义

区间疏散是当停在区间列车不具备运营条件时，组织乘客从区间列车疏散到两端车站或任一车站的一种客流组织。

2. 事件分类

地铁列车因突发事件迫停在区间，根据是否需要立即疏散可以分为：

（1）非紧急疏散。

车辆、线路、供电等设备故障非紧急情况下的列车区间疏散为非紧急疏散。非紧急疏散时，司机做好乘客安抚工作，在车站人员到达现场后司机再打开车门疏散乘客。

（2）紧急疏散。

列车火灾、爆炸、毒气、恐怖袭击等紧急情况下的列车区间疏散为紧急疏散。紧急情况下的乘客区间疏散可能会发生乘客拥挤、踩踏等次生事故,需要及时、有序组织人员进行引导。

区间疏散的组织方式

区间疏散组织方式通常以步行疏散组织方式或接驳列车疏散组织方式为主。

步行疏散组织方式是指乘客沿疏散平台由车站工作人员带领疏散至两端车站或任一车站的疏散方式。

接驳列车疏散组织方式是指行调指挥另一运行方向载客列车在前方车站清客后,行驶至疏散点或就近联络通道接应待疏散乘客的一种疏散方式,一般适用于疏散距离较长的区间疏散。

二、区间疏散应急处理原则与方法

1. 应急处理原则

贯彻"救人第一、先通后复"的原则,尽量减少乘客在区间行走的距离,缩短疏散时间,积极采取各种措施,做好乘客引导、服务工作,做到安全、及时、有效的疏散。

2. 应急处理方法

(1)接到行调发布列车进行疏散的通知后,立即通知值班站长做准备。

(2)若区间为接触轨区域,要确认接触轨已停电,相邻两个车站端墙安排人员值守。

(3)穿戴个人防护用品,在下轨梯处设置应急灯,区间联络通道、道岔处安排人员值守,到达列车与司机交接后组织疏散。

(4)播放广播安抚疏散的乘客,指引乘客退票、驳运等(按OCC组织)。

(5)接到值班站长乘客全部疏散、线路出清的通知后,报行调。

区间疏散的组织程序

1)区间步行疏散流程

(1)收到执行"区间乘客疏散(步行疏散)"程序的通知后,立即组织两名工作人员做好个人防护、带好备品(应急灯、探照灯、手电筒等)配合值班站长前往相应区间疏散乘客,并向上级申请支援。

(2)到达现场后,一人负责带领乘客朝本站方向疏散,一人负责到列车疏散方向尾端引导乘客疏散,防止疏散方向错误。

(3)确认列车上乘客疏散完毕后,跟随最后一名乘客到站台,并沿途确认无乘客滞留在区间。

(4)站台端墙门处安排人员做好接应,保持端墙门常开状态。

(5)乘客疏散到站台后,如需继续疏散,则参照车站区域疏散流程执行。

2)区间接驳列车疏散程序

(1)收到执行"区间乘客疏散(接驳列车疏散)"程序的通知后,立即组织车站工作人员到站台开展列车清客工作。

(2)清客完毕后,安排2~3名工作人员做好个人防护、带好备品(应急灯、探照灯、手电筒等)配合值班长添乘列车前往区间疏散点。

(3)到达现场后,一人值守车头、一人值守车尾,指引乘客经过疏散平台进入另一运行方向列车或带领乘客经联络通道进入另一运行方向列车,确认疏散列车、联络通道、疏散平台无乘客滞留后,联控司机关门动车。

三、区间疏散应急处理各岗位职责

区间疏散应急处理各岗位职责详见表4-4。

区间疏散应急处理各岗位职责 表4-4

岗位	职责
司机	(1)列车被迫在区间停车时,播放广播安抚乘客,听从行调指挥。 (2)接到行调发布命令进行疏散时,降弓,施加停放制动,播放广播安抚乘客,等车站人员到达后,引导乘客疏散。 (3)疏散完毕后,确认列车上及两侧隧道无人后,告知值班站长,在驾驶室设红闪灯防护,关闭蓄电池,留守在运行端驾驶室。 (4)接到行调可以动车指示后,合蓄电池,开驾驶台,升弓并撤除前端红闪灯。 (5)确认列车状态正常和进路安全后,按行调令恢复运行
行车值班员	(1)接到行调发布列车区间疏散命令后,立即通知值班站长做准备。 (2)接到进入隧道疏散乘客的行调命令后,立即报值班站长。 (3)播放广播安抚疏散的乘客,指引乘客退票、公交接驳等(按行调令组织)。 (4)接值班站长乘客全部疏散、线路出清的通知后,报行调
值班站长	(1)接报后担任事故处理主任。 (2)通知行车值班员广播宣布执行区间乘客疏散应急处理程序,通知相关人员到车控室带备品(应急灯、探照灯、手电筒等),穿戴好防护用品。 (3)接到可进入区间疏散列车上乘客的通知后,同站务员一起进入隧道疏散乘客。 (4)到达列车后,与司机联系开门,指挥乘客朝本站方向疏散。 (5)确认车上的乘客疏散完毕,报车控室、行调,与司机沟通好后,返回车站,并确认无人员滞留在线路、疏散平台上,报车控室线路出清。 (6)确认所有乘客疏散完毕,组织好站内的票务、客运服务工作
客运值班员	(1)接到区间疏散乘客的通知后,立即到车控室带备品至站台协助疏散,负责在事故一侧的端墙门处引导乘客疏散,指引乘客向站厅疏散。 (2)乘客疏散完毕后组织好车站退票、公交接驳等客运服务工作(按行调令组织)

岗位	职责
站务员	(1)接到区间疏散乘客的通知后,立即穿好荧光衣,带齐备品,与值班站长到区间疏散乘客。 (2)到达现场后,负责到列车疏散方向尾端引导乘客疏散,防止疏散方向错误。 (3)确认列车上乘客疏散完毕后,跟随最后一名乘客到站台,并沿途确认无乘客滞留在区间。 (4)张贴服务告示,协助车站退票、公交接驳等客运服务工作
售票员	(1)接到执行区间乘客疏散应急处理程序的通知后,做好乘客退票及解释工作。 (2)做好客运服务工作

知识链接4-7

列车隧道疏散注意事项

(1)列车停车后,司机应尝试能否使用其他模式动车,尽可能维持列车进站停车。

(2)隧道疏散原则上由OCC值班主任下令实施。

(3)司机疏散前应做好广播安抚工作。

(4)隧道疏散前司机应广播乘客疏散方向,司机端疏散应在司机打开疏散门后进行。

(5)列车因火灾迫停在区间时,得到行调隧道疏散命令后,立即打开所有车门进行排烟,保持列车正常供电、通风、照明,组织乘客从驾驶室疏散门疏散。

(6)执行隧道疏散时,受影响的邻线需扣停相关运行列车,确保疏散线路安全。

(7)环调应根据列车停车位置及灾害情况做好隧道通风安排。

(8)安排人员在站台与轨道之间的楼梯处引导乘客上站台。如疏散线路上乘客可能进入邻线,则还应安排人员到该处引导。值班站长到达前,由司机负责指挥;值班站长到达后,指挥权交由值班站长。

任务4.4　姓名＿＿＿＿　班级＿＿＿＿　小组＿＿＿＿　学号＿＿＿＿　日期＿＿＿＿

任务实施

汇总任务实施情况，填写应急演练记录表。

应急演练记录表

演练项目：	
地点：	时间：
组长：	记录员：

小组成员及分工	
姓名	岗位

演练脚本

演练总结

任务评价

通过个人自评、小组互评、教师点评的方式，对学生的演练方案编制情况、演练效果及表现力、演练过程记录情况、团队合作及职业素养等进行考核计分。

项目	分值	得分
演练方案编制情况	30	
演练效果及表现力	20	
演练过程记录情况	30	
团队合作及职业素养	20	
总分	100	

✎ **总结反思**

通过本任务学习，请对自己在课堂中的表现进行反思及评价。

自我反思：

自我评价：

互助提高

(1)区间紧急疏散和非紧急疏散有何区别？

(2)区间疏散时如何做好客流组织工作？

(3)区间疏散时车站应该做好哪些乘客服务？

拓展训练

情景设置：运营期间，列车在区间发生火灾，紧急迫停区间，车站人员如何组织区间疏散？

请结合以上情景，完成区间疏散路径设计与岗位人员配置。

任务导入

某日11:55,某地铁1号线一辆列车行驶至C站时,列车受电弓与接触网之间发生故障,导致软性供电接触网断线短路,引起供电网跳闸,G站至F站下行线区间立即瘫痪。据乘客回忆,当时1500 V的高压电瞬间短路,出现了明亮的火花和焦味,不少乘客惊慌失措,以为列车发生爆炸。当时在该区间运行的3辆列车碰巧全停靠在站台,工作人员打开列车气动门,疏散乘客。随后地铁企业紧急抢修,更换了因短路烧坏的30 m电网,13:20由X站开出的内燃牵引车将故障车拉回车厂维修。到13:50故障排除,地铁1号线全线恢复运营。事故对乘客出行造成了极大不便,GZ站至X站方向大量乘客滞留。地铁企业立即播放广播,提醒乘客可到售票厅办理退票手续,售票厅前一度排起了退票"长龙"。截至16:00,共有3900多名乘客退票。

故障发生25 min后,该地铁企业成功启动紧急预案,对列车重新编组发送。1号线列车全部按照故障运行模式降级运行(图4-2):公园前至芳村方向停止运行;芳村至公园前采用拉风箱式往返运行,每25 min一班车;芳村—西朗区间、公园前—广州东站区间利用折返线采取小循环运行,按正常发车。此外启动公交接驳紧急预案,紧急调动22辆公交车、大巴,在地铁1号线公园前—芳村区间6个站点来回运行,输送乘客。

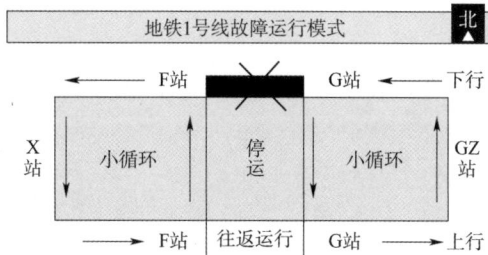

图4-2 列车降级运行示意图

想一想:

公交接驳的启动条件是什么?如何进行公交接驳?

学情检测

1. 在实施应急公交接驳区段内,公交车按照指定路段行驶,途径各地铁站指定出入口的接驳点并停车上下客,公交接驳车辆以( )开行。

　　A. 往返一次　　　　　　　　　　B. 循环方式不间断

　　C. 开行单程　　　　　　　　　　D. 高峰时段

2. 当发生行车客运突发事件时,( )负责向市交委应急指挥中心请求安排接驳大巴支援,对事故现场外围的交通道路实施定向、定时封锁,阻止非抢险车辆进入。

  A.负责抢险的部门   B.企业领导

  C.调度中心   D.车站人员

  3.负责引导乘客出清车站,到出入口公交接驳点乘坐接驳公交车,协助值班站长安排委外人员工作的岗位是( )。

  A.行车值班员 B.客运值班员 C.客运部部长 D.站务员

  4.城市轨道交通运营中断或长时间晚点时,采用城市轨道交通与地面公交联合接力的运输方式疏散和接续乘客,为乘客提供有限度客运服务的一种方式是( )。

  A.大客流组织   B.公交接驳

  C.车站乘客疏散   D.区间乘客疏散

  5.原则上地铁接驳区段的( )或接驳区段行车恢复,由 OCC 值班主任向运营公司总经理汇报取消公交接驳并经同意后,OCC 宣布停止应急公交接驳。

  A.地面交通拥堵时   B.出现大客流时

  C.客流较小时   D.客流疏散完毕

任务目标

  1.知识目标

  (1)认知公交接驳的启动、取消条件。

  (2)识记公交接驳应急处理程序及相关要求。

  2.技能目标

  (1)能在启动公交接驳时进行信息收发及传达。

  (2)掌握公交接驳应急处理原则与方法。

  3.素养目标

  (1)树立安全意识,强化岗位责任意识,培养团结协作能力。

  (2)树立以人为本、生命至上的安全意识。

  (3)培养处理乘客事务的灵活应变能力。

任务要求

  情景设置:运营期间,区间发生行车事故造成运营中断,短时间不能恢复,停运区段提供免费公交接驳服务。

  请制订一份公交接驳应急演练方案,并根据方案分组分角色开展应急演练。要求:分工明确,配合协调,各司其职,演练表现力强,整体效果好。

任务计划

  建议学员小组每组 5 ~ 7 人为宜(不宜超过 10 人/组)。教师为每个小组的观察和监督员,并设置演练组长 1 名,记录员 1 名。

  组长:负责演练实施过程的组织,确保组员全员参与。

  记录员:负责文案记录工作,记录每个组员的表现情况。

小组成员:扮演行车调度员、值班站长、行车值班员、客运值班员、站务员、支援人员等角色,完成应急演练要求的各项任务,互相监督、互相提出改进意见。

知识储备

一、认知公交接驳

公交接驳是指在城市轨道交通运营中断或长时间晚点时,采用城市轨道交通与地面公交联合接力,沿城市轨道交通线路的运输路线疏散和接续乘客,为乘客提供客运服务的一种方式。城市轨道交通与地面公交应急接驳对改善城市轨道交通运营的安全现状、预防事故和降低事故损失都具有十分重要的意义。

> **知识链接4-8**
>
> ### 公交接驳的启动、取消条件
>
> 运营期间,发生列车、供电、信号、轨道等设备故障或其他突发事件,导致全线不能正常运营,甚至危及行车和乘客安全时,城市轨道交通企业需要考虑采取应急情况下的公交接驳输送旅客。
>
> 正线个别车站和区域不能满足行车,需要采取小交路运营时,接驳公交需对非小交路运营的车站滞留乘客进行疏运;当全线或线网不能满足运营时,需投入大量接驳公交逐站疏运滞留乘客,必要时采取限流、关站、请求上级部门联动帮助等形式进行救援。
>
> (1)在地铁某一区段行车预计可能中断或晚点一定时间或单向行车间隔较大,行车能力降低一定程度时,给乘客出行带来较大影响,可启动公交接驳。
>
> (2)受影响的区段恢复行车条件或滞留乘客疏散完毕时,可取消公交接驳。

二、公交接驳应急处理原则与方法

1. 应急处理原则

遵循"应急疏散为主、公交接驳为辅""维持最大限度的安全运营"的原则。

2. 应急处理方法

(1)及时将滞留乘客数量、接驳点的出入口编号及具体位置、车控室电话等信息向行调汇报。

(2)启动预案后,及时、有序地引导滞留乘客在接驳点登乘接驳公交。

(3)登乘点工作人员如实记录各接驳车辆的到、发时刻及车牌号,告知后续车站做好接驳准备。

(4)夜间或能见度较低时,接驳登乘点工作人员应穿着反光背心,以便公交车司机识别。

(5)本站遇接驳乘客票卡超时时,应对其票卡做免费更新处理。

(6)遇乘客强烈要求的,按规定办理退票、发放致歉信和赠票。

公交接驳时的人性化服务措施

(1)向乘客发放"沿线公交信息指引卡",引导乘客换乘其他交通工具,做好车站客运服务工作。

(2)等待应急公交接驳时间较长时,车站须及时为乘客提供人性化服务,如提供饮用水、食物等,有老、幼、病、残、孕等乘客时,及时为其提供椅子,并安排员工到等候区安抚乘客情绪。

(3)为维持应急公交接驳时乘客的候车秩序,避免应急公交接驳响应速度慢而导致乘客长时间在站外遭受日晒雨淋,建议在郊区车站专门设立"应急公交接驳等候区"。

三、公交接驳应急处理各岗位职责

公交接驳应急处理各岗位职责详见表4-5。

公交接驳应急处理各岗位职责   表4-5

岗位	职责
值班站长	(1)立即宣布执行应急预案,及时组织引导乘客前往公交接驳点候车。 (2)确认站内乘客疏散完毕后,前往出口组织滞留乘客有序登乘接驳公交。 (3)遇乘客强烈要求的,可按规定组织办理退票等手续。 (4)组织过程中保持与车控室的联系,掌握各岗位执行情况。 (5)组织各岗位恢复运营
行车值班员	(1)及时向行调汇报滞留乘客数量、接驳点等信息。 (2)收到行调启动公交接驳的命令后,立即通知值班站长。 (3)收到值班站长启动应急预案的命令后,广播通知各岗位。 (4)按规定上报预案执行情况。 (5)通过 CCTV 观察各岗位预案执行情况。 (6)如实记录接驳公交的到发时刻及车辆信息,及时通报后续接驳车站。 (7)组织恢复运营
客运值班员	(1)收到启动应急预案的命令后,立即停止作业,关好票务室门窗,赶赴出口设置接驳点并组织滞留乘客有序候车及登乘接驳公交。 (2)及时向车控室汇报接驳公交的到发时刻及车牌号等信息。 (3)听从值班站长安排
(站厅)站务员	(1)收到启动应急预案的命令后立即停止作业,赶赴车控室领取应急物资。 (2)将应急物资分发给各岗位。 (3)立即前往通道中部,引导乘客疏散并撤离。 (4)及时向车控室汇报接驳公交的到发时刻及车牌号等信息。 (5)听从值班站长安排

岗位	职责
（站台）站务员	（1）收到启动应急预案的命令后立即停止作业，朝通道方向疏散站台乘客。 （2）清查站台各处有无滞留乘客。 （3）随最后一名乘客离开站台，前往出口协助引导滞留乘客候车及登乘接驳公交。 （4）听从值班站长安排
售票员	（1）收到启动应急预案的命令后，立即停止作业，关好票务室门窗，赶赴出口设置接驳点并组织滞留乘客有序候车及登乘接驳公交。 （2）及时向车控室汇报接驳公交的到发时刻及车牌号等信息。 （3）听从值班站长安排
安检员	（1）收到启动应急预案的命令后立即停止作业。 （2）手检岗立即前往出口站外阻止乘客进站。 （3）液检岗立即前往通道清客并关闭反向自动扶梯，前往出口站外阻止乘客进站。 （4）值机岗立即关停安检机并前往出口站外阻止乘客进站。 （5）听从值班站长安排
保安	（1）收到启动应急预案的命令后立即停止作业。 （2）立即前往站厅、站台，协助疏散乘客。 （3）查看站厅、站台无人员滞留后，前往出口协助乘客登乘接驳公交。 （4）听从值班站长安排
保洁	（1）收到启动应急预案的命令后立即停止作业。 （2）立即前往通道中部，引导乘客疏散并撤离。 （3）听从值班站长安排

任务4.5　姓名_____　班级_____　小组_____　学号_____　日期_____

任务实施

汇总任务实施情况,填写应急演练记录表。

应急演练记录表

演练项目:

地点:	时间:
组长:	记录员:

小组成员及分工

姓名	岗位

演练脚本

演练总结

任务评价

通过个人自评、小组互评、教师点评的方式,对学生的演练方案编制情况、演练效果及表现力、演练过程记录情况、团队合作及职业素养等进行考核计分。

项目	分值	得分
演练方案编制情况	30	
演练效果及表现力	20	
演练过程记录情况	30	
团队合作及职业素养	20	
总分	100	

总结反思

通过本任务学习,请对自己在课堂中的表现进行反思及评价。

自我反思:

自我评价:

互助提高

(1)试说明公交接驳的启动条件和注意事项。

(2)简述公交接驳应急处理时客运值班员的岗位职责。

拓展训练

请调研某一城市轨道交通企业启动公交接驳时的人性化服务措施,并提出改进建议。

巩固练习

一、选择题

1. 当车站出现客伤事件时,车站和员工遵循的基本原则是( )。
   - A. 优先抢救伤者
   - B. 避免二次伤害
   - C. 尽快恢复运营
   - D. 尽力获取证据

2. 发生意外伤害时,车站人员应( )。
   - A. 及时赶到现场处理　　　　　　　B. 寻找目击证人
   - C. 及时救助受伤乘客　　　　　　　D. 维持现场秩序

3. 因客流激增危及运营安全的,运营单位可采取( )等应急措施。
   - A. 限制客流　　　　　　　　　　　B. 封站
   - C. 封闭出入口　　　　　　　　　　D. 以上都是

4. 司机进行隧道疏散的应急处理中,以下哪些做法是正确的?( )。
   - A. 播放广播,安抚乘客,提醒乘客保持镇定
   - B. 打开车门,下轨道,查看停车的位置,以便向控制中心报告
   - C. 按行调通知的疏散方向做好疏散准备,并通过广播引导乘客疏散
   - D. 打开车门,进入隧道,查看列车情况

5. 下列属于公交接驳启动条件的是( )。
   - A. 在城市轨道交通同一区段双向行车可能中断 30 min 及以上时
   - B. 在城市轨道交通某一区段单向行车可能中断 40 min 及以上,或采用单线双向拉风箱模式行车,行车间隔 30 min 及以上时
   - C. 在城市轨道交通发生大面积故障导致某一区段双向行车能力降低 60% 及以上时
   - D. 发生运营公司认为需要疏运受影响乘客的其他突发事件时

二、判断题

1. ( )车站发生伤亡事故时,由车站行车值班员担任现场指挥;区间发生伤亡事故时,由列车司机担任现场指挥。

2. ( )城市轨道交通运营过程中发生乘客伤亡的,城市轨道交通运营单位应当依法承担相应的损害赔偿责任,能够证明为伤亡人员故意或者其自身健康原因造成的也不得除外。

3. ( )公交接驳应急处理时要最大限度地减少突发事件造成的人员伤亡、财产损失和社会危害,保障广大乘客安全。

4. ( )大客流应急处理应坚持"统一指挥、分级控制、合理引导、及时疏散"的原则。

5. ( )区间疏导乘客应以行调命令为准。

三、简答题

1. 叙述发生自动扶梯摔伤事故时的应急处理流程。

2. 试述车站长时间无车的应急处理措施及注意事项。

3. 叙述区间疏散乘客的应急处理流程。

4. 简述公交接驳应急处理时行车值班员的岗位职责。

5. 简述突发大客流时值班站长的岗位职责。

项目 5

火灾事故应急处理

项目描述

对地铁来说，火灾可谓"第一天敌"。能否成功从火场逃生取决于被困者是否具备自救知识，更与地铁员工的应急处理能力高低息息相关。本项目任务是了解车站消防安全知识，能检查并使用微型消防站装备，能按照火灾相关应急处理程序要求进行正确应急处理。通过理论学习与实践练习，增强安全防火意识，增加消防安全常识，减少火灾造成的人员伤害和财产损失。

学习导航

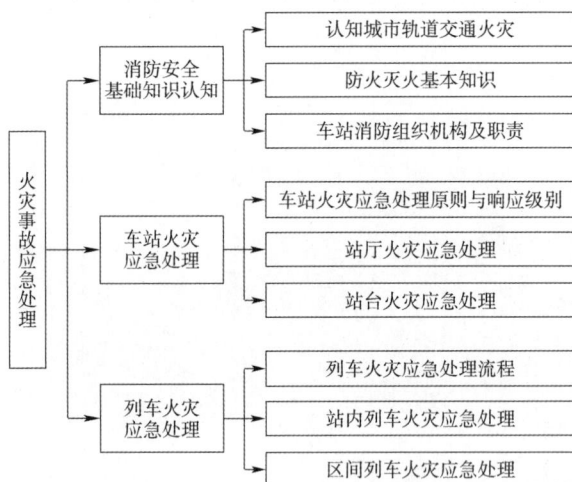

任务导入

1987年11月18日晚,伦敦地铁国王十字圣潘克拉斯站发生火灾。时值下班高峰期,火焰从木质的自动扶梯底部燃起,有人声称在18:30左右就报告过闻到怪异气味,而消防局19:36才接到报警。火势很快就从自动扶梯蔓延到了售票厅,许多乘客被浓烟困在售票厅内,许多人因吸入有毒的气体昏迷乃至窒息。而另一些刚下车的乘客在发现大火后便乘车离开。进出车站的车辆所引起的空气流动使火势蔓延,却不足以驱散有毒气体。消防员在19:42赶到现场后便开始扑灭火焰、帮助乘客逃离。但因事发突然,没有地铁站的地图和防毒面具,灭火工作并不顺利,一名消防员殉职。大约在第二天凌晨1:30,火焰才被彻底扑灭。这次火灾造成31人死亡、60人以上受伤,死亡原因多为吸入过量有毒气体。

想一想:

引发城市轨道交通火灾的因素有哪些?火灾的哪个阶段是扑救的最好时机?如何预防火灾事故的发生?

学情检测

1. 下列物质中,(　　)是点火源。

   A.电火花　　　　　　B.纸　　　　　　　　C.空气　　　　　　　D.汽油

2. 下列不属于火灾产生的条件的是(　　)。

   A.可燃物　　　　　　B.助燃物　　　　　　C.点火源　　　　　　D.水蒸气

3. 发生火灾事故时(　　)是禁止使用的。

   A.电梯　　　　　　　B.走廊　　　　　　　C.楼梯　　　　　　　D.阳台

4. 火灾中对人员威胁最大的是(　　)。

   A.火　　　　　　　　B.烟气　　　　　　　C.可燃物　　　　　　D.点火源

5. 以下几种火灾逃生方法中,(　　)是不正确的。

   A.用湿毛巾捂着嘴巴和鼻子

   B.弯着身子快速跑到安全地点

   C.躲在床底下,等待消防人员救援

   D.马上从最近的消防通道跑到安全地点

任务目标

1. 知识目标

(1)认知城市轨道交通火灾的成因、类型及特点。

(2)识记城市轨道交通防火灭火基本知识。

（3）识记城市轨道交通消防安全管理要求。

2. 技能目标

（1）能在实际工作中充分遵守火灾应急处理原则。

（2）能按照城市轨道交通消防安全管理要求检查并消除火灾隐患，组织扑救初起火灾，组织人员疏散逃生，开展消防宣传教育培训。

3. 素养目标

（1）培养认知与分析问题的能力。

（2）提高火灾防患与安全意识，强化岗位责任意识。

（3）培养临危不乱、顾全大局的职业素养与职业操守。

任务要求

以小组为单位召开城市轨道交通火灾事故案例分析会，选取某一典型地铁火灾事故案例，通过互联网等多种渠道查询相关资料，完成该事故案例的事故分析报告。要求：内容翔实，思路清晰，讨论充分。

任务计划

建议学员小组每组 5~7 人为宜（不宜超过 10 人/组）。教师为每个小组的观察和监督员，并设置组长 1 名，记录员 1 名。

组长：负责会议召开过程的组织，确保组员全员参与。

记录员：负责记录工作，记录每个组员的参与情况。

小组成员：完成各项任务，互相监督、互相提出改进意见。

知识储备

一、认知城市轨道交通火灾

1. 燃烧与火灾

1）燃烧

"火"其实是物质燃烧的一种现象。燃烧是指可燃物与氧化剂作用发生的放热反应，通常伴有火焰、发光、发烟的现象。可燃物、助燃物和点火源是物质燃烧三要素，即"火三角"。

可燃物是指能与空气中的氧或其他氧化剂发生燃烧反应的物质，如木材、纸张、布料等。可燃物中有一些物品，遇到明火特别容易燃烧，称为易燃物品，常见的有汽油、酒精、液化石油气等。

助燃物是指能帮助和支持可燃物燃烧的物质，即能与可燃物发生氧化反应的物质，如空气、氧气。

着火源是指供给可燃物与助燃物发生燃烧反应能量的来源。除明火外，电火花，摩擦、撞击产生的火花及发热，造成自燃起火的氧化热等物理、化学因素都能成为着火源。

2）火灾

火灾是指在时间和空间上失去控制的燃烧所造成的灾害。火灾具有极强的危害性,主要表现在两个方面:一是人员伤亡,二是财物损失。因此灭火的基本原理和一切防火措施都是为了破坏燃烧条件,即主要采取隔离、窒息、冷却的办法,除掉燃烧所需的任何一个条件,使火熄灭。列车上发生火灾的原因如图5-1所示。

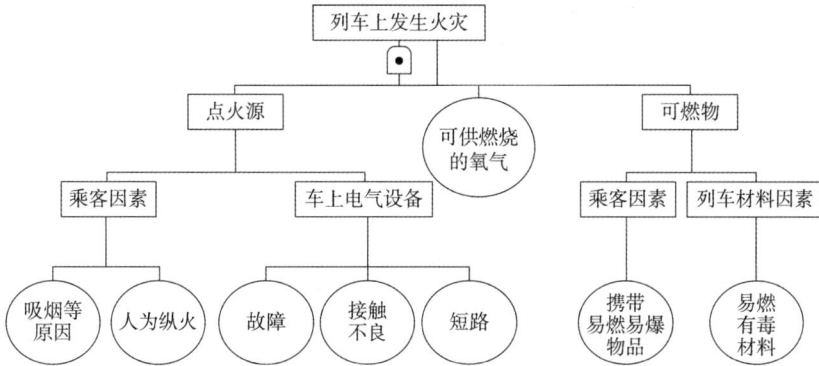

图5-1　列车上发生火灾的原因

2. 火灾的分类

依据《火灾分类》(GB/T 4968—2008),火灾根据可燃物的类型和燃烧特性,分为A、B、C、D、E、F共六类。火灾分类如表5-1所示。

火灾分类 表5-1

火灾类型	可燃物类型	举例
A类	固体物质火灾	这种物质通常具有有机物质性质,一般在燃烧时能产生灼热的余烬,如木材、煤、棉、毛、麻、纸张等引起的火灾
B类	液体或可熔化的固体物质火灾	如煤油、柴油、原油、甲醇、乙醇、沥青、石蜡等引起的火灾
C类	气体火灾	如煤气、天然气、甲烷、乙烷、丙烷、氢气等引起的火灾
D类	金属火灾	如钾、钠、镁、铝镁合金等引起的火灾
E类	带电火灾	物体带电燃烧引起的火灾
F类	烹饪器具内的烹饪物火灾	如动植物油脂等引起的火灾

3. 城市轨道交通火灾的特点

城市轨道交通建筑由城市轨道交通的干线、候车大厅、站台、控制室等部分组成,只有室内空间,而且其空间连续性强,防火困难;城市轨道交通工程的出入口少,一旦发生火灾,出入口还必须具有支持排烟、散热、人员疏散和消防队员扑救的功能;整个城市轨道交通都使用人工采光,系统用电量很大,因电气设备引发的火灾不容忽视;城市轨道交通空间湿度大,电气设备易受潮导致火灾;城市轨道交通的鼠害也不容忽视,它们会咬破电缆,很容易造成电气线路短路起火。

（1）人员心理恐慌程度大，行动混乱程度高。

城市轨道交通区间隧道出入口少、通道窄、疏散距离长、人员多，因此造成的人员心理恐慌和行动混乱程度比在地面建筑物中深得多，易发生踩踏事故。

（2）浓烟消散难度大。

城市轨道交通火灾的一个最重要特征是形成浓烟和热气浪，同时产生大量的有毒气体，这对于人员疏散是十分不利的。可燃物燃烧时产生的有毒气体如表5-2所示。

可燃物燃烧时产生的有毒气体表 表5-2

可燃物名称	有毒气体	可燃物名称	有毒气体
木材	CO_2、CO	聚氟乙烯	CO_2、CO、氟化氢
羊毛	CO_2、CO、H_2S、NH_3	尼龙	CO_2、CO、乙醛氨
棉花、人造纤维	CO_2、CO	酚树脂	CO、氨、氰化物
聚四氟乙烯	CO_2、CO	三聚氰胺乙醛树脂	CO、氨、氰化物
聚苯乙烯	苯、甲苯	环氧树脂	CO_2、CO、丙酮

（3）温度上升快。

由于城市轨道交通建筑物是一个相对封闭的空间，发生火灾后，大量的热量积聚无法散去，空间温度很快升高。高温会造成气流方向的变化，对逃生人员影响较大。火灾标准时间温度曲线值如表5-3所示。

火灾标准时间温度曲线值 表5-3

时间(min)	5	10	15	30	60	90	120	180	240	360
温度(℃)	556	659	718	821	925	986	1029	1090	1133	1193

（4）人员疏散难度大。

将人员从城市轨道交通内部疏散到地面开阔空间有一个垂直上行的过程，人员数量多、行动缺乏一致性，就会影响疏散速度。同时，自下而上的疏散路线与内部烟和热气流自然流动的方向一致，所以人员的疏散必须在烟和热气流的扩散速度超过步行速度之前完成。这一时间差较短，难以控制，人员疏散较为困难。

（5）扑救困难。

受地下空间限制，加上浓烟、高温、缺氧、视线不清、通信中断等，救援人员很难了解现场情况；且大型的灭火设备无法进入现场，救人、灭火困难大，扑救工作十分困难。

（6）通信系统容易瘫痪。

城市轨道交通发生火灾时，水流和高温对通信器材的影响，使消防员携带的普通无线电对讲机不能正常工作，甚至使整个通信系统陷入瘫痪状态。

4.引发城市轨道交通火灾的因素

（1）电气线路、电气设备故障。

城市轨道交通车站(含列车)内电气线路、电气设备高度密集，这些电气线路和电气设备在运行中发生短路、过负荷、过热等故障是引发城市轨道交通火灾事故的重要因素。

（2）人为因素。

工作人员违章操作、用火不慎，乘客携带易燃易爆危险品乘车、在城市轨道交通车站内吸烟，以及人为纵火等也可能引发城市轨道交通火灾事故。

（3）环境因素。

环境因素主要包括城市轨道交通内部潮湿、高温、鼠害等因素。城市轨道交通内部通风不畅、隧道散热不良等原因导致温度过高；隧道内漏水情况比较普遍，地下湿气不易排出，导致地下空间湿度大；老鼠等小动物啃咬电缆电线。环境因素可能造成电气设备、线路绝缘性能下降，电气设备短路从而引起火灾。

（4）与城市轨道交通车站合建的建筑物带来的危害因素。

城市轨道交通车站，特别是处于中心闹市区的车站，常常与地面商业建筑合建。由于商场、写字楼等商业场所具有较高的火灾风险，同时此类场所的风险管理和控制工作通常不由城市轨道交通企业控制，因此一旦发生火灾、爆炸及其他灾害，不仅可能对城市轨道交通的正常运营造成影响，严重时甚至可能造成城市轨道交通财产和人员人身安全方面的重大损失。对于建有此类商业经营场所的城市轨道交通车站，除城市轨道交通本身风险以外的各种风险（包括火灾和爆炸的风险）不容忽视。

二、防火灭火基本知识

1. 防火的基本措施

城市轨道交通火灾危害巨大，为确保安全，必须全力做好火灾防范。可以从以下几个方面采取措施：

防火灭火
基本知识

（1）预防性措施。这是最基本、最重要的措施。我们可以把预防性措施分为两大类：消除导致火灾、爆炸事故的物质条件及消除导致火灾、爆炸事故的能量条件，从而从根本上杜绝发生火灾的可能性。

（2）限制性措施。即一旦发生火灾爆炸事故，可以限制其蔓延扩大及减少损失的措施。如安装阻火、泄压设备，设防火墙等。

（3）消防措施。采取必要的消防措施，万一不慎起火，能及时扑灭。特别是如果能在着火初期将火扑灭，就可以避免发生大火灾或引发爆炸。从广义上讲，这也是预防性措施的一部分。

（4）疏散性措施。预先采取必要的措施，如设置站台门或疏散楼梯、疏散通道等。当发生较大火灾时，能迅速将人员或重要物资撤到安全区，以减少损失。

2. 灭火的基本方法

火灾通常都有一个从小到大、逐步发展、直到熄灭的过程，火灾过程一般可以分为初起、发展、猛烈、下降和熄灭五个阶段。在火灾初起阶段（一般为着火后 5～7 min），燃烧面积不大，火焰不高，辐射热不强，是扑救的最好时机。室内火灾发展过程平均温度与时间的关系如图 5-2 所示。

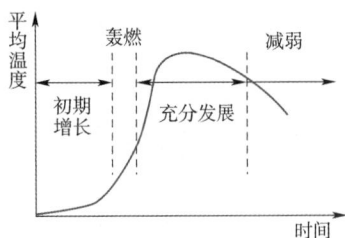

图 5-2 室内火灾发展过程平均
温度与时间的关系

火灾发生时,采取科学、合理的灭火方法是关键。根据火灾发生的原理,灭火的基本方法有四种:

(1)隔离法:将正在燃烧的物质与其周围可燃物隔离,燃烧就会因为缺少可燃物而停止。

(2)窒息法:阻止空气进入燃烧区域,或用不燃烧的惰性气体冲淡空气,使燃烧物得不到足够的氧气而停止燃烧。将石棉毯、湿麻袋、湿棉被、黄沙等不燃物或难燃物覆盖在燃烧物上。

(3)冷却法:将灭火剂(水、二氧化碳等)直接喷射到燃烧物上把燃烧物的温度降低到可燃点以下,使燃烧停止。

(4)抑制法(化学法):将有抑制作用的灭火剂喷射到燃烧区,并参加燃烧反应使燃烧反应过程中产生的游离基消失,形成稳定分子或低活性的游离基,使燃烧反应终止。目前使用的干粉灭火剂采用的就是此类灭火方法。

不同类型火灾的扑救方法如图 5-3 所示。

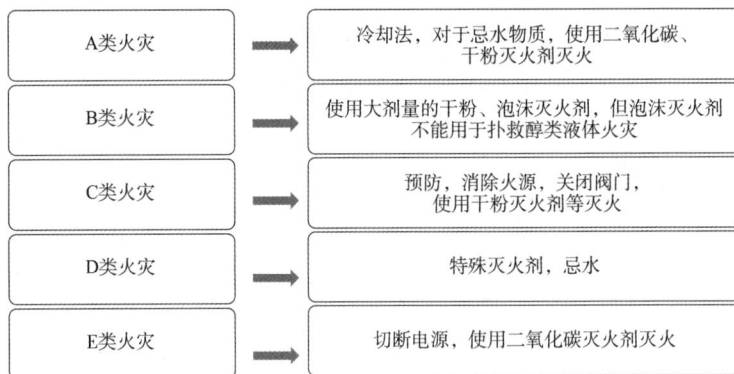

图 5-3   A 类~F 类火灾的扑救方法

三、车站消防组织机构及职责

1.消防组织机构

(1)各单位的消防安全工作必须贯彻"预防为主、防消结合"的方针,坚持消防管理部门与群众相结合的原则,实行"谁主管,谁负责;谁使用,谁负责"的逐级消防安全责任制。

(2)车站设置消防责任人、消防管理人、班组长等,并明确各自岗位职责。

(3)车站按规定成立志愿消防队。志愿消防队队员编制:车站、控制中心、商业街、仓库按在岗人数的 100% 建队,其他按 20% 建队,每个车站成立一个志愿消防队。

①志愿消防队设队长、副队长各一名,根据消防工作实际需要,定期开展消防培训。

②志愿消防队应配备相应种类、数量的消防器材或装备,车站所有员工应清楚本站志愿消防队装备的存放地点。

2. 各岗位消防安全职责

1）专（兼）职消防安全管理人员的主要职责

（1）宣传、贯彻执行有关消防法规和规章制度,协助部门消防安全责任人开展工作。

（2）参与制订本部门的消防安全制度和灭火疏散预案。

（3）对员工进行消防安全教育、培训、演练,提高员工的防灾自救能力。

（4）开展消防安全检查,制止违反消防安全规章、制度的行为,督促消防隐患整改。

（5）组织特殊工种人员进行专业消防培训和考核工作。

（6）负责消防器材、设备的维护管理。

2）员工的消防安全职责

（1）认真学习和贯彻执行国家消防法规和本单位消防安全管理制度。

（2）参加消防安全教育培训和消防演练。

（3）熟练掌握消防应知应会知识和消防安全操作规程。

（4）落实消防安全检查制度。

（5）发现火灾应及时报警和扑救,并保护现场,协助火灾调查。

3. 微型消防站消防员的职责

（1）根据岗位职责分工及本单位火灾应急处置程序的人员岗位要求完成初起阶段火灾扑救和应急救援任务。

（2）熟悉本单位的道路、水源、建筑基本结构等情况及火灾应急处置程序中自己的应急处置职责。

（3）参加微型消防站训练、演练,熟练掌握消防安全基本技能和岗位技能。

（4）负责防火巡查、制止和劝阻违反消防安全规章制度的行为,积极整改火灾隐患。

（5）认真学习和贯彻执行国家及本单位的消防法规和规章制度,积极参与消防宣传教育。

（6）协助消防安全事故调查。

📖 知识链接5-1 ━━━━━━━━━━━━━━━━━━━━━━━━━━━ ✦ ━━━━

城市轨道交通员工的消防安全职责

一懂三会:

（1）懂得本场所用火、用电、用油、用气火灾危险性。

（2）会报警,发现火灾后会迅速拨打"119"电话报警。

（3）会灭火,发生火灾后会使用灭火器、消火栓等器材扑救初期火灾。

（4）会逃生,懂得逃生技巧,发生火灾后迅速逃离现场。

四个能力:

（1）提高检查并消除火灾隐患的能力。

（2）提高组织扑救初期火灾的能力。

(3)提高组织人员疏散逃生的能力。

(4)提高消防宣传教育培训的能力。

📝 知识链接5-2

认知城市轨道交通微型消防站

认知城市轨道
交通微型消防站

城市轨道交通车站具有人流密集、功能复杂、管线繁多的特点,发生火灾后火势蔓延迅速,难以扑救。微型消防站作为城市轨道交通车站消防安全体系的重要组成部分,能够在火灾初起阶段有效扑灭,帮助工作人员快速处理火情,保证城市轨道交通乘客和车站安全。

1. 微型消防站的建设原则

微型消防站是集防火、灭火和处置突发事件于一体的消防站点,实行24 h全天候

图5-4 某城市轨道交通车站微型
消防(救援)站

执勤,具备发现快、到场快、处置快以及机动灵活的特点。以"救早、灭小"和"1 min 响应,3 min 到场,5 min 处置"扑救初起火灾为目标,依托单位义务消防队伍,配备必要的消防器材,建立微型消防站,积极开展防火巡查和初起火灾扑救等火灾防控工作。某城市轨道交通车站微型消防(救援)站如图5-4所示。

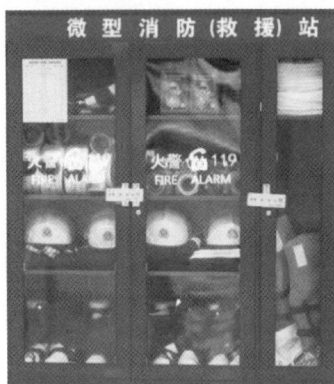

2. 微型消防站的站房器材

(1)微型消防站应设置人员值守、器材存放等用房,可与消防控制室合用;有条件的,可单独设置。

(2)微型消防站应根据扑救初起火灾需要,配备一定数量的灭火器、水枪、水带等灭火器材;配置外线电话、手持对讲机等通信器材;有条件的站点可选配消防头盔、灭火防护服、防护靴、破拆工具等器材。

消防战斗服的
穿戴

(3)微型消防站应在建筑物内部和避难层设置消防器材存放点,可根据需要在建筑之间分区域设置消防器材存放点。

微型消防站常用消防装备如表5-4所示。

微型消防站常用消防装备　　　　　　　　　　　　　　　　表5-4

个人防护装备		
灭火救援防护服全套:主要用于灭火战斗	防火劳保服:消防员日常训练、值班时使用	防电防刺劳保鞋:消防员灭火救援时穿着

个人防护装备		
 过滤式防毒面具:主要用于有毒浓烟场所	 消防安全绳:消防员在高空作业时保护自己时使用,或用于吊物、捆绑等	 空气呼吸器:在缺氧、有毒有害气体环境的灭火救援行动中,保护消防员呼吸系统免受伤害

灭火救援器材		
 直流开花水枪:扑救火灾时使用	 65 mm 水带:主要用于供水	 灭火毯:一种简便的灭火工具,防止火势蔓延,可用于防护逃生
 消火栓扳手:主要用于消防员开启地上消火栓、水泵接合器等	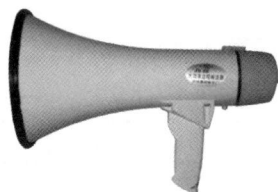 手持扩音器:用于灾害事故现场指挥,引导疏散	 灭火器:用于处于初起阶段火灾的扑救。灭火器分为水基型灭火器、泡沫灭火器、干粉灭火器和二氧化碳灭火器
 分水器:将 65mm 支线水带输送过来的水流分成两股支流	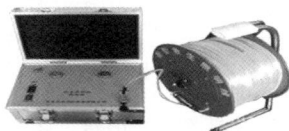 发光导向绳(棒):主要用于火场浓烟环境下疏散人员	 简易破拆工具(尖斧、平斧):用于处置现场拆除房屋及拆除其他木质构件,还可以用于破墙、凿洞
 手电筒:广泛适用于灭火救援行动中各种易燃易爆场所及水下作业的移动照明	 消防腰斧(撬棒):消防员在灭火战斗或抢险救援中破拆一般木质物品时使用	 电台:用于远距离通信联络

活页 5-11

项目 5　火灾事故应急处理 | 205

3. 微型消防站的人员配备

（1）微型消防站人员配备不少于6人。

（2）微型消防站应设站长、班组长、消防员、控制室值班员等岗位。

微型消防站的人员配备如图5-5所示。

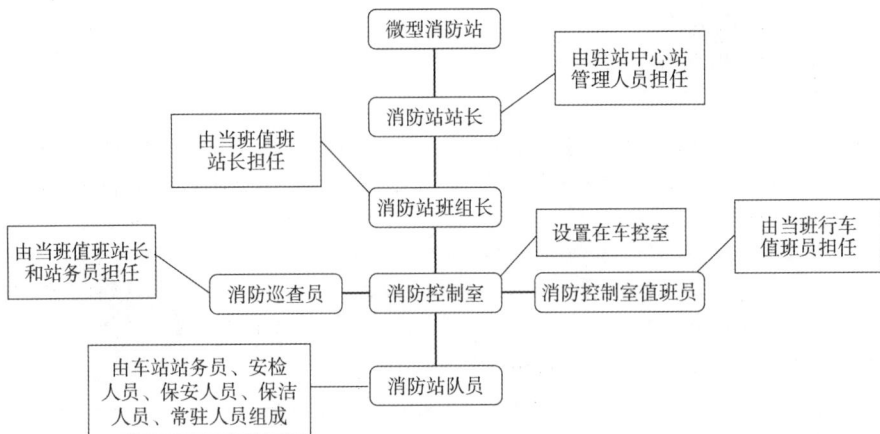

图5-5　微型消防站的人员配备

4. 微型消防站的岗位职责

（1）站长负责微型消防站的工作管理，站长不在时由班组长代为履行其职责。

（2）班组长负责微型消防站日常管理，每月组织一次防火检查；开展日常防火巡查、消防宣传教育和灭火训练；指挥处于初起阶段的火灾扑救和疏散工作。

（3）消防员负责处于初起阶段的火灾的扑救，熟悉建筑消防设施情况和灭火应急预案，熟练掌握消防器材性能和操作方法，并落实消防器材维护保养工作，参加日常防火巡查和消防宣传教育。

（4）控制室值班员应熟悉灭火应急处理程序，熟练掌握自动消防设施操作方法，接到火警信息后启动预案。

（5）微型消防站人员应当接受公安、消防部门组织的岗前培训和年度培训；培训内容包括扑救处于初起阶段的火灾业务技能、防火巡查基本知识等。

（6）车站当班人员在紧急情况下应接受微型消防站统一调配。

灭火器的使用

消火栓系统的使用

5. 微型消防站的职守联动

（1）微型消防站应建立值守制度，确保值守人员24 h在岗在位，做好应急准备。

（2）接到火警信息后，控制室值班员应迅速核实火情，启动灭火处置程序。消防员应按"3 min到场"要求赶赴现场处置。

（3）微型消防站应被纳入当地灭火救援联勤联动体系，参与周边区域灭火处置工作。

微型消防站的职守联动如表5-5所示。

微型消防站的职守联动　　表 5-5

时间	处置程序
1 min	(1)消防控制室值班员接到控制设备报警后,首先应在系统报警点位置平面图中核实报警点对应位置。 (2)立即通知微型消防站消防员或距报警部位最近的防火巡查员持通信工具、灭火器和防毒面具,迅速赶到报警部位核查,发现火情立即处置。 (3)做好自动消防系统操作准备
3 min	(1)微型消防站消防员及工作人员现场核实报警部位确实起火后,应立即通知消防控制室,控制室值班人员应将系统联动控制装置调整到自动状态,同时立即拨打 119,向公安机关、消防机构报警,说明发生火灾的单位名称、地点、起火部位、联系电话、燃烧物质等基本情况。 (2)微型消防站值班站长应立即组织微型消防站消防员 3 min 内赶赴现场进行处置:疏散组负责疏散人员,引导被困人员从最近的安全出口撤离;灭火组利用灭火器、消火栓等器材设备进行灭火;抢救组携带抢险工具抢救周围受伤人员以及贵重物品;警戒组赶赴各个安全出口处,开展现场警戒工作,设置隔离区,维护现场秩序

任务 5.1　姓名_____　班级_____　小组_____　学号_____　日期_____

任务实施

整理小组任务实施成果,填写至表中。

事故分析记录表

事故概况	
原因分析	
经验教训	
防范措施	

任务评价

通过个人自评、小组互评、教师点评的方式,对学生的知识掌握情况、资料搜集情况、分析汇报情况、团队合作及职业素养等进行考核计分。

项目	分值	得分
知识掌握情况	30	
资料搜集情况	20	
分析汇报情况	30	
团队合作及职业素养	20	
总分	100	

总结反思

通过本任务学习,请对自己在课堂中的表现进行反思及评价。

自我反思:

自我评价:

互助提高

(1)城市轨道交通火灾有哪些特点?

(2)可能引发城市轨道交通火灾的因素有哪些?

(3)什么是微型消防站? 如何使用微型消防站装备进行灭火与自我防护?

拓展训练

请调研某一城市轨道交通企业,了解其在城市轨道交通运营过程中存在哪些消防安全管理制度,制作城市轨道交通消防安全宣传海报。

任务导入

某日 18:30 左右,某地铁某站冒烟,车站设备房出现火情。随后地铁企业对该车站进行了紧急疏散并采取了封站措施,将终点临时设为其他站,后于 20:30 左右恢复正常通车,封站时间持续近 2 h。地铁企业随后发布通告,该车站因应急电源设备房间防火设备启动报警,为查找具体原因,该车站暂时封闭。事故造成该车站封站近 2 h,大量乘客被迫在其他站下车后乘坐出租车回家,没有造成人员伤亡。经初步调查,原因是应急电源设备房间设备短路。

想一想:

地铁发生火灾时如何自救与逃生?作为一名普通的站务员,如果发现车站突然发生火灾,你该怎么做?

学情检测

1. 对城市轨道交通来说,( )可谓"第一天敌"。

    A. 水淹   B. 冰雪   C. 风灾   D. 火灾

2. 下列有关火灾疏散的原则说法错误的是( )。

    A. 火灾仅发生在局部区域时,引导乘客从未受影响区域疏散至站外

    B. 刚好有列车到站时,由车站工作人员、司机组织站台乘客上车,尽快驶离事发车站

    C. 可穿越火灾现场进行疏散

    D. 组织疏散时,要求逆风迎面疏散

3. 当车站站台垃圾桶冒烟时,作为工作人员,你应当立即( )。

    A. 报"119"   B. 使用灭火器进行初期扑救

    C. 维护站台秩序   D. 报告值班站长

4. 发生火灾事故应急处理总体原则是( )。

    A. 统一领导、统一指挥   B. 救人第一、先控制后处置

    C. 及时、科学处置   D. 协同作战、统一行动

5. 进行火灾应急处理时,现场人员根据需要携带( ),佩戴安全帽、自救式过滤呼吸器等应急物资,确保自身安全。

    A. 空气呼吸机   B. 绝缘鞋   C. 荧光背心

任务目标

1. 知识目标

(1)认知车站火灾的逃生方法与疏散路径。

（2）识记车站站厅及站台火灾应急处理方法。

（3）识记车站站厅及站台火灾应急处理各岗位职责。

2.技能目标

（1）能在车站发生火灾时正确逃生自救。

（2）能按车站火灾应急处理程序要求进行拨打紧急电话、信息收发及传达、申请列车本站不停站通过、执行相关设备火灾联动模式、利用广播疏散乘客等应急处理。

3.素养目标

（1）强化岗位责任意识，培养团结协作能力。

（2）培养临危不乱、顾全大局的职业素养与职业操守。

任务要求

情景设置：运营期间，车站值班员发现综合监控系统显示站厅 A 端 2 个烟感报警器报警，立即通知值班站长赶往事发点进行确认，确认站厅 A 端商铺发生电气火灾且火势较大无法扑灭后，立即启动地下车站火灾应急预案，对车站的乘客进行疏散、救援，并组织力量对火灾进行扑救。

请制订一份车站站厅火灾应急演练方案，并根据方案分角色开展应急演练。要求：分工明确，配合协调，各司其职，演练表现力强，整体效果好。

任务计划

建议学员小组每组 5~7 人为宜（不宜超过 10 人/组）。教师为每个小组的观察和监督员，并设置演练组长 1 名，记录员 1 名。

组长：负责演练实施过程的组织，确保组员全员参与。

记录员：负责文案记录工作，记录每个组员的表现情况。

小组成员：扮演行车调度员、值班站长、行车值班员、客运值班员、站务员、支援人员等角色，完成应急演练要求的各项任务，互相监督、互相提出改进意见。

知识储备

一、车站火灾应急处理原则与响应级别

1.车站火灾应急处理原则

（1）贯彻"救人第一，救人与灭火同步进行"的原则，积极施救。

（2）火灾发生的 5 min 内是关键时期，灭火要把握好这个关键时期，做好两项工作：一是使用灭火器材灭火和疏散人员，二是报火警。

（3）做好个人防护，及时穿戴防烟面具、荧光服等防护用品。

（4）火灾发生后，车站行车值班员或司机应立即报告行车调度员、公安，车站视情况报"119""110""120"，报告时语言应简明、扼要。

2. 车站火灾应急处理响应级别

根据城市轨道交通火灾的特点,不同等级火灾事故应急救援的启动程序和响应措施如表5-6所示。

不同等级火灾事故应急救援的启动程序和响应措施 表5-6

响应级别	启动程序	响应措施
一级处置	火情局限于能直观确认的小范围内,周边无可燃物品,可判定火势无法蔓延,现场烟雾较小,能立即扑灭	立即疏散事发区域周边乘客,直接进行扑救,向车控室/OCC报告;根据情况启动站台火灾排烟模式,无须启动车站紧急疏散程序,不影响行车组织,无须向外单位执行信息通报程序
二级处置	现场火势猛烈或燃烧产生的烟雾较大(含燃烧部位不明确,无法现场判断),对乘客造成影响;火情导致乘客恐慌,并自行疏散	立即疏散事发区域周边乘客,并组织人员进行扑救,开启站台火灾排烟模式,启动车站紧急疏散程序,车站临时关闭;乘客疏散完毕后,根据现场情况(火情是否能控制)执行员工疏散程序,列车不停站通过事发车站,执行相应信息通报程序。应急救援结束后,根据公安部门或抢险救援领导小组指令恢复车站运营
三级处置	发生纵火/爆炸等袭击事件、火势已蔓延至轨行区或相邻防火分区	立即启动车站紧急疏散程序,启动站台火灾排烟模式,并对事故现场实施控制(阻止火势蔓延),避免事态恶化,事发车站临时关闭;乘客疏散完毕后,立即执行员工疏散程序,事发车站所在区间停运,组织小交路运行,执行相应信息通报程序。应急救援结束后,根据公安部门或抢险救援领导小组指令恢复车站运营

知识链接5-3

车站火灾的自救逃生方法

(1)贯彻"救人第一,救人与灭火同步进行"的原则,积极施救。

(2)火灾发生后,车站工作人员应首先做好乘客的疏散、救护工作。

(3)把握起火初期的关键时机,在消防员到来前积极组织灭火自救。

(4)车站工作人员开展灭火自救工作时应注意做好个人防护。

(5)消防员到场后,灭火任务应交给消防员。

(6)当火势不可控制,可能危及自身生命安全时,车站工作人员应主动撤离。

(7)乘客在车站遇到火灾时,应服从工作人员指挥,听从事故广播指引,沿疏散标志指示方向出站逃生。

(8)车站发生火灾时,不要使用垂直电梯。

二、站厅火灾应急处理

1.站厅火灾应急处理方法

（1）乘客组织模式。

车站工作人员组织站厅乘客迅速出站，站台乘客留在原处，由行调安排后续列车将他们接走。

（2）列车运行模式。

控制中心组织已进入火灾车站的列车不停车越过该站，并安排前一个车站的列车在车站清客，然后进入火灾车站的站台疏散乘客和其他人员；为保证乘客和车辆设备的安全，全线短时间停运，待特定列车将火灾车站乘客疏散完毕，确认该站可以通过时再以跳站方式恢复运行。

（3）通风排烟系统运行模式。

运行该系统相应的火灾运行模式，保证站台乘客的安全。

（4）其他相关设备系统运行模式。

根据具体情况采取相应的模式。

站厅火灾应急处理	站厅 A 端 TVM 着火站务员应急处理流程
站厅 B 端商铺着火站务员应急处理流程	站厅付费区书报架着火站务员应急处理流程
站厅 A 端火灾行车值班员应急处理流程	站厅 B 端火灾行车值班员应急处理流程

知识链接5-4

站厅层火灾送风排烟模式

控制风管的相关风阀开/闭，向站台层送风，停止向站厅层送风，站厅层进入排烟状态，使得站厅层对地面、站台层形成负气压，阻止了烟雾向站台层扩散，并形成了地面楼梯通道的逃生气流通道。站厅层火灾送风排烟模式如图5-6所示。

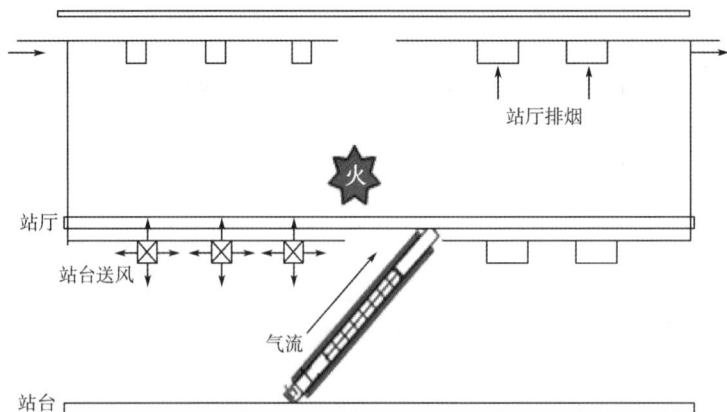

图5-6　站厅层火灾送风排烟模式

2.站厅火灾应急处理各岗位职责

站厅火灾应急处理各岗位职责见表5-7。

岗位	职责
(站厅)站务员	(1)确认并报告车控室火灾位置、火势大小、火灾性质等,第一时间灭火。 (2)确认火灾不可扑救后,立即疏散乘客出站。 (3)确认站厅乘客疏散完毕后报车控室。 (4)听从值班站长安排
行车值班员	(1)接收到火警信息后,将情况报告值班站长。 (2)确认发生火灾后,报行调、环调、119、地铁公安、120。 (3)广播宣布执行站厅火灾应急处理程序,并反复广播引导乘客疏散。 (4)按压 AFC 和自动扶梯紧急按钮,将闸机设为紧急模式,关闭广告照明,确认相应的火灾模式已启动。 (5)及时将乘客疏散和灭火情况报告行调,并与行调、值班站长保持联系
值班站长	(1)接到火警通知后,立即到现场确认。 (2)确认发生火灾后通知车控室,宣布执行火灾应急处理程序,组织疏散乘客和灭火。 (3)消防队到现场后,将有关信息通报给消防负责人后,视情况组织员工灭火或撤退;撤退时负责确认所有站内人员疏散完毕。 (4)安排人员在出口拦截乘客进站
客运值班员	(1)接到执行火灾应急处理程序的通知后,赶到车控室,确认所有闸机已设为紧急模式,相应的通风排烟模式已开启,广告照明已关闭,自动扶梯已关停。 (2)完成上述任务后,拿对讲机、手提广播到站厅组织乘客疏散。 (3)接收到站台乘客疏散完毕的信息后,最后确认站厅乘客全部疏散出站后报车控室。 (4)听从值班站长安排
售票员	(1)接到执行火灾应急处理程序的通知后,收好钱和票,关闭票亭电源,将闸机和边门打开,关停站厅自动扶梯,疏散乘客出站。 (2)确认站厅乘客全部疏散出站后,报车控室。 (3)听从值班站长安排
(站台)站务员	(1)接到执行火灾应急处理程序的通知后,立即从远离火灾的一端疏散站台乘客,关停站台自动扶梯。 (2)当站台停有列车时,立即通知司机火灾信息,可将站台乘客疏散到列车上,通知司机立即关门动车。 (3)确认站台乘客疏散完毕后报车控室。 (4)听从值班站长安排
保洁	(1)接到执行火灾应急处理程序的通知后,到车控室拿"安民告示",到出入口张贴,并关停出入口自动扶梯。 (2)等候消防队到来,引导其到现场灭火
司机	(1)当行调通知在火灾站的后方站扣车时,在站台开门待令,并做好乘客广播。 (2)接到车站发生火灾的通知后,行调决定在火灾站停车时,做好乘客广播,通知车上乘客在该站不下车。 (3)如行调决定在火灾站通过时,做好乘客广播并加强瞭望确认进路。 (4)当列车停在火灾站时,立即关门动车开往下一站(区段站司机必须确认凭证和进路)

三、站台火灾应急处理

1.站台火灾应急处理方法

（1）乘客组织模式。

组织站内所有乘客上到地面；如果此时正好有列车停站上下客，应通过广播通知乘客停止下车，关闭车门和站台门。

（2）列车运行模式。

进入车站范围的列车，应采取跳站运行方式越过该车站；未进入该车站范围的列车应在前方车站停车清客。在尚未确定火灾严重程度和情况之前，全线暂停运营，待确认情况后再决定是否恢复运行。

（3）通风排烟系统运行模式。

转换为相应的运行模式。

（4）其他相关设备系统运行模式。

根据具体情况采取相应的模式。

站台火灾应急处理

站台 B 端垃圾桶
着火站务员应急
处理流程

站台 A 端火灾
行车值班员应急
处理流程

知识链接5-5

站台层火灾送风排烟模式

控制风管相关风阀的开/闭，向站厅层送风，停止向站台层送风，站台层进入排烟状态（高速排烟），使得站台层对站厅层形成负气压，阻止了烟雾向站厅层扩散，并形成了楼梯（扶梯）通道的逃生气流通道。站台层火灾送风排烟模式如图5-7所示。

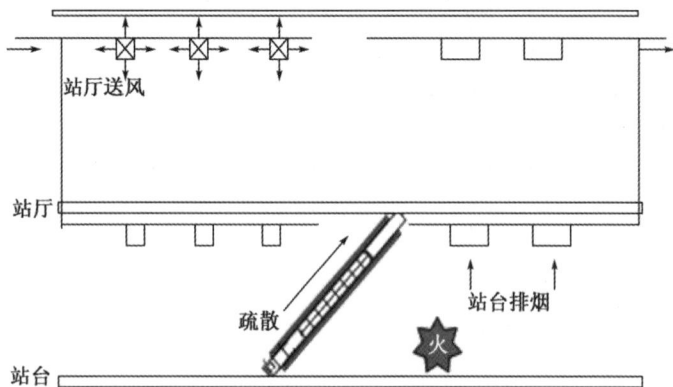

站台 B 端火灾
行车值班员
应急处理流程

图5-7　站台层火灾送风排烟模式

2.站台火灾应急处理各岗位职责

站台火灾应急处理各岗位职责见表5-8。

岗位	职责
(站台)站务员	(1)确认并报告车控室火灾位置、火势大小、火灾性质等,第一时间灭火。 (2)确认火灾不可扑救后,立即向站厅疏散乘客,并关停站台自动扶梯。 (3)确认站台乘客疏散完毕后报车控室。 (4)听从值班站长安排
行车值班员	(1)接收到火警信息后,命令(站台)站务员到报警点确认火警,并将情况报告值班站长。 (2)确认发生火灾后,报行调、环调、119、地铁公安、120。 (3)广播宣布执行站台火灾应急处理程序,并反复广播引导乘客疏散。 (4)按压 AFC 和自动扶梯紧急按钮,将闸机设为紧急模式,关闭广告照明,确认相应的火灾模式已启动。 (5)及时将乘客疏散和灭火情况报告行调,并与行调、值班站长保持联系
值班站长	(1)接到火警通知后,立即到站台确认。 (2)确认发生火灾后通知车控室,宣布执行火灾应急处理程序,组织疏散乘客和灭火。 (3)负责最后确认站台所有乘客已疏散完毕,及时将现场情况报车控室。 (4)消防队到现场后,将有关信息通报给消防负责人后,视情况组织员工灭火或撤退;撤退时负责确认所有站内人员疏散完毕。 (5)站厅安全时,到车控室指挥。 (6)安排人员在出口拦截乘客进站
客运值班员	(1)接到执行火灾应急处理程序的通知后,赶到车控室,确认所有闸机已设为紧急模式,相应的通风排烟模式已开启,广告照明已关闭,自动扶梯已关停。 (2)完成上述任务后,拿对讲机、手提广播到站厅组织乘客疏散。 (3)接收到站台乘客疏散完毕的信息后,最后确认站厅乘客全部疏散出站后报车控室。 (4)听从值班站长安排
(站厅)站务员	(1)接到执行火灾应急处理程序的通知后,收好钱和票,关闭票亭电源,将闸机和边门打开,疏散乘客出站。 (2)关停站台自动扶梯,到站台协助灭火。 (3)将灭火工作交给消防队员后,到出口拦截乘客进站
售票员	(1)接到执行火灾应急处理程序的通知后,收好钱和票,关闭票亭电源,将闸机和边门打开,利用手提广播疏散乘客出站。 (2)确认站厅乘客全部疏散出站后报车控室。 (3)听从值班站长安排
保洁	(1)接到执行火灾应急处理程序的通知后,到车控室拿"安民告示"到出入口张贴,并关停出入口自动扶梯。 (2)等候消防队到来,引导其到现场灭火
司机	(1)当行调通知在火灾站的后方站扣车时,在站台开门待令,并做好乘客广播。 (2)如行调决定在火灾站通过时,做好乘客广播并加强瞭望确认进路。 (3)当列车停在火灾站时,立即关门动车开往下一站(区段站司机必须确认凭证和进路)

车站火灾的人员疏散

车站发生火灾后,先进行灭火,判断火势无法扑灭时,首先要做好乘客的疏散组织工作,站务员必须熟练掌握本站各个区域的疏散组织路线,组织乘客远离火源和烟雾。

按就近原则,在站台时,关停逆行的自动扶梯,组织站台乘客远离火源,从自动扶梯、楼梯上站厅后疏散。某地铁站台火灾疏散组织示意图如图5-8所示,紧急疏散程序见表5-9。

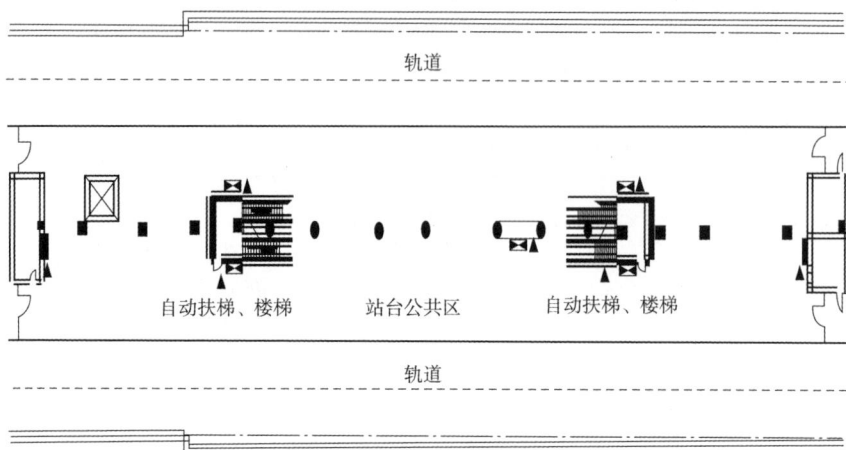

图5-8　某地铁站台火灾疏散组织示意图

某地铁站台火灾紧急疏散程序　　　　　　　　表5-9

职责	值班站长	行车值班员	客运值班员	(站台)站务员	(站厅)站务员	售票员	其他人员
1. 发现火灾,向值班站长报告,并试图灭火		√	√	√			√
2. 报告控制中心,要求停止本站列车服务,并请求支援	√						
3. 宣布执行火灾紧急疏散计划	√						
4. 指示环控操作人员执行灭火排烟模式		√					
5. 关掉广告灯箱电源		√	√				
6. 担任事故处理主任,指挥疏散和灭火	√						
7. 向控制中心报告火灾情况		√					
8. 关停自动扶梯,设置闸机为自由释放状态							√
9. 指引乘客疏散出站		√	√	√	√		√
10. 张贴安民告示,拦截乘客进站					√	√	
11. 引导消防员到火灾现场	√			√			√

备注:所有员工在完成疏散工作后,参加灭火。

工作人员在站厅组织乘客往出入口疏散,某地铁站厅火灾疏散组织示意图如图5-9所示,紧急疏散程序见表5-10。

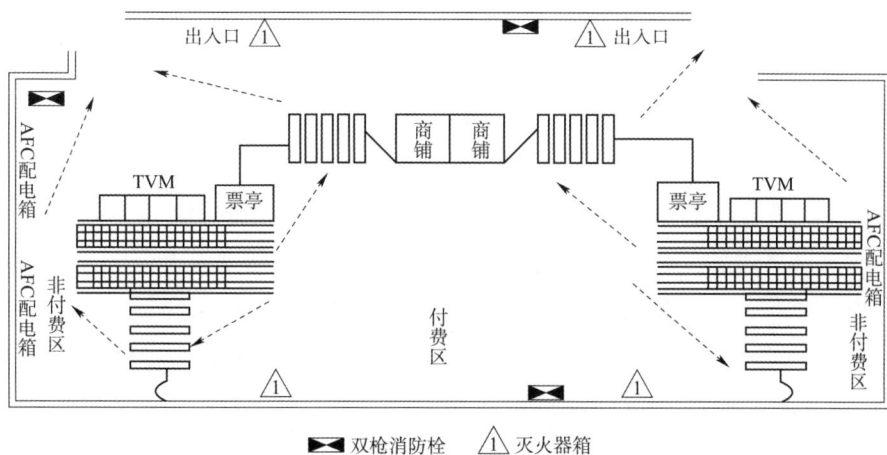

图 5-9　某地铁站厅火灾疏散组织示意图

某地铁站厅火灾紧急疏散程序　　　　　　　　　　表 5-10

职责	值班站长	行车值班员	客运值班员	(站台)站务员	(站厅)站务员	售票员	其他人员
1. 发现火灾,向值班站长报告,并试图灭火		√	√		√	√	√
2. 报告行调发生火灾及请求支援	√	√					
3. 宣布执行疏散计划	√						
4. 指示环控操作人员执行灭火排烟模式		√					
5. 关掉广告灯箱电源		√	√				
6. 担任事故处理主任,指挥疏散和灭火	√						
7. 向行调报告火灾情况		√					
8. 关停自动扶梯,设置闸机为自由释放状态		√	√		√		√
9. 指引乘客疏散出站			√		√		√
10. 张贴安民告示,拦截乘客进站			√		√	√	√
11. 引导消防员到火灾现场	√				√		

　　将乘客疏散完毕后再疏散员工,站务员须熟练掌握本站设备区的疏散路线,按照房内疏散指示图及疏散指示标志就近疏散出站。

　　个别结构复杂或特殊的车站为了满足火灾疏散需要,在站台两端、站厅、设备区尽头设置了紧急疏散专用通道,直接通往站外,站务员须按就近原则,组织乘客或员工从紧急疏散专用通道出站。

城市轨道交通应急处理（第2版）

任务 5.2　姓名_____　班级_____　小组_____　学号_____　日期_____

任务实施

汇总任务实施情况,填写应急演练记录表。

应急演练记录表

演练项目:	
地点:	时间:
组长:	记录员:

小组成员及分工	
姓名	岗位

演练脚本

演练总结

任务评价

通过个人自评、小组互评、教师点评的方式,对学生的演练方案编制情况、演练效果及表现力、演练过程记录情况、团队合作及职业素养等进行考核计分。

项目	分值	得分
演练方案编制情况	30	
演练效果及表现力	20	
演练过程记录情况	30	
团队合作及职业素养	20	
总分	100	

总结反思

通过本任务学习，请对自己在课堂中的表现进行反思及评价。

自我反思：

自我评价：

互助提高

（1）制订车站火灾疏散程序时主要应考虑哪几个方面的因素？

（2）当车站发生火灾时，值班站长及其他员工应该怎样疏散乘客？对于处理流程是否有新的建议？与同学交流与分享。

拓展训练

情景设置：运营期间，车站站台B端站台门控制室设备短路产生火花导致设备燃烧且火势较大并伴有浓烟，值班员发现FAS主机上报火警立即通知值班站长赶往事发点进行确认，确认车站站台B端站台门控制室火势较大且无法扑灭后，立即启动火灾应急预案，发现火灾模式无法启动后，值班站长启动应急预案，对车站的乘客进行疏散、救援，并组织力量对火灾进行扑救。

请结合以上情景，制订一份车站站台火灾应急演练方案。

任务导入

某日 9∶55,某地铁 1079 次列车驶入市中心 ZYL 车站,第三车厢一名乘客将装在塑料罐内的易燃易爆物洒至座椅上,并点燃塑料罐,抛至座椅,使整个车厢着火,并冒出浓烟,迅速扩散至整列列车。而对面列车也驶进了车站,火势又迅速蔓延到对面列车的六节车厢。两列列车起火燃烧,车站的电力系统立刻自动断电,站内一片漆黑,600 多名乘客立即陷入极度恐慌。由于电源突然中断,许多轨道交通车厢门根本打不开,加上轨道交通车窗的玻璃十分坚固,不少乘客被困在没有自动灭火装置的车厢里,最终被烧死或因浓烟窒息而死。此次火灾造成 198 人死亡,147 人受伤,289 人失踪。

想一想:

列车发生火灾时如何自救与逃生? 当列车发生火灾时,是继续运行到下一个车站还是在区间紧急停车?

学情检测

1.列车在区间发生重大火灾,且无法前行时,司机应当(　　　)。

A.切断外部高压电源,启动列车应急电源

B.切断所有电源

C.无须切断电源

D.切断外部高压电源

2.城市轨道交通列车车头着火时,乘客从车尾下车后步行至(　　　)车站。

A.前方　　　　B.后方　　　　C.前、后方　　　　D.都不是

3.到站列车发生火灾时,行车值班员应播放应急广播,关闭(　　　),通过 CCTV 加强对报警地点的监视。

A.区间照明　　B.应急照明　　C.广告照明　　D.AFC 设备

4.发生火灾时,(　　　)用标准用语进行广播宣传和疏散引导,稳定乘客情绪,引导乘客使用车内灭火器灭火和进行紧急疏散。

A.维修调度人员　B.电务调度人员　C.行车调度人员　D.列车司机

5.列车发生事故停于区间隧道,需要疏散乘客,采用(　　　)通风办法。

A.自然　　　　B.活塞　　　　C.机械　　　　D.空调

任务目标

1.知识目标

(1)认知列车火灾的逃生方法与疏散路径。

(2)识记列车火灾应急处理流程。

(3)识记列车火灾应急处理各岗位职责。

2.技能目标

(1)能在列车发生火灾时正确自救与逃生。

(2)能严格按照应急处理程序及岗位职责对列车火灾事故进行应急处理。

3.素养目标

(1)强化岗位责任意识,培养团结协作能力。

(2)培养临危不乱、顾全大局的职业素养与职业操守。

任务要求

情景设置:某日运营结束,列车在 A 站至 B 站下行区间发生火灾,紧急迫停区间,在车站值班员接行调命令后,车站立即启动轨行区火灾疏散救援应急演练。

请制订一份列车在区间隧道发生火灾应急演练方案,并根据方案分组分角色开展应急演练。要求:分工明确,配合协调,各司其职,演练表现力强,整体效果好。

任务计划

建议学员小组每组 5~7 人为宜(不宜超过 10 人/组)。教师为每个小组的观察和监督员,并设置演练组长 1 名,记录员 1 名。

组长:负责演练实施过程的组织,确保组员全员参与。

记录员:负责文案记录工作,记录每个组员的表现情况。

小组成员:扮演行车调度员、值班站长、行车值班员、客运值班员、站务员、支援人员等角色,完成应急演练要求的各项任务,互相监督、互相提出改进意见。

知识储备

一、列车火灾应急处理流程

列车发生火灾时往往由乘客首先发现,然后通知司机和控制中心。当列车发生火灾时,首先应确认火灾的严重程度,决定列车是否继续运行到下一个车站或在区间紧急停车疏散乘客。当列车还可以继续运行到下一个车站时,按车站发生火灾处理。某地铁列车火灾应急处理流程如图 5-10 所示。

二、站内列车火灾应急处理

1.站内列车火灾应急处理措施

如果列车在车站发生火灾,应该立即执行紧急疏散计划,停止线路上的其他列车开行和其他乘客进入火场,并利用车站楼梯、出入口疏散乘客。

当列车发生火灾时,车站应紧急组织两支救援队伍,采取两边夹攻办法,速战速决,扑灭火灾。车站应立即通过广播向车内乘客和候车乘客发出火灾警报,立即执行火灾紧急疏散计划,指明乘客应从哪一线路撤离,停止路线上的其他列车开行和其他乘客进入火场,并派车站作业人员组织引导乘客利用车站楼梯、出入口疏散,快速撤离,努力维持秩序,并将重伤者及时送往医院。

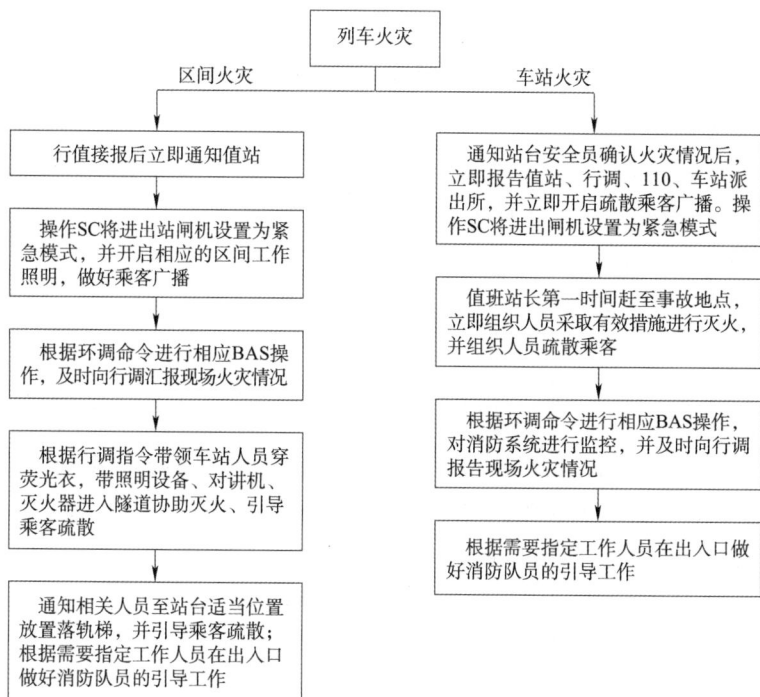

图 5-10　某地铁列车火灾应急处理流程

某地铁站内列车火灾灭火作战示意图见图 5-11。

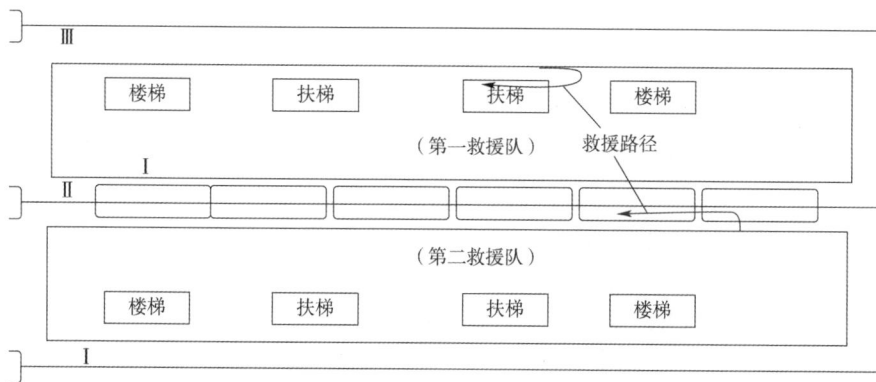

图 5-11　某地铁站内列车火灾灭火作战示意图

如在一岛两侧式的车站,列车 3 号车厢在 Ⅰ 道或 Ⅱ 道着火,措施如下:

①值班站长担任事故处理主任,通知电调切断电源后,组织站务员组成第一救援队,利用二站台(或三站台)消防水源灭火。

②站长或客运值班员带领售票员,组成第二救援队,佩戴防毒面具进入列车抢救伤员。

③行车值班员负责向行调报火警及指令环控设备的操作。

如停在岛式站台的列车着火,则一般出动两支救援队伍,从站厅两端楼梯下到站台,一支紧急灭火,另一支上车抢救伤员。

站内列车火灾的自救逃生方法

(1)乘客应保持镇静。

(2)按压车厢内的紧急情况按钮或紧急通话器按钮,通知司机车厢内的情况。

(3)在可能的情况下,使用车载灭火器灭火。

(4)必要时可拉下列车车门紧急解锁手柄,向两侧用力推开车门。

(5)向站外方向疏散。

◇ ◆

2.站内列车火灾应急处理各岗位职责

列车在站台发生火灾时,司机应迅速打开站台侧所有车门,使用车内灭火器进行扑救,对乘客进行广播疏散,配合车站工作人员的引导将乘客疏散到安全区域。站内列车火灾应急处理各岗位职责见表5-11。

站内列车火灾应急处理各岗位职责　　　　　　　　　　　表5-11

岗位	职责
司机	(1)接收到火警信息后,立即打开车门、站台门,通知(站台)站务员到现场确认,报告行调。 (2)确认列车发生火灾后,广播指引乘客疏散,立即降下受电弓(收回集电靴),施加停车制动。 (3)做好个人防护,到现场进行灭火。 (4)严格执行行调的指挥,充分配合事故处理主任的工作。 (5)火灾扑灭后在动车前,负责确认车况,并报行调
(站台)站务员	(1)确认并报告车控室/司机火灾位置、火势大小、火灾性质等(初步判断),通知司机将列车扣在车站处理,关停站台自动扶梯。 (2)第一时间用灭火器灭火,疏散列车内乘客。 (3)当火灾不可扑救时,停止扑救,疏散列车和站台的乘客出站。 (4)检查确认列车内/站台没有乘客滞留后报车控室。 (5)听从值班站长安排
行车值班员	(1)接收到火警信息后,命令(站台)站务员到报警点确认火警,并将情况报告值班站长。 (2)确认发生火灾后,将列车扣在车站处理,报行调、119、城市轨道交通公安、120。 (3)广播宣布执行站内列车火灾应急处理程序,并反复广播引导乘客疏散。 (4)按压AFC和自动扶梯紧急按钮,将闸机设为紧急模式,关闭广告照明,确认相应的火灾模式已启动。 (5)及时将乘客疏散和灭火情况报告行调,并与行调、值班站长保持联系。 (6)当接到区间火灾列车正开往本站通知时,立即宣布执行站内列车火灾应急处理程序

岗位	职责
值班站长	(1)接到火警通知后,立即到站台确认。 (2)确认发生火灾后,通知车控室宣布执行站内列车火灾应急处理程序,组织疏散乘客和灭火,在用水灭火前,要先确认有关设备是否停电。 (3)负责最后确认列车、站台乘客疏散完毕,报车控室。 (4)消防队到现场后,将有关信息通报给消防负责人后,视情况组织员工灭火或撤退,撤退时负责确认所有站内人员疏散完毕。 (5)站厅安全时,到车控室指挥。 (6)安排人员在出入口拦截乘客进站
客运值班员	(1)接到执行火灾应急处理程序的通知后,赶到车控室,确认所有闸机已设为紧急模式,相应的通风排烟模式已开启,广告照明已关闭,自动扶梯已关停。 (2)完成上述任务后,拿对讲机、手提广播到站厅组织乘客疏散。 (3)接收到列车、站台乘客疏散完毕的信息后,最后确认站厅乘客全部疏散出站后报车控室。 (4)听从值班站长安排
(站厅)站务员	(1)关停站台自动扶梯,到站台协助灭火。 (2)将灭火工作交给消防员后,到出入口拦截乘客进站
售票员	(1)接到执行火灾应急处理程序的通知后,收好钱和票,关闭票亭电源,将闸机和边门打开,利用手提广播疏散乘客出站。 (2)确认站厅乘客全部疏散出站后报车控室。 (3)协助灭火
保洁	(1)接到执行火灾应急处理程序的通知后,到车控室拿"安民告示",到出入口张贴,并关停出入口自动扶梯。 (2)等候消防队到来,引导其到现场灭火

三、区间列车火灾应急处理

1. 区间列车火灾应急处理措施

(1)列车在运行过程中,区间隧道内发生火灾时会使乘客撤离和救援处理更困难,应尽量驶入前方车站,利用前方车站来组织疏散乘客。

(2)如果列车不能驶入前方车站,停在区间隧道,必须紧急疏散乘客。列车司机应通过广播要求乘客保持镇静,告知乘客撤离的路线和方法,并组织乘客撤离列车,步行至邻近车站或引导乘客从有安全指示灯光显示的紧急出口疏散至安全地点。组织乘客撤离时,应切断牵引电流,打开隧道内的安全照明灯,通风排烟方向应与乘客撤离方向相反。

(3)邻近车站应派作业人员前往事故现场,协助乘客撤离和进行扑救灭火。及时对伤员进行抢救,并将重伤者送往医院。

(4)本区间的列车运行立即中止,另一条隧道也应立即停止行车。区间列车火灾的处理流程如图 5-12 所示。

区间列车火灾
应急处理

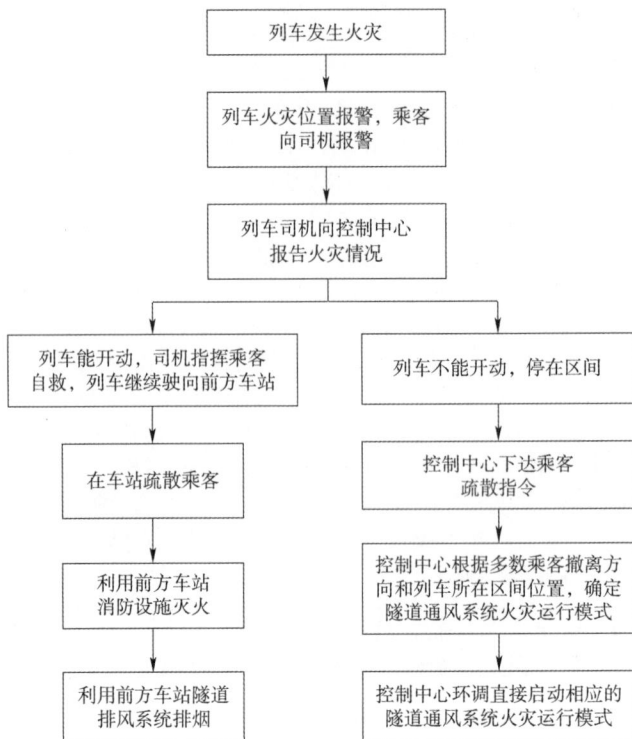

图 5-12　区间列车火灾的处理流程

知识链接5-8

区间列车火灾的自救逃生方法

(1)乘客应保持镇静。

(2)按压车厢内的紧急情况按钮或紧急通话器按钮,通知司机车厢内发生的情况。

(3)在可能的情况下,使用车载灭火器灭火。

(4)列车将会尽可能到达车站进行人员疏散,因此,乘客应听从列车广播的指挥,千万不要惊慌失措,不要乱动车厢内其他设备。

(5)列车无法到达前方车站而又需要紧急疏散的情况下(隧道内紧急疏散设计不同,各条线路的隧道内疏散方式不同),车厢内乘客应该听从列车广播的指挥。

小思考5-1

列车在区间发生火灾时,乘客疏散方向和隧道通风方向如何确定?

列车在区间隧道内发生火灾时,应尽量驶入前方车站,利用前方车站来疏散乘客。如果列车不能驶入前方车站,停在区间隧道,必须紧急疏散乘客。

(1)列车头部着火时,司机应组织乘客迅速从车尾下车并步行至后方车站,运营控制中心应开启隧道通风系统紧急模式,朝列车前进方向送风,使烟雾远离乘客(图5-13)。

图5-13　列车头部着火且停在区间隧道

（2）列车车尾着火时,司机应组织乘客从车头迅速下车并步行至前方车站,运营控制中心应开启隧道通风系统紧急模式,朝列车后退方向送风(图5-14)。

图5-14　列车尾部着火且停在区间隧道

（3）列车中部着火且停在近前方车站时,司机应组织乘客从两端下车并分别步行至前、后方车站,运营控制中心应开启隧道通风系统紧急模式,朝列车前进方向送风,使烟雾远离尾部乘客,而列车头部乘客因距离前方车站较近,不会受到烟雾伤害(图5-15)。

图5-15　列车中部着火且停在近前方车站

（4）列车中部着火且停在近后方车站时,司机应组织乘客向两端疏散,运营控制中心应开启隧道通风系统紧急模式,朝列车后退方向送风,使烟雾远离头部乘客,而列车尾部乘客距离后方车站较近,不会受到烟雾伤害(图5-16)。

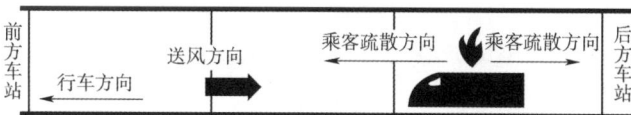

图5-16　列车中部着火且停在近后方车站

（5）列车中部着火且停在区间中部时,司机应组织乘客向两端疏散,运营控制中心应开启隧道通风系统紧急模式,朝列车前进方向送风,使烟雾远离尾部乘客(图5-17)。

图5-17　列车中部着火且停在区间中部

2. 区间列车火灾应急处理各岗位职责

区间列车火灾应急处理各岗位职责见表5-12。

区间列车火灾应急处理各岗位职责　　　　　　　　　　　　表5-12

岗位	职责
司机	(1)接报警信息后,迅速向行调报告,并广播安抚乘客,指引乘客使用车厢座位下的灭火器进行灭火,尽量维持运行到车站处理。 (2)当列车维持运行到车站后,按照列车在站台发生火灾处理。 (3)列车被迫停在区间后,立即降下受电弓(收回集电靴),施加停放制动。 (4)到火灾点进行初步扑救。 (5)判断火灾不可控制后,停止扑救,引导乘客疏散。 (6)确认列车上乘客疏散完毕后,报行调,跟随乘客疏散,并沿途确认没有乘客滞留。 (7)配合车站值班站长的工作。 (8)火灾扑灭后在动车前,负责确认车况,并报行调
行车值班员	(1)接到列车停在区间发生火灾的通报后,报值班站长,通知(站台)站务员将相应端的站台门端门设置为敞开状态。 (2)报119、城市轨道交通公安、120。 (3)接到停运的通知后,广播宣布执行区间列车火灾应急处理程序,并反复广播引导乘客疏散。 (4)按压AFC和自动扶梯紧急按钮,将闸机设为紧急模式,关闭广告照明,确认相应的火灾模式已启动。 (5)接到进行区间疏散的通知后,立即通知值班站长执行。 (6)及时将乘客疏散和灭火情况报告行调,并与行调、值班站长保持联系
值班站长	(1)接到火灾报告后,立即通知(站厅)站务员(售票员1)顶替(站台)站务员,带齐事故处理物品和(站台)站务员、客运值班员进入区间引导疏散乘客。 (2)与司机取得联系,组织乘客向车站疏散,用灭火器或隧道消防栓灭火,做好与司机的沟通和合作。 (3)对列车上乘客疏散情况进行确认,确保所有乘客撤离,并将现场情况及时通报行车值班员。 (4)消防队员到火场后,将灭火工作交给消防队员,或在火势失去控制时,命令现场员工疏散到车站。 (5)确认乘客全部从车站疏散后,到车控室指挥处理。 (6)安排人员在出口拦截乘客进站
(站台)站务员	(1)听到指令后立即打开事故一侧的端墙门,穿上荧光衣,戴好防毒面具。 (2)和值班站长到现场疏散列车上的乘客,并进行灭火。 (3)与值班站长保持联系,并听从值班站长的安排。 (4)向车站撤离时,确保乘客已完全疏散。 (5)在打开的端墙门处站岗,及时传递信息
客运值班员	(1)接到执行火灾应急处理程序的通知后,赶到车控室,确认所有闸机已设为紧急模式,相应的通风排烟模式已开启,广告照明已关闭,站台自动扶梯已关停。 (2)完成上述任务后,拿对讲机、手提广播到站台指挥组织乘客疏散。 (3)确认列车、站台乘客疏散完毕后,报车控室。 (4)到车控室协助行车值班员

岗位	职责
(站厅)站务员	(1)关停站台至站厅层的自动扶梯,穿荧光衣,到站台顶替(站台)站务员。 (2)指引乘客向站厅疏散,确认乘客疏散情况和受伤情况,并将信息及时报告车控室。 (3)指引消防队员进入火场。 (4)原(站台)站务员回站台后,回站厅负责站厅的工作
售票员	(1)收好钱和票,关闭票亭电源,打开通道门、闸门,组织站厅乘客疏散。 (2)确认乘客疏散完毕后报车控室。 (3)负责站厅的工作
保洁	(1)接到执行火灾应急处理程序的通知后,到车控室拿"安民告示",到出入口张贴,并关停出入口自动扶梯。 (2)等候消防队到来,引导其到现场灭火

案例分析5-1

香港地铁纵火事件成功疏散的启示

2004年1月5日,香港地铁尖沙咀站至金钟站之间发生了一起列车纵火事件。该日上午一名患精神病男子携带易燃物品进入一辆荃湾线列车,在即将进入金钟站时,点燃该物品,威胁乘客安全。9:12,一辆前往中环站的列车(编号T61)的车长向控制中心报告,列车发生火警紧急事故,要求金钟站职员候命协助。当列车进入金钟站时,有烟从列车中冒出。地铁公司迅速安排列车上的乘客疏散,9:16疏散完毕,随即将金钟站关闭。疏散乘客约1200人,只有14名乘客因吸入浓烟被送往医院,但很快就全部康复出院。

香港地铁公司之所以能够在短短的4 min内对1200名乘客进行安全疏散,主要是因为香港地铁公司定期举办各种公众教育活动,各紧急服务部门定期进行演习,提高员工在遇到紧急事故时的应变能力等。(案例来源:百度文库)

城市轨道交通应急处理(第2版)

任务 5.3　姓名_____　班级_____　小组_____　学号_____　日期_____

任务实施

汇总任务实施情况,填写应急演练记录表。

应急演练记录表

演练项目:		
地点:		时间:
组长:		记录员:

小组成员及分工	
姓名	岗位

演练脚本

演练总结

任务评价

通过个人自评、小组互评、教师点评的方式,对学生的演练方案编制情况、演练效果及表现力、演练过程记录情况、团队合作及职业素养等进行考核计分。

项目	分值	得分
演练方案编制情况	30	
演练效果及表现力	20	
演练过程记录情况	30	
团队合作及职业素养	20	
总分	100	

✎ 总结反思

通过本任务学习,请对自己在课堂中的表现进行反思及评价。

自我反思:

自我评价:

互助提高

(1)列车在车站发生火灾时,车站值班站长如何处理?

(2)列车在区间隧道内发生火灾时,乘客疏散方向与通风空调系统送风方向如何确定?

(3)列车在区间发生火灾时,值班站长或车站员工应该怎样疏散乘客? 对于处理流程是否有新的建议? 与同学交流与分享。

拓展训练

情景设置:运营期间,列车在车站发生火灾,车站立即启动车站火灾应急疏散预案。请结合以上情景,制订一份列车在车站发生火灾应急演练方案。

巩固练习

一、选择题

1.消防设施不包括(　　)。
　A.防烟排烟系统
　B.日常广播
　C.应急照明
　D.安全疏散设施

2.关于车站防火安全管理规定,下列说法不正确的是(　　)。
　A.严禁乘客和工作人员携带易燃、易爆和有毒物品进站
　B.站厅内禁止吸烟,站台、管理区可以吸烟
　C.车控室、票务室等重点区域,严禁无关人员进入
　D.值班站长每天应经常巡视站厅、站台及设备区域的安全情况

3.根据《城市轨道交通运营管理规范》(GB/T 30012—2013),当发生火灾时,行车调度员应(　　)。
　A.切断牵引电流和设备电流,保证排烟系统的电源供应
　B.执行相应的通风排烟模式
　C.指挥列车运行,及时疏散乘客,调整后续列车运行
　D.启动抢修工作

4.以下关于火灾处理原则的说法,正确的是(　　)。
　A.发现火灾处于初起阶段,允许"先报告,后处置"
　B.直接使用消防栓灭火
　C.员工优先疏散
　D.原则上,禁止穿越火灾现场进行疏散

5.履行每半年至少组织一次车站消防宣传教育、灭火和应急疏散演练职责的是(　　)。
　A.消防安全管理人
　B.车站站长
　C.控制中心主任
　D.消防安全员

二、判断题

1.(　　)造成30人以上死亡,或者100人以上重伤,或者1亿元以上直接财产损失的火灾称为重大火灾。
2.(　　)车站火灾事故按火灾发生地点分为站内火灾和站外火灾。
3.(　　)地下线路运行的列车发生火灾时,应立即停车。
4.(　　)"ABC干粉灭火器"的意思是能扑灭A类、B类和C类火灾。
5.(　　)对于带电物体燃烧引发的火灾,可用干粉、二氧化碳灭火器灭火。

三、简答题

1. 简述火灾的分类。

2. 城市轨道交通的消防安全工作的方针、原则是什么？

3. 列车在车站发生火灾时，车站值班站长如何处理？

4. 叙述站务员在站厅发生火灾情况下的应急处理流程。

5. 试叙述城市轨道交通微型消防站的人员配备与岗位职责。

项目 6

自然灾害及特殊气象应急处理

项目描述

　　城市轨道交通运营安全受外界环境影响较大，其中，雨雪、风暴、地震等特殊气象或自然灾害都会对城市轨道交通(特别是地面、高架线路)的运营造成较大影响。本项目任务是通过学习几种典型的自然灾害及特殊气象的应急处理预案，熟悉各类自然灾害及特殊气象应急处理程序及相关要求，能按要求进行信息汇报、利用广播疏散乘客等应急处理，灵活应对、处理和防范各类自然灾害及特殊气象。

学习导航

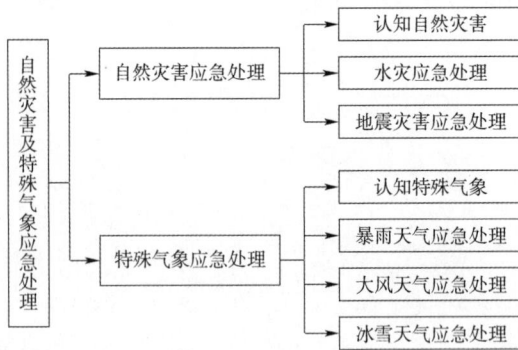

任务导入

2022年3月16日,日本福岛县附近海域发生里氏7.4级地震,致使福岛县和宫城县受灾严重。在东北新干线在因地震发生列车脱轨的受灾路段,发现包括电线杆和高架桥等设施有近千处受损。在对长达约350 km的受灾路段设施进行调查时发现,有79根电线杆、60多处高架桥等设施在地震中受损,另有大约300处铁轨出现扭曲。脱轨列车位于白石藏王站以南2 km处,该车站位于福岛至仙台路段之间,这段线路的受损尤为严重。即使仅仅撤去脱轨列车,也至少需要两周时间。

想一想:

影响城市轨道交通运营的自然灾害有哪些? 自然灾害会给城市轨道交通运营带来哪些影响? 城市轨道交通车站如何应对自然灾害?

学情检测

1.洪水属于(　　　)。

　　A.社会安全事件　　　　　　　　　B.人身伤害事件

　　C.公共卫生事件　　　　　　　　　D.自然灾害

2.任何员工一旦发现水灾,应立即向(　　　)报告水灾发生的位置、情况等。

　　A.值班人员　　　　　　　　　　　B.值班站长

　　C.现场公安人员　　　　　　　　　D.行车调度员

3.发生水灾时,车站值班员通过(　　　)向乘客进行宣传解释。

　　A.FAS、PA系统　　　　　　　　　B.FAS、BAS系统

　　C.BAS、PIS系统　　　　　　　　　D.PA、PIS系统

4.我国把地震的烈度划分为(　　　)度。

　　A.10　　　　　　B.11　　　　　　C.12　　　　　　D.13

5.临震预报是指人民政府对(　　　)日内将要发生地震的时间、地点、震级做出预报。

　　A.5　　　　　　B.10　　　　　　C.15　　　　　　D.20

任务目标

1.知识目标

(1)认知各种自然灾害对城市轨道交通运营的影响。

(2)识记常见自然灾害的应急处理程序及相关要求。

2. 技能目标

(1)能识别常见自然灾害,能提前准备抢险物资并正确使用。

(2)能按自然灾害应急处理程序要求进行信息收发及传达、利用广播疏散乘客等应急处理。

3. 素养目标

(1)培养临危不乱、顾全大局的职业素养与职业操守。

(2)树立防灾、减灾、救灾意识。

任务要求

情景设置:城市轨道交通运营期间暴雨持续,雨水不断沿着 C 口自动扶梯浸入,需临时关闭 C 口。

请制订一份车站暴雨天气水淹应急演练方案,并根据方案分角色开展应急演练。

任务计划

建议学员小组每组 5~7 人为宜(不宜超过 10 人/组)。教师为每个小组的观察和监督员,并设置演练组长 1 名,记录员 1 名。

组长:负责演练实施过程的组织,确保组员全员参与。

记录员:负责文案记录工作,记录每个组员的表现情况。

小组成员:扮演行车调度员、值班站长、行车值班员、客运值班员、站务员、支援人员等角色,完成应急演练要求的各项任务,互相监督、互相提出改进意见。

知识储备

一、认知自然灾害

根据可能对城市轨道交通正常运营造成影响的自然灾害情况,轨道运输预案中涉及的自然灾害包括台风、暴雨、雷电、高温、山体滑坡、洪水、地震。

部分自然灾害的分类、风险点及后果如表6-1所示。

部分自然灾害的分类、风险点及后果 　　　　　　　　　　　表6-1

分类	风险点	后果(可能导致的事故)
地震	土建结构、运营设备损坏	运营延误、中断;行车事故;通信中断;大面积停电;财产损失、人员伤亡等
	行车、客流秩序被打乱	人员踩踏伤亡;社会负面舆情等
暴雨	车站等生产场所进水	客运服务质量降低;设备受损;车站(出入口)进水关闭;人员伤亡等
	轨行区积水	行车延误、中断;设备损坏;人员伤亡;列车打滑等
雷电	室外作业	人员伤亡等
	设备受损	行车事故;行车延误等

分类	风险点	后果(可能导致的事故)
高温	设备受损	行车事故等
	室内外作业人员	人员中暑、伤亡等
山体滑坡	线路受损	行车事故、结构受损;人员伤亡;运营延误、中断等

二、水灾应急处理

水灾应急
处理

城市轨道交通线路水灾按照发生的地点不同主要分为车站水灾、正线区间水灾以及场段、主所、OCC水灾,各类水灾诱发因素包含强降雨、设备故障、外部市政排水设施不完善等,可能导致设备损坏、列车延误、行车中断、车站关闭、人员伤亡等。

1. 水灾应急响应级别

水灾应急响应分为三级:

一级响应:车站出入口、区间风亭等外部地面积水,水位已越过水位警戒线且上涨较快,存在积水倒灌地下车站或隧道的风险;或隧道正线积水漫过钢轨轨面,并有上涨趋势;或地面线路路基严重下沉,边坡坍塌或挡土墙倒塌、高架桥墩倾斜等。

二级响应:车站出入口、车辆段、区间风亭等外部地面积水且有上涨趋势,影响客运服务或设备运行,不影响城市轨道交通列车运行安全;或隧道正线积水漫过钢轨轨底,并有上涨趋势;或地面线路路基轻微下沉,边坡或挡土墙出现较大裂纹等。

三级响应:地区气象台发布暴雨黄色、橙色、红色预警信号。

2. 水灾应急处理原则

(1)坚持"预防为主、常备不懈"的原则,确保抢险救援工作反应及时,果断采取措施,做到早发现、早报告、早处理、早恢复,减少损失和降低影响,防止事态扩大。

(2)根据水灾应急处理的需要,调集人员、储备物资、交通工具以及相关设施设备(图6-1);必要时,对人员进行疏散或隔离,并对城市轨道交通管辖范围相关区域实行封锁。

a)防汛专用沙袋　　　　b)防滑垫　　　　c)防淹挡板

图6-1　防汛设施设备

(3)抢险与生产统筹兼顾,在积极稳妥处理事故的同时,按照《城市轨道交通行车组织规则》(JT/T 1185—2018)的相关规定,最大限度地维持城市轨道交通运营。当积水面未超过钢轨轨脚时,允许列车以正常速度通过积水段;当积水面介于钢轨轨脚和轨头底部之间时,允许列车以 25 km/h 速度通过积水段;当积水面超过钢轨轨头底部时,原则上不准列车通过积水段,必须通过时限速 15 km/h。

3.水灾应急处理措施

(1)报行调,组织人员搬运沙袋堵水抗洪。

(2)提醒乘客小心滑倒,指引出站的乘客从安全的出口出站。

(3)当站台或站厅层进水,可能侵入带电设备时,需关闭相应的设备并通知对应的专业人员。

(4)必要时疏散站内乘客,向行调请求关闭车站并负责关闭车站的工作。

4.水灾应急处理各岗位职责

水灾应急处理各岗位职责如表6-2所示。

水灾应急处理各岗位职责　　　　　　　　　　　表6-2

岗位	职责
车站工作人员	(1)任何员工一旦发现水灾,应立即报告值班站长以下情况:水灾发生的位置、流量、水源及哪些设备可能会受到影响。 (2)值班站长向行车调度员报告:本站发生水淹事故、本站受到影响的区域、是否影响乘降及受影响设备等情况。 (3)值班站长携带防洪装备赶往事发位置,命令站务员和保洁前往水灾区域。 (4)值班站长到达现场后评估情况,向行车调度员汇报最新进展,视情况需要请求机电等部门人力支援。 (5)站务员尝试用防淹挡板、沙袋或其他填充物阻断水源,或抑制流量,在周边用提示牌和警戒线布置禁行区。 (6)车站值班员通过 PA、PIS 系统向乘客进行宣传解释。 (7)若水灾可能导致车站设备出现危险或影响运营时,视情况需要封闭车站部分区域
机电抢险人员	(1)对水灾地点及时采取断水堵水措施,开启全部排水泵排水。 (2)随时向值班站长和行车调度员报告水情。 (3)按照抢险预案要求,进行紧急处理
行车调度员	(1)随时了解水情变化,必要时,通知电力调度员将接触网(轨)停电。 (2)组织具备运行条件的区段维持运营
列车司机	(1)列车在运行中发现积水漫过道床排水沟时,如接触轨能正常供电,司机以能随时停车的速度运行,并及时将情况报告行车调度员或车站值班员。 (2)水灾造成路基塌陷、滑坡等危及行车安全时,应立即停车,将情况如实报告行车调度员,按其指示行车

知识链接6-1 ━━━━━━━━━━━━━━━━━━━━━━━━━━━━━━━━━◆

国内各城市轨道交通防淹措施

1.杭州地铁四道防线防水淹

据介绍,杭州地铁 1 号线设计有四道防洪的防线。

第一道是入口处高出周边地面 60 cm,如果降水量太大,城市轨道交通车站出入口还会放置防淹挡板。

第二道是每个出入口的最后一级台阶下方都有一个集水坑，集水坑 2 m 见方，深 2.5 m 左右，里面设置了抽水泵，然后通过管道和埋设在地表的市政雨水管相接。

第三道是站厅层里有 8 个地漏，漫进站厅的水会顺着地漏的下水孔和管道回送到车站两端的泵房里。这个泵房 6 m 见方，地上还有一个面积在 20 m² 左右、深 2.5 ~ 3 m 的集水井，里面同样有抽水泵，将汇流到这里的水排到雨水管道。

第四道是隧道下面的抽水泵房，如果短时间内雨水实在太多，倒灌到站台层和隧道，城市轨道交通隧道地下还有区间泵房，流进隧道的水会沿着隧道两边的排水沟流进区间泵房里，区间泵房通过抽水泵把水先排到车站泵房里，再通过车站泵房输到雨水管道里。

2. 福州地铁五道防线防水淹

第一道：出入口处的钢筋混凝土挡墙除开口处外，均要高出周边地面 1 m(墙体 1 m 以上采用钢结构幕墙，用以承受水压力)，口部设置铝合金挡淹板，挡淹板扣在口部的凹槽里，平时兼作防盗卷帘。拟增加挡淹板高度，背后衬加劲肋或衬沙袋以加强受力。

第二道：每个出入口下方，均设置一道横截沟及一个集水井，集水井内设置 2 台抽水泵，通过管道与市政雨水管相接。每个站点至少备有 2 个临时水泵，紧急情况下对漫入车站的水进行抽排。

第三道：如果出入口的集水井都来不及收集水并排出，水漫到了站厅，站厅层与出入口通道口部均再设一道横截沟，同时站厅公共区设有地漏。漫进站厅的水会顺着横截沟或地漏，排到雨水管道。

第四道：如果雨水倒灌到站台层和区间隧道，城市轨道交通隧道地下还有一道防线——区间泵房。流进隧道的水会沿着隧道两边的排水沟流进区间泵房里。通过抽水泵把水输到雨水管道里。

第五道：当前几道防线已无法阻止水淹入车站时，运营人员须根据疏散情况，手动关闭出入口通道内的人防隔断门(每个出入口通道内均设有 1 ~ 2 道双开人防隔断门，确保乘客人身安全。

三、地震灾害应急处理

地震灾害是指由地震引起的强烈地面震动及伴生的地面裂缝和变形，使各类建(构)筑物倒塌和损坏，设备和设施损坏，交通、通信中断和其他生命线工程设施等被破坏，以及由此引起的火灾、爆炸、瘟疫、有毒物质泄漏、放射性污染、场地破坏等造成人畜伤亡和财产损失的灾害。

地震灾害
应急处理

1. 地震灾害响应等级

根据各地区有关规定并结合地震对地铁行车的影响，各地铁公司对地震响应分级的界定也有差别，有的地铁公司按地震烈度进行划分，有的地铁公司按地震震级进行划分。某地铁公司对地震响应等级分类如下：

（1）市区发生大于或等于 6.5 级地震，视为特别重大破坏性地震，特别严重影响行车和乘客安全，应启动一级响应。

（2）市区发生大于或等于 6.0 级、小于 6.5 级的地震，视为重大破坏性地震，严重影响行车和乘客安全，应启动二级响应。

（3）市区发生大于或等于 5.5 级、小于 6.0 级的地震，视为较大破坏性地震，较大影响行车和乘客安全，应启动三级响应。

（4）市区发生大于或等于 4.5 级、小于 5.5 级的地震，视为一般破坏性地震，一般影响行车和乘客安全，应启动四级响应。

小思考6-1

地震时，地下比地上更危险吗？

地铁，特别是在地下隧道中行驶的地铁，可以说是地震中最安全的地方之一。

其一，地铁设计是必须考虑地震的，并且有一系列相关规范进行约束。但凡经过一系列正规程序开工的项目，这方面都没问题。

其二，地震时，地下受到的影响本来就比地面要小。地表和地下构造的受力情况完全不一样，地表结构物的地震作用可以想象成"甩棍子"，地下结构物的地震作用则可以想象成"晃米桶"，显然后者受力要稍微均匀一些。例如汶川地震中，山体滑坡数量极大，但是震区及附近的隧道只有变形，没有坍塌破坏。

其三，随机情况，即不可预见的其他情况，可能会对地铁产生极大危害。例如煤气、电力等管线，供水管或泄洪管，也有风险。但是相对来说，这种情况少见。

小思考6-2

乘坐地铁时发生地震该怎么办？

（1）若列车正在区间行驶：请保持冷静，尽量躲在座位旁边，双手抱住头部，随时留意车上广播的指示，待列车运行至站台后，再有序疏散。如遇列车无法运行的情况，请在车厢内等待救援。请不要擅自触动列车紧急停车装置，更不可擅自离开车厢从隧道逃生，防止触电。

（2）若地震时您正在车站内：首先，请保持冷静，就地择物躲藏，然后听从车站工作人员的指挥，有序撤离。地震时，切勿胡乱奔跑，更不可盲目跟随人流、相互拥挤。从车站撤离后，应及时前往开阔地带，防止余震带来的二次伤害。

（3）千万不要使用自动扶梯、垂直电梯。

（4）疏散过程中要注意脚下异物，防止摔倒。当确定可以安全离开时，青壮年乘客应帮助妇女和儿童撤离，搀扶或抬着行动困难的乘客离开现场，从而最大限度地减少人员伤亡。

2. 地震灾害应急处理原则

(1)坚持"统一领导、逐级负责、属地为主、平震结合"的工作原则。

(2)各单位、各部门要听从统一指挥和分工,各司其职,各负其责,快速、高效地实施地震应急预案,最大限度地减少人员伤亡和经济损失,维护正常秩序。

(3)属地管理部门是应对地震灾害的第一责任人,承担指挥实施属地区域处置抗震救灾工作职责,要坚持地震预防、应急准备与救援相结合,常抓不懈,做好地震应急处理各项工作。

3. 地震灾害应急处理措施

城市轨道交通系统在建设时按可承受 7 级地震考虑,但线路、轨道肯定会发生不同程度的移位与变形。地震发生时,全线列车应立即停止运营,车站应开放所有通道引导乘客出站;停在区间的列车在线路条件允许的情况下,以低速人工驾驶列车进入前方车站就近清客。如线路已经严重破坏,则通过区间隧道疏散乘客。地震过后,组织对全线设备进行检查、测试、抢修,确认各系统技术状态正常后,再决定恢复正常运营。

震时应急响应级别及现场处置工作内容如表 6-3 所示。

震时应急响应级别及现场处置工作内容 表 6-3

响应级别	现场处置工作内容
一级响应	(1)OCC 立即扣停在站列车,并要求司机开门待令,发布列车停运、清客命令;电力调度员切断一切电源,启用紧急照明。车场调度员立即发布通知,停止场内所有作业。 (2)区间司机视情况限速 25 km/h 运行到前方车站停车开门待令,同时加强瞭望,注意确认车辆运行及设施设备状态,遇异常情况及时采取措施;若确认列车无法维持进站时,司机应立即组织乘客疏散至站外空旷区域。 (3)司机负责组织列车上乘客向车站疏散,车站值班站长负责组织有关人员疏散乘客,并将情况报告 OCC;若通信中断应设法与外界取得联系,并做好自救工作。 (4)司机、站务员、保安等应在车站站长/值班站长的统一指挥下,有序组织乘客避险,同时循环播放应急疏散广播,及时疏散乘客至站外空旷区域,并采取一切可能措施安抚乘客,防止发生乘客踩踏、乘客恐慌等事件发生。 (5)OCC 发布列车停运、急救命令,及时将灾情报告分公司及有关部门。 (6)调度部、票务部、车辆部、客运部、设施部及时成立应急工作小组,各部门及时召集各专业救援队队员,准备救援工具、物品。根据灾情尽快恢复动力照明系统供电,确定牵引电恢复送电方案;救援队出动救援,在起复机车、车辆,以及抢修线路中,快速确定方案,并报 OCC。 (7)必要时,向轨道公司、政府部门和社会组织请求援助;指挥外援人员抗震救灾,尽快恢复地铁运营。 (8)及时向轨道公司、抗震救灾指挥部报告震情、救灾情况以及运营开通情况
二级响应	(1)电力调度员切断牵引供电系统电源,启用紧急照明。 (2)司机制动列车停车,组织列车上乘客向车站疏散,车站值班站长负责组织有关人员疏散乘客,并将情况报告 OCC,若通信中断应设法与外界取得联系,并做好自救工作;OCC 发布列车停运、急救命令,及时将灾情报告分公司及有关部门。 (3)各部门及时、到位履行职责,组织救援抢险,恢复牵引供电,恢复地铁运营。 (4)必要时,向轨道公司、政府部门和社会组织请求援助;指挥外援人员抗震救灾,尽快恢复地铁运营。 (5)及时向轨道公司、政府部门报告震情、救灾情况以及运营开通情况

响应级别	现场处置工作内容
三级响应	（1）发生较大地震灾害后，司机视灾情维持列车运行到前方车站停车，疏散车上乘客；车站站长/值班站长负责组织有关人员疏散车站乘客、保护地铁设备，并将情况报告 OCC，若通信中断应设法与外界取得联系，并做好自救工作；OCC 视情况发布列车停运或限速命令，组织抢险救援，向上级领导报告有关情况。 （2）按市防震抗震领导小组的要求，在轨道公司领导下，视震情、灾情组织抢险救援，具体落实抗震救援工作和措施，并及时报告有关情况
四级响应	发生一般地震灾害后，司机视灾情维持列车运行到前方站停车，疏散车上乘客；值班站长负责组织有关人员疏散车站乘客、保护地铁设备，并将情况报告 OCC，若通信中断应设法与外界取得联系，并做好自救工作；OCC 视情况发布列车停运或限速命令，组织抢险救援，迅速收集、了解震情、灾情信息，做好现场震情跟踪工作

4. 地震灾害应急处理程序

1）地震灾害发生初期

当地震发生时，所有员工应沉着冷静，注意保护自己和他人，及时向上级报告地震实际情况。如情况危急，生命受到直接威胁，各岗位可立即组织疏散撤离（具体行动指引不考虑这种情况）。

（1）在地震发生初期，OCC 当班调度员原则上应坚守调度岗位。当 OCC 大楼有轻微震感或接报车站、车辆段有轻微震感时，应通知全线列车司机进站停车待令，并立即向分公司领导汇报请示，同时组织检查分公司管辖范围内的人员、设备及设施受影响情况。当 OCC 大楼有明显或强烈震感时，应就近选择较安全的位置紧急避险；随后组织检查分公司管辖范围内人员、设备及设施损失情况；立即通知分公司领导和各抢险救援队组织救援。

（2）司机发现地震（有震感或发现土建结构、轨道异常）时，如在区间应限速40 km/h，尽量维持进站，若线路明显受损应立即停车，及时通报行车调度员；在站列车停止动车，保持车门、站台门处于打开状态，及时通报行车调度员，进行疏散或清客。

（3）在地震发生初期车站当班人员原则上应坚守岗位。当车站有明显震感时，采取紧急避险；必要时组织疏散乘客，救护伤员及组织乘客自救、互救工作，并组织检查车站管辖范围内人员、设备及设施损失情况；情况危急时，撤离车站。

2）震后运营组织

OCC 立即与交通运输应急指挥中心联系，确认地震级别，征求其处理意见。如其未有明确意见，则按以下原则处理：

（1）能确认级别时：发生 6.0 级及以上地震时，全线停运；发生 6.0 级以下地震时，若车站、隧道土建结构及设备没有损坏，各区间首列车（空车）以 40 km/h 速度运行检查后，载客限速 40 km/h 运行，如主任调度员不能决定，请示分公司领导；车站、隧道土建结构及设备损坏时，全线停运。

（2）不能确认级别时：如车站、隧道土建结构及设备没有损坏，各区间首列车（空车）以 40 km/h 速度运行检查后，载客限速 40 km/h 运行，如主任调度员不能决定，请示分公司领导；若发生车站、隧道土建结构及设备损坏，全线停运。

5.地震灾害应急处理各岗位职责

地震灾害应急处理各岗位职责如表6-4所示。

地震灾害应急处理各岗位职责　　　　表6-4

岗位	职责
站务员	(1)接到启动地震应急预案的信息后,立即到站台组织乘客及车站其他工作人员疏散。 (2)乘客及车站其他工作人员疏散完毕,确认垂直电梯没有困人后撤离车站
行车值班员	(1)接到启动地震应急预案的信息后,通知值班站长,全站广播执行地震应急预案。 (2)报119、110、120等。 (3)按压AFC紧急按钮,将闸机设置为紧急模式。 (4)及时向行调汇报人员疏散及灾害情况(若通信中断应设法与外界取得联系)
值班站长	(1)接到启动地震应急预案的信息后,立即组织员工疏散乘客。 (2)加强与行车值班员的联系。 (3)确认乘客及车站人员疏散完毕后撤离车站。 (4)灾后,检查车站设备设施损坏情况并报行调
客运值班员	(1)接到启动地震应急预案的信息后,立即到站台组织乘客及车站其他工作人员疏散。 (2)与司机确认列车上乘客疏散情况,列车、站台乘客及车站其他工作人员疏散完毕后,向车控室汇报人员疏散及伤亡情况。 (3)乘客及车站其他工作人员疏散完毕后撤离车站
售票员	(1)接到启动地震应急预案的信息后,立即打开边门、闸机,组织站厅乘客及车站其他工作人员疏散。 (2)乘客及车站其他工作人员疏散完毕后,向车控室汇报人员疏散及伤亡情况。 (3)乘客及车站其他工作人员疏散完毕后撤离车站
司机	(1)接到启动地震应急预案的信息后,制动列车停车(执行一、二级预案立即制动列车,执行三级预案时,司机视灾情维持列车运行到前方车站停车,疏散车上乘客)。 (2)采取有效措施向行调或邻站值班站长汇报相关情况。 (3)若列车在区间制动,组织乘客朝车站方向疏散,并与车站人员确认列车上乘客疏散情况

🜁 知识链接6-2

车站地震应急处理注意事项

(1)车站工作人员应就近选择桌下、墙角等较安全的位置紧急避险。然后,积极开展疏导乘客、救护伤员及组织乘客自救、互救工作(车站人员疏散乘客时应注意佩戴安全帽、穿荧光衣)。

(2)车站站长负责组织有关人员疏散乘客、保护城市轨道交通设备,并将情况报告控制中心,若通信中断应设法与外界取得联系,并做好自救工作。

(3)出于通信、供电等原因,控制中心无法指挥时,各站长、值班站长负责指挥和做好自救工作。

(4)行车值班员应加强与行调沟通,及时向行调汇报人员疏散、伤亡等情况。

任务6.1　姓名_____　班级_____　小组_____　学号_____　日期_____

任务实施

汇总任务实施情况,填写应急演练记录表。

应急演练记录表

演练项目:	
地点:	时间:
组长:	记录员:

小组成员及分工	
姓名	岗位

演练脚本

演练总结

任务评价

通过个人自评、小组互评、教师点评的方式,对学生的演练方案编制情况、演练效果及表现力、演练过程记录情况、团队合作及职业素养等进行考核计分。

项目	分值	得分
演练方案编制情况	30	
演练效果及表现力	20	
演练过程记录情况	30	
团队合作及职业素养	20	
总分	100	

总结反思

通过本任务学习，请对自己在课堂中的表现进行反思及评价。

自我反思：

自我评价：

互助提高

（1）引发城市轨道交通水灾的原因有哪些？城市轨道交通防汛设施、设备有哪些？

（2）针对不同震级，震时应急响应级别及现场处置工作内容有何区别？

（3）夏季是暴雨频发的季节，若出现积水漫进车站的情况，值班站长应当如何处理？

拓展训练

情景设置：运营期间，城市轨道交通车站接获临震预报，各部门立即做好震前准备工作，进行地震应急处理。

请结合以上情景，制订一份车站突发地震应急演练方案。

任务导入

2021 年 7 月 20 日,某市地铁 5 号线 04502 次列车行驶至海滩寺站至沙口路站上行区间时遭遇涝水灌入,失电迫停,经疏散救援,953 人安全撤出、14 人死亡。经调查认定,这是一起由极端暴雨引发严重城市内涝,涝水冲毁五龙口停车场挡水围墙、灌入地铁隧道,该市地铁集团有限公司和有关方面应对处置不力、行车指挥调度失误,违规变更五龙口停车场设计、对挡水围墙建设质量把关不严,造成重大人员伤亡的责任事件。

想一想:

影响城市轨道交通运营的特殊气象有哪些? 特殊气象会给城市轨道交通运营带来哪些具体的影响? 城市轨道交通车站如何应对特殊气象?

学情检测

1. 下列与城市轨道交通运营相关的气象灾害预警信号有( )。

A. 暴雨　　　　B. 高温　　　　C. 大雾　　　　D. 大风　　　　E. 雷电

2. 暴雨预警信号分为( )级。

A. 二　　　　B. 三　　　　C. 四　　　　D. 五

3. 台风黄色预警信号:24 h 内可能或者已经受热带气旋影响,平均风力( )级以上。

A. 12　　　　B. 10　　　　C. 8　　　　D. 6

4. ( )是气象灾害预警信号的等级颜色。

A. 紫色　　　　B. 绿色　　　　C. 红色　　　　D. 白色　　　　E. 蓝色

5. 气象灾害预警信号中的( )不设级别。

A. 大雾　　　　B. 雷电　　　　C. 台风　　　　D. 灰霾　　　　E. 暴雨

任务目标

1. 知识目标

(1)认知各种特殊气象对城市轨道交通运营的影响。

(2)识记运营过程中出现特殊气象时的信息汇报内容和流程。

(3)识记特殊气象的应急处理程序及相关要求。

2. 技能目标

(1)能够评估各类特殊气象对城市轨道交通造成的危害程度。

(2)能识别常见特殊气象,能提前准备抢险物资并正确使用。

（3）能按特殊气象应急处理程序要求进行信息收发及传达、利用广播疏散乘客等应急处理。

（4）能够根据各类特殊气象的预报提前采取相应的预防措施。

3. 素养目标

（1）培养临危不乱、顾全大局的职业素养与职业操守。

（2）树立防灾、减灾、救灾意识。

任务要求

情景设置：运营期间，车站值班员接到上级部门暴雨预警的通知后提前安排人员待命，做好随时进行应急抢险的准备并下令立即启动暴雨天气应急预案。

请制订一份暴雨天气应急演练方案，并根据方案分角色开展应急演练。要求：分工明确，配合协调，各司其职，演练表现力强，整体效果好。

任务计划

建议学员小组每组 5 ~ 7 人为宜（不宜超过 10 人/组）。教师为每个小组的观察和监督员，并设置演练组长 1 名，记录员 1 名。

组长：负责演练实施过程的组织，确保组员全员参与。

记录员：负责文案记录工作，记录每个组员的表现情况。

小组成员：扮演行车调度员、值班站长、行车值班员、客运值班员、站务员、支援人员等角色，完成应急演练要求的各项任务，互相监督、互相提出改进意见。

知识储备

一、认知特殊气象

根据可能对城市轨道交通正常运营造成影响的气象条件，轨道运输预案中的特殊气象包括台风、雷电、大风、暴雨、高温、大雾和灰霾、冰雹和道路结冰及寒冷气象。

部分特殊气象的分类、风险点及后果见表6-5。

部分特殊气象的分类、风险点及后果　　　　　　　　　　　　　　表 6-5

分类	风险点	后果（可能导致的事故）
大雾	高架、地面区段行车	行车延误、冒进信号等
	地面车辆基地行车	列车挤岔、冒进信号、冲突等
重污染天气	大客流，高架、地面区段行车能见度降低	客运服务质量降低、人员踩踏，行车延误、冒进信号等
冰雪	高架、地面区段行车	行车延误、冒进信号、冲突、列车打滑等
	道岔结冰	设备损坏，列车打滑等
	接触网结冰	设备损坏；运营延误、中断等

分类	风险点	后果(可能导致的事故)
暴雨	车站等场所进水	客运服务质量降低,设备受损,车站(出入口)进水关闭,人员伤亡等
	轨行区积水	行车延误、中断,设备损坏,人员伤亡,列车打滑等
雷电	室外作业	人员伤亡等
	设备受损	设备损坏,行车延误等
冰雹	室外作业	人员伤亡等
	高架、地面区段设备受损	设备损坏,行车延误等
大风	受电弓、接触网受损	设备损坏,行车延误、中断等
	室外高空作业	人员伤亡等
高温	设备受损	设备损坏等
	室内外作业人员	人员中暑、伤亡等

二、暴雨天气应急处理

暴雨天气会使道床排水不畅导致水淹钢轨,还可能导致轨道电路异常显示以及列车故障。在地面线路会引发路基下沉、护坡倒塌等情况,严重影响行车安全。

暴雨天气
应急处理

1. 暴雨天气预警信号

暴雨预警信号分为四级,分别以蓝色、黄色、橙色、红色表示。

(1)暴雨蓝色预警信号:12 h 内降雨量将达 50 mm 以上,或者已达 50 mm 以上且降雨可能持续。

(2)暴雨黄色预警信号:6 h 内降雨量将达 50 mm 以上,或者已达 50 mm 以上且降雨可能持续。

(3)暴雨橙色预警信号:3 h 内降雨量将达 50 mm 以上,或者已达 50 mm 以上且降雨可能持续。

(4)暴雨红色预警信号:3 h 内降雨量将达 100 mm 以上,或者已达 100 mm 以上且降雨可能持续。

2. 暴雨天气应急处理措施

(1)准备好沙袋、防水胶膜等防洪物品。

(2)密切监视车站出入口积水情况、隧道区间的水位状况和隧道区间的集水井抽水泵的状况。

(3)必要时调集站务、机电、保洁等驻站人员做好抗洪准备。

3. 暴雨天气应急处理各岗位职责

暴雨天气应急处理各岗位职责见表6-6。

岗位	职责
行车调度员	(1)加强对列车运行情况的监视,时刻关注在线列车的运行状况。 (2)通知各车站做好站台乘客的安全组织工作。 (3)通知司机注意瞭望,控制速度,随时与司机保持联系。 (4)根据暴雨对列车运行速度的影响,及时调整列车运行图
司机	(1)发现暴雨来临时,立即报告行车调度员。 (2)注意瞭望,控制速度,并开启列车前照灯。 (3)列车在高架站进站前应鸣笛
车站人员 (含安检、 保安、保洁等)	(1)打开车站所有照明。 (2)做好乘客的乘降组织工作,维护好站台秩序。 (3)加强车站广播,提醒乘客注意安全。 (4)加强车站巡查,发现站内积水立即进行先期处理并上报

大风天气
应急处理

三、大风天气应急处理

大风天气可能使车站及区间设备变形倒塌,运行列车发生晃动甚至倾覆、脱轨。例如:高架或者地面站台悬挂的指示牌被大风吹落至轨行区,离线路较近的行道树被大风吹得晃动侵入限界等都可能危及行车安全。

1. 大风天气预警信号

大风预警按照风力级数由低到高依次为蓝色、黄色、橙色、红色四级。

气象台发布大风蓝色预警信号(平均风力 6~7 级),地铁企业启动大风蓝色预警响应。

气象台发布大风黄色预警信号(平均风力 8~9 级),地铁企业启动大风黄色预警响应。

气象台发布大风橙色预警信号(平均风力 10~11 级),地铁企业启动大风橙色预警响应。

气象台发布大风红色预警信号(平均风力达到 12 级及以上或台风),地铁企业启动大风红色预警响应。

2. 大风天气应急处理原则

1)行车方面

当风力不小于 7 级时可对车站运营造成影响。

(1)风力达到 7 级,地面及高架区段列车限速(60 km/h)运行;地面及高架区段工程车限速(25 km/h)运行到就近车站、隧道或车辆基地停靠避风。

(2)风力达到 8 级,地面及高架区段列车限速(25 km/h)运行。

(3)风力达到 9 级及以上,地面及高架区段列车限速(15 km/h)运行至车站、隧道或车辆基地临时停靠,降下受电弓并做好防溜措施,严禁继续安排列车在地面及高架区段运行。

2)其他方面

(1)风力达到 6 级,室外高空作业停止,严禁在易倾倒设备、临时搭建物等下方逗留,做好大风灾害事故预案,妥善安置易受大风影响的室外物资、设备,做好人身及设备安全防护,调整各类施工作业。

(2)风力达到 8 级,室外作业停止,人员进入室内安全环境躲避。

(3)风力达到 10 级及以上,地面、高架区段车站临时关站,接触网视情况断电。

3. 大风天气应急处理措施

(1)加强对车站出入口设施、站台设备巡视,收起可移动的物体。

(2)向乘客做好宣传。

(3)组织地面和高架区段站内乘客做好避风预防工作。

(4)视风力情况高架区段及地面线列车采用人工限速驾驶,或扣停列车(原则上列车扣停在车站)。

4. 大风天气应急处理各岗位职责

大风天气应急处理各岗位职责见表6-7。

大风天气应急处理各岗位职责   表 6-7

岗位	职责
行车调度员	(1)通过气象局、监测设备等实时关注天气变化,并将最新变化动态及时向各部门发布。 (2)通知受影响的车站做好乘客宣传、服务工作,组织具备运行条件的地下线路维持运营。 (3)认真监控现场设备的运行情况,必要时组织受影响的设备停止运行。 (4)随时做好台风、大风对运营安全造成影响后的抢修、救援准备工作。 (5)根据风力级数,组织地面、高架区段限速运行或停运
车站员工	(1)加强对车站设施设备的监控,做好乘客宣传及组织。 (2)接到 OCC 的调度命令(如关站)后,立刻执行车站应急程序,落实安全措施,做好宣传、疏散、服务工作。 (3)发现险情,紧急处理,并及时上报
司机	(1)风力达到一定级数时,根据现场情况及行车调度员命令,采用人工驾驶模式,按照规定限速行驶。 (2)台风、大风造成地面、高架区段车站的站台门、车门无法同时打开时,司机应先打开站台门,待风压平衡后,再打开车门。 (3)应避免列车突然加速或减速,使列车尽量平稳运行;运行中若发现列车有摇摆等异常现象,应降低运行速度,并及时报告行车调度员。 (4)若需就地停车避风,司机做好列车防溜措施,降下受电弓,并做好乘客广播服务工作。 (5)加强瞭望,随时注意信号机、接触网等设备的状况。发现线路上有异物等危及行车安全的情况,应紧急停车并及时报告行车调度员

四、冰雪天气应急处理

城市轨道交通运营线路出现大范围降雪时,钢轨冰冻会影响车辆的牵引制动,尖轨与基本轨无法紧密贴合,接触轨冰冻而无法与受流器接触造成机车无电,还会造成乘客摔伤等后果。

1. 冰雪天气预警信号

冰雪天气预警响应按照降雪量由低到高依次为蓝色、黄色、橙色、红色四级。

（1）暴雪蓝色预警：12 h 内降雪量将达 4 mm 以上，或者已达 4 mm 以上且降雪持续，可能对交通或者农牧业造成影响。

（2）暴雪黄色预警：12 h 内降雪量将达 6 mm 以上，或者已达 6 mm 以上且降雪持续，可能对交通或者农牧业造成影响。

（3）暴雪橙色预警：6 h 内降雪量将达 10 mm 以上，或者已达 10 mm 以上且降雪持续，可能或者已经对交通或者农牧业造成较大影响。

（4）暴雪红色预警：6 h 内降雪量将达 15 mm 以上，或者已达 15 mm 以上且降雪持续，可能或者已经对交通或者农牧业造成较大影响。

2.冰雪天气应急处理原则

（1）冰雪天气影响地面及高架区段司机瞭望时，按照大雾天气行车组织原则组织行车。

（2）当冰雪天气导致地面及高架区段接触网结冰拉弧、钢轨结冰打滑等问题时，列车限速 15 km/h 通过地面及高架区段。

（3）冰雪天气情况下，须做好室外设备巡视及现场保驾。

某城市轨道交通企业雪灾应急专项预案指挥架构如图 6-2 所示。

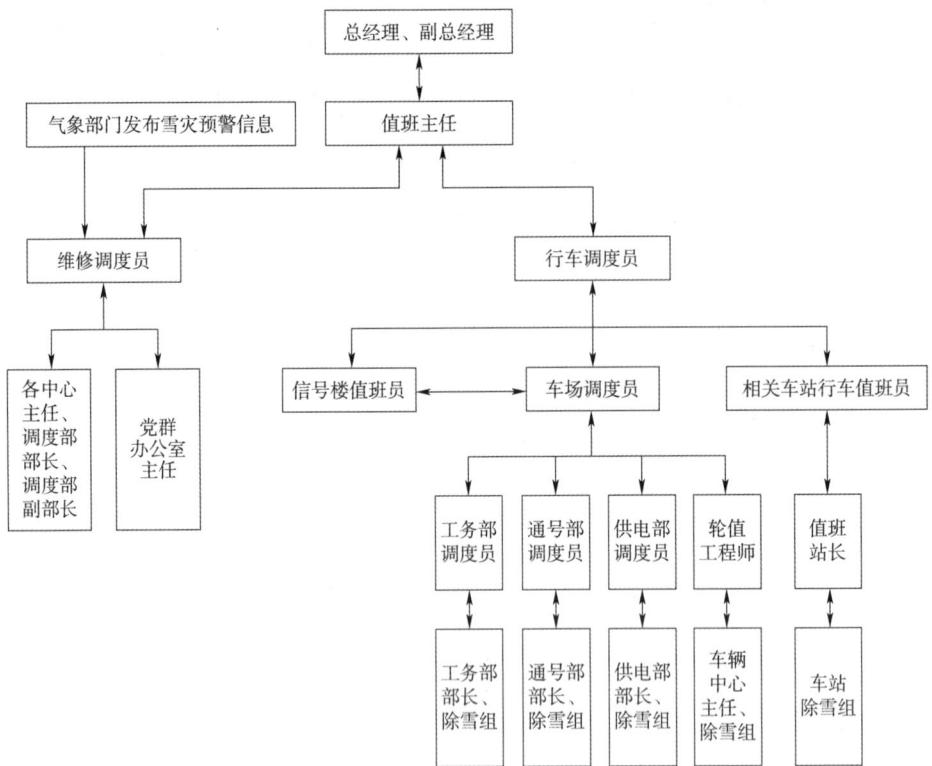

图 6-2　某城市轨道交通企业雪灾应急专项预案指挥架构

3.冰雪天气应急处理措施

（1）站务员在出入口、楼梯口铺设防滑垫和提示牌，同时组织人力及时清扫出入口积雪。

（2）值班站长通知保洁注意出入口、楼梯口等区域的卫生状况。

（3）站务员在客流量较大的出入口疏导乘客进出站。

（4）行车值班员通过 PA、PIS 系统向进站乘客宣传安全、防滑等注意事项。

（5）行车值班员通过 CCTV 系统密切关注进出站的客流变化，并随时向值班站长汇报。

（6）值班站长要随时掌握运营现场和天气情况，并随时做好延长运营时间的准备工作。

（7）地面线路有道岔的车站，应做好道岔的清扫及融雪工作。道岔加装融雪装置前后效果对比图如图 6-3 所示。

a) 道岔未加装融雪装置　　　　　　　　　　b) 道岔加装融雪装置

图 6-3　道岔加装融雪装置前后效果对比图

4. 冰雪天气应急处理各岗位职责

暴雪、冰雹、结冰、霜冻天气应急处理各岗位职责见表 6-8。

暴雪、冰雹、结冰、霜冻天气应急处理各岗位职责　　　　　　　表 6-8

岗位	职责
行车调度员	（1）注意了解地面和高架区段的积雪、冰雹、结冰情况，密切监控列车的运行状态及供电、机电等电气设备运行状态。 （2）做好融雪、扫雪、除冰等应急处理的准备工作。 （3）根据应急指挥部要求，必要时采取组织一定数量的列车，按照一定间隔运行，将列车停留在正线地下线路等措施，防止地面线的线路、接触网等设备冻结导致列车无法运行或车场无法出车等
车站员工	（1）留意积雪、冰雹对乘客的影响，做好乘客宣传组织；出入口、通道、楼梯、站台等结冰导致湿滑的地方，要及时清理路面或放置警示牌。 （2）加强巡视，密切监视设施设备运行情况，发现异常情况，及时报告行车调度员。 （3）做好融雪、扫雪、除冰等应急处理的准备工作，需要时组织驻站人员参与处理
司机	（1）加强瞭望，根据实际情况控制列车运行速度。 （2）注意监视列车运行状态，发现有"空转滑行"等异常现象，降低运行速度，并向行车调度员报告。 （3）发现危及行车安全的情况，紧急停车，及时报告行车调度员

城市轨道交通特殊气象预防措施

(1)各部门应针对季节变化和作业实际组织员工进行特殊气象应急预案学习,明确需要防范的重点部位和重要环节,了解和掌握防范措施,并适时组织模拟演练。

(2)做好各项针对特殊气象防范设施设备的维护工作,保障其正常运行;对需要添置防范设施设备的要及时落实完成。

(3)适时检查应急物资配备情况,发现缺损要及时申领、完善,确保有足够的应急储备。

(4)进入暑期,及时发放防暑降温费和防暑药品;调整作业时间,错开高温时段。

(5)进入雷雨季节,相关部门要对运营线路内的避雷、供电等设备进行重点检修、检测,对避雷器的接地电阻进行测量,对状态差、技术参数不达标的避雷器及时更换,确保线路上工作的每一台避雷器稳定、可靠。

(6)进入寒冷季节,相关部门应对道岔、弓网、供电系统、车站售检票系统、自动扶梯等行车服务设施设备开展低温巡检、监测,对暴露在外的给排水管、阀门及附件等加装保温层,确保设备在防寒期正常运行。

(7)台风暴雨季节,调查运营线路周边排水系统,摸清井位、管径、流向、流量,以及近年来排水系统运营情况及与车站的关系。

(8)OCC接到市气象部门的特殊气象预警信息后,立即通报各部门及现场关键岗位,要求采取相应的防范措施。

(9)司机在运行过程中要加强瞭望,根据实际情况调整驾驶模式及限速,发现危及行车安全的情况及时采取应急措施并报告。

(10)站场、线路、安保人员接到特殊气象预警后,应提高警惕,落实好相关防御措施;加强巡视,发现可能会影响运营安全的情况及时报告。

任务 6.2　姓名_____　班级_____　小组_____　学号_____　日期_____

任务实施

汇总任务实施情况,填写应急演练记录表。

应急演练记录表

演练项目:		
地点:		时间:
组长:		记录员:

小组成员及分工	
姓名	岗位

演练脚本

演练总结

任务评价

通过个人自评、小组互评、教师点评的方式,对学生的演练方案编制情况、演练效果及表现力、演练过程记录情况、团队合作及职业素养等进行考核计分。

项目	分值	得分
演练方案编制情况	30	
演练效果及表现力	20	
演练过程记录情况	30	
团队合作及职业素养	20	
总分	100	

✎ 总结反思

通过本任务学习,请对自己在课堂中的表现进行反思及评价。

自我反思:

自我评价:

互助提高

(1)城市轨道交通运营公司是如何判断和传递特殊气象信息的?

(2)当特殊气象影响城市轨道交通运营时,值班站长应该怎么做?

(3)如果你所在的城市出现暴雪天气,作为站务员,在日常工作中你应该注意哪些问题?

拓展训练

对所在城市或其他城市轨道交通企业进行调研,了解除本任务内容所介绍的三类特殊气象外的其他类型特殊气象应急预案。

巩固练习

一、选择题

1.暴雨预警信号按严重程度由小至大分别是( )。
 A.黄色、蓝色、红色、橙色
 B.蓝色、黄色、橙色、红色
 C.黄色、蓝色、橙色、红色
 D.蓝色、红色、橙色、黄色

2.人民政府发布临震预报后,进入临震应急状态,相应措施包括( )。
 A.根据震情发展和工程设施情况,发布避震通知,必要时停止运营和施工,组织避震疏散
 B.对有关工程和设备采取紧急抗震加固、保护措施
 C.检查抢险救灾的准备工作
 D.平息地震谣言或误传,维持正常工作秩序

3.关于线路积水(区间水淹)的应急处理,不正确的一项是( )。
 A.隧道内有大面积积水时,首次进入现场人员须穿绝缘靴、戴绝缘手套等绝缘防护用品后,方可进入现场查看被淹情况
 B.当活塞风道内积水时,进入活塞风道必须穿水靴,不得直接碰触金属物件,当心触电
 C.接触金属部件或设备时(特别是潮湿、水淹场所),无须测试是否带电,可直接触摸
 D.抢修时发现不明电缆、裸露线头一律视为有电并保持足够的安全距离

4.造成区间水淹的主要原因有( )。
 A.排水设施故障
 B.区间消防管道及车站给水设备发生大量漏水
 C.隧道发生大面积渗水
 D.大面积停电

5.防洪涝的响应解除条件包括( )。
 A.积水水位回落到警戒线以下并且气象部门已发布洪峰通过该区域中心城区的信息
 B.水位回落到钢轨轨面以下并且水源得到有效封堵
 C.设备/设施恢复正常,城市轨道交通可以恢复正常行车
 D.外部地面无积水

二、判断题

1.( )在突发公共安全事件的紧急情况下,选择应急避难场所,妥当的是在室内遭遇地震时选择洗手间等跨度小的空间。

2.( )若是隧道发生大面积渗水,应采用排、封、堵等综合措施,控制和减缓水进入区间的速度。

3.( )当地震强度较大,建筑物、设备设施损毁严重时,应立即执行车站紧急

疏散程序。

4.（　　）遇到特殊气象，司机看不清信号、道岔时，可以猜测行车。

5.（　　）列车在运行中遇大雪、霜冻等特殊气象时，司机应及时向行车值班员报告，并采取相应措施。

三、简答题

1.试列举城市轨道交通自然灾害及特殊气象类型并分析其影响。

2.简述恶劣天气来临时，车站工作人员、司机等现场人员上报的信息内容。

3.简述地震灾害二级应急响应时的现场处置工作内容。

4.简述暴雪、冰雹、结冰、霜冻天气应急处理车站人员的岗位职责。

5.简述车站水灾应急处理原则和措施。

项目 7

社会安全与公共卫生事件应急处理

项目描述

　　城市轨道交通的公共安全问题正逐渐引起国际、国内社会各界的广泛关注，城市轨道交通的安全管理关系到国家经济发展和社会稳定。本项目任务是以发现可疑物品、恐怖袭击事件、重大传染病疫情事件等为例，学习社会安全与公共卫生事件的应急处理。了解各突发事件的特点，熟知应急处理原则，掌握应急处理程序，确保城市轨道交通安全运营。

学习导航

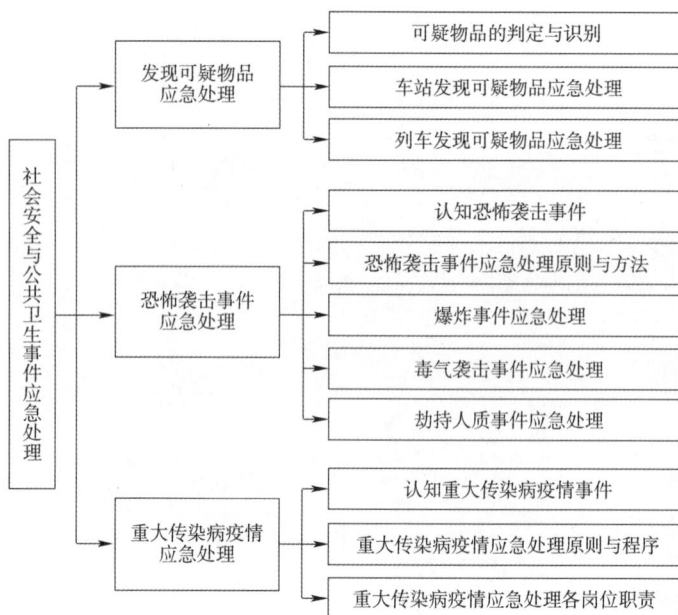

社会安全与公共卫生事件应急处理

发现可疑物品应急处理
- 可疑物品的判定与识别
- 车站发现可疑物品应急处理
- 列车发现可疑物品应急处理

恐怖袭击事件应急处理
- 认知恐怖袭击事件
- 恐怖袭击事件应急处理原则与方法
- 爆炸事件应急处理
- 毒气袭击事件应急处理
- 劫持人质事件应急处理

重大传染病疫情应急处理
- 认知重大传染病疫情事件
- 重大传染病疫情应急处理原则与程序
- 重大传染病疫情应急处理各岗位职责

任务导入

某日 10:30,某地铁 10 号线某站内,一名普通的乘客进站,安检员引导乘客将黑色密码箱过机安检。此时值机安检员突然紧张起来,因为她发现安检机内有两把枪状物。经过仔细确认,发现长枪状物长 90 cm,枪管和枪托是分开的,短枪状物长约 15 cm,疑似子弹状物 50 发。安检员立即停机。为了不引起恐慌,她用暗语告知手检员、引导员此密码箱有问题。引导员立即限流,引导站内乘客从其他安检口进站。安检员同乘客详细确认箱内物品,但是乘客不愿意配合,声称不知道里边是什么。手检员征得乘客同意后对密码箱进行复查,值机安检员再次确认箱内为两把枪状物。安检员果断将密码箱隔离在安检机内,立即上报,并通知民警。民警到达后,将乘客和密码箱带走处理。

想一想:

可疑物品有哪些类型? 可疑物品的辨别方法有哪些? 城市轨道交通中发现可疑物品如何处理?

学情检测

1. 可疑物品不包括(　　　)。
 A. 可能危及城市轨道交通设备设施安全的物品
 B. 无人看管的包裹
 C. 乘客遗失的钱包
 D. 可能危及人身安全的物品

2. 安全检查人员应当具备(　　　),经公安机关考核合格后方可上岗作业。
 A. 城市轨道交通运营安全基础知识　　　B. 服务质量标准
 C. 票务业务知识　　　D. 设备巡视能力

3. 对于车站内无人认领的物品,运营单位应立即转移至远离乘客的区域,并进行(　　　)。
 A. 遗弃　　　B. 车站保管　　　C. 自行处理　　　D. 安全检查

4. 车站发现可疑物品时,以下做法有误的是(　　　)。
 A. 打开观察为何物　　　B. 疏散乘客
 C. 上报车控室　　　D. 设置防护

5. 必须通过仪器检测的可疑物品是(　　　)。
 A. 有危险标识的物品
 B. 有异常响声的物品
 C. 有异常气味的物品
 D. 有特殊颜色的物品

1.知识目标

(1)认知可疑物品的辨别方法。

(2)识记车站发现可疑物品的应急处理程序和各岗位职责。

(3)识记列车发现可疑物品的应急处理程序和各岗位职责。

2.技能目标

(1)能正确辨别可疑物品。

(2)能进行车站发现可疑物品的应急处理。

(3)能进行列车发现可疑物品的应急处理。

3.素养目标

(1)增强危机意识和忧患意识,爱岗敬业、恪尽职守。

(2)培养临危不乱、敢于担当的职业素养与职业操守。

任务要求

情景设置:运营期间,站务员在巡视过程中发现下行站台一角落处有一黑色包裹,觉得可疑,按照可疑物品进行上报。

请制订一份车站发现可疑物品应急演练方案,并根据方案分角色开展应急演练。要求:分工明确,配合协调,各司其职,演练表现力强,整体效果好。

任务计划

建议学员小组每组 5~7 人为宜(不宜超过 10 人/组)。教师为每个小组的观察和监督员,并设置演练组长 1 名,记录员 1 名。

组长:负责演练实施过程的组织,确保组员全员参与。

记录员:负责文案记录工作,记录每个组员的表现情况。

小组成员:扮演行车调度员、值班站长、行车值班、客运值班员、站务员、支援人员等角色,完成应急演练要求的各项任务,互相监督、互相提出改进意见。

知识储备

一、可疑物品的判定与识别

城市轨道交通人流密集,部分乘客携带过多行李,在乘车时很容易遗失在车站。遗失物大多是手机、银行卡、手拎包、钱包等贵重物品;但是,还有部分物品难以分清种类,甚至属于危险物品。发现可疑物品后如能及时准确处理,可有效防范火灾、爆炸、毒气袭击、劫持等恐怖袭击事件的发生。

1.可疑物品的判定

一般将下列物品视为可疑物品:

(1)无人认领的且无法从表面确认具体品名的物品。

(2)呈块状、粉末状的不明性质物品。

(3)有刺激性气味、特殊异味、气体泄漏的物品。

(4)与钟表、定时器、手机等电子设备有导线连接的不明物品。

(5)其他不确定的物品。

知识链接7-1

危险品的定义与类型

危险品,是指易燃易爆物品、危险化学品、放射性物品等会危及人身安全和财产安全的物品。

第一类:爆炸或易爆物品,如雷管、手榴弹、炸药、烟花、鞭炮、导火线等。

第二类:压缩气体和液化气体,如石油液化气瓶、天然气瓶和其他各种压缩气瓶等。

第三类:易燃液体,如汽油、煤油、柴油、油漆、酒精、香蕉水等。

第四类:易燃固体、自燃物品和遇湿易燃物品,如硫黄、黄磷、白磷、过氧化钠、碳化钙(电石)、钠、钾等。

第五类:强氧化剂,如浓硝酸、浓硫酸、浓盐酸、王水等。

第六类:毒害品和感染性物品,如氯化汞、氰化钾、三氧化二砷(砒霜)、尼古丁、石棉、各类农药等。

第七类:放射性物品,如镭、钋、铀等。

第八类:腐蚀品,如醋酸、磷酸、氨水等。

第九类:其他可能影响乘客人身安全的物品。

2.可疑物品的简要识别方法

(1)观察有危险品标识或通过常识判断有危险的(如有"三品"标识的,危险品标识见图7-1)。

图7-1 危险品标识

(2)通过听觉,发现有异常响声的(如计时器响声)。

(3)通过嗅觉,发现有异常气味的(如刺激性气味)。

可疑爆炸物应对"五字诀"

当发现可疑爆炸物品或者遇到爆炸威胁时,用好"信、快、细、报、记"五字诀。

信:宁可信其有,不可信其无。

快:快速撤离。

细:细致观察可疑人、事、物。

报:迅速报警。

记:用照相机、手机等将"现场"记录下来。

3.可疑物品检测仪器

可疑物品检测仪器见表7-1。

可疑物品检测仪器 表 7-1

 安检门:一种检测人员有无携带金属物品的探测装置,又称金属探测门	 手持式金属探测器:用于探测人身携带金属的具体位置,它可以探测出包裹、行李、织物等物品内的武器、炸药或小块金属物品,操作简便易行	 X射线机:一种通过产生X射线对行李物品进行检查的设备。由X射线系统、显示系统、控制装置等组成
 危险液体检查仪:一种专门用于探测易燃易爆液体的安检仪器。该检查仪能够在不直接接触液体的情况下将液体炸药、汽油、丙酮、乙醇等易燃易爆液体与水、可乐、牛奶、果汁等安全液体区分开	 防爆毯及防爆围栏:防爆毯是一种用高强度防弹纤维材料,经过特殊工艺加工制成的一种毯状的防爆器材。防爆毯一般和防爆围栏配合使用。把防爆围栏围在疑似爆炸物周围,然后把防爆毯盖在围成的圈上面,这样可以有效阻挡可疑物爆炸引起的冲击波和碎片	 防爆罐:一种能有效防护如手榴弹等爆炸物爆炸时产生的冲击波和破片的重要设备,可以减轻或避免爆炸对周围人员的伤害,以及对贵重仪器、文物档案和特殊公共场所的损坏,主要用于临时隔离爆炸物,临时储存及处置爆炸物品

爆炸物探测仪:检查旅客是否携带易爆、易燃类禁带物品

毒品探测仪:主要用于探测行李物品内是否有炸药、毒品及违禁的化学物品

鞋底探测仪:用于检测鞋子及身体较低的部位有无藏匿爆炸装置及刀、枪等武器

二、车站发现可疑物品应急处理

1.车站发现可疑物品应急处理措施

（1）报告。现场人员立即报告车控室、行车值班员、车站值班站长、轨道公安、OCC。

（2）隔离。现场人员隔离相关区域,疏散围观乘客,车站值班站长组织人员寻找其他物品。

（3）疏散准备。做好乘客疏散和员工撤离车站的准备,引导警察到现场处理,视情况执行车站疏散程序。

（4）移交警察处理。车站值班站长向现场警察汇报有关情况,协助其工作。

（5）清理现场。警察处理完毕后协助调查和清理现场,尽快恢复正常运营。

2.车站发现可疑物品应急处理各岗位职责

车站发现可疑物品应急处理各岗位职责见表7-2。

车站发现可疑物品应急处理各岗位职责　　　　表7-2

岗位	职责
现场员工	（1）询问周围乘客,确认物品是否是附近乘客遗失物。 （2）配合值班站长用隔离带隔离现场,持对讲机、手提广播疏散附近的乘客。 （3）做好乘客安抚工作
行车值班员	（1）接到发现无人看管物品的信息后,反复播放失物广播,寻找失主,并报告行调。 （2）判断为可疑物品时,报告行车调度员、公安。 （3）通知站内各岗位的员工,控制进出的客流。 （4）进行封站时,做好乘客广播,组织疏散。 （5）接到值班站长恢复正常运营的通知后,报行车调度员,通知各岗位

岗位	职责
值班站长	(1)持对讲机赶到现场,判断为可疑物品时,组织人员隔离现场,疏散附近的乘客。 (2)与公安做好沟通,加强与行车调度员、车控室的信息反馈。 (3)做好封站清客的准备工作,需要时,按公安要求清客封站,安排人员在出入口张贴服务告示,配合公安处理。 (4)公安处理完毕,共同确认可恢复正常运营后,组织恢复运营。 (5)通知车控室,组织车站恢复运营
客运值班员	(1)接到发现可疑物品的信息后,马上到现场协助值班站长疏散围观乘客。 (2)到站厅指导车站的客运组织工作
司机	按行车调度员指挥行车

注:可疑物品可能为爆炸物时,须安排人员关闭民用通信电源,下同。

知识链接7-3

车站可疑物品的管理

(1)车站员工要加强对墙角、垃圾桶、冲洗栓及边角等部位的检查,发现可疑物品及时报告车控室值班员。

(2)车控室值班员接到报告后立即通知警务站公安人员、值班站长到现场检查确认,如经检查确认是爆炸品(或不能完全确认),要立即封锁现场,疏散乘客,由公安人员排除。

(3)车站员工应检查进站施工人员携带的物品有无易燃、易爆、有毒物品。施工许可使用的乙炔、氧气及其他易燃易爆物品不得在车站滞留,即当天施工完毕当天清走。

(4)车站员工要检查、督促保洁在运营时间将车站保洁冲洗栓、公共区保洁用房关闭上锁,不准其他人员寄放任何物品,桶内垃圾不过夜,及时清运,发现可疑物品及时报告车控室值班站长。

三、列车发现可疑物品应急处理

1.列车发现可疑物品应急处理措施

(1)疏散。值班站长接报后组织人员疏散列车和该站台的乘客,封锁列车停靠的站台。

(2)客流控制。采取车站客流控制措施,利用广播做好乘客安抚工作。

(3)疏散准备。做好乘客疏散和员工撤离车站的准备,引导警察到现场处理,视情况执行车站疏散程序。

(4)移交警察处理。值班站长向现场警察汇报有关情况,协助其工作。

(5)清理现场。警察处理完毕后协助调查和清理现场,尽快恢复正常运营。

2.列车发现可疑物品应急处理各岗位职责

列车发现可疑物品应急处理各岗位职责见表7-3。

列车发现可疑物品应急处理各岗位职责　　　　　　表 7-3

岗位	职责
司机	(1)车厢的乘客按压报警按钮报警后,通过对讲机向现场乘客了解情况,报告行车调度员,运行到前方车站后,通知(站台)站务员到现场确认。 (2)确认列车上有可疑物品后,报行车调度员,协助车站处理。 (3)需清客时,播放清客广播,协助车站清客。 (4)确认清客完毕后,报行车调度员,配合值班站长处理
行车值班员	(1)接到行车调度员或司机通知列车上乘客报警的信息后,通知(站台)站务员到现场确认。 (2)初步确认为可疑物品后,报行车调度员、公安,通知邻站。 (3)接到值班站长对站台进行清客的通知后,播放清客广播清客。 (4)接到值班站长进行清客封站的通知后,播放清客广播,疏散站内乘客,疏散完毕后报行车调度员。 (5)接到恢复正常运营的通知时,通知各岗位,报行车调度员
值班站长	(1)持对讲机赶到现场,确认为可疑物品后,组织人员隔离现场,疏散车厢内的乘客,通知车控室和司机,组织站台清客。 (2)公安到场后,加强沟通,配合公安处理。 (3)需要时,按公安要求清客封站,安排人员在出入口张贴服务告示,配合公安处理。 (4)公安处理完毕,与司机、公安共同确认可恢复正常运营时,组织恢复运营,并报行车调度员
客运值班员	(1)接到发现可疑物品的信息后,马上到现场协助值班站长处理。 (2)将(站台)站务员挽留的证人移交公安
(站台)站务员	(1)接到列车上乘客报警的信息后,到现场进行确认。 (2)确认为可疑物品后,报车控室,并通知司机,疏散现场人员,并挽留现场目击乘客。 (3)接到值班站长清客的通知后,协助清客。 (4)协助值班站长处理现场

城市轨道交通应急处理（第2版）

任务 7.1 姓名_____ 班级_____ 小组_____ 学号_____ 日期_____

任务实施

汇总任务实施情况,填写应急演练记录表。

应急演练记录表

演练项目:	
地点:	时间:
组长:	记录员:

小组成员及分工	
姓名	岗位

演练脚本

演练总结

任务评价

通过个人自评、小组互评、教师点评的方式,对学生的演练方案编制情况、演练效果及表现力、演练过程记录情况、团队合作及职业素养等进行考核计分。

项目	分值	得分
演练方案编制情况	30	
演练效果及表现力	20	
演练过程记录情况	30	
团队合作及职业素养	20	
总分	100	

总结反思

通过本任务学习,请对自己在课堂中的表现进行反思及评价。

自我反思:

自我评价:

互助提高

(1)发现乘客携带可疑物品进站如何处理?

(2)可疑爆炸物应对"五字诀"内容有哪些?

(3)考察某一城市轨道交通企业的安检设备,对于安检设备是否有新的建议,与同学交流与分享。

拓展训练

情景设置:运营期间,司机接到乘客举报车厢一角落有一黑色包裹,觉得可疑,按照可疑物品进行上报。

请结合以上情景,制订一份列车发现可疑物品应急演练方案。

任务导入

某日 7:50,某地铁内发生一起投毒事件。正值上班高峰时期,列车刚进入某车站,乘客便蜂拥而出,有人瘫倒在地,有人跟跟跄跄;许多地铁工作人员和乘客坐在地上大声咳嗽,感到头晕、恶心和呼吸困难;许多人捂着眼睛,无法视物,现场秩序一片混乱(事后证实约 16 个车站同时遭到沙林毒气袭击)。当天地铁主干线被迫关闭,26 个地铁站受影响,城市交通陷入一片混乱。事后统计,该事件共造成 12 人死亡,约 5500人中毒,1036 人住院治疗。

想一想:

地铁运营过程中可能遭到哪些恐怖袭击事件? 恐怖袭击有什么特点? 如何应对恐怖袭击事件?

学情检测

1. 恐怖袭击方式不包括(　　)。

　　A. 爆炸　　　　　　　B. 纵火　　　　　　　C. 毒气　　　　　　　D. 恐吓

2. 发生爆炸事件,紧急疏散乘客时,应(　　)将闸机扇门全部打开。

　　A. 按压 IBP 盘上的 AFC 紧急释放按钮

　　B. 使用 AFC 系统车站计算机

　　C. 通知车站现场人员

　　D. 通知车站维修人员

3. 下列不属于城市轨道交通反恐防暴设备的是(　　)。

　　A. 防爆叉　　　　　　B. 齐眉棍　　　　　　C. 防爆毯　　　　　　D. 灭火器

学习目标

1. 知识目标

(1)认知恐怖袭击的定义、类型。

(2)识记恐怖袭击事件的应急处理原则与方法。

2. 技能目标

(1)能够及时、准确地汇报、传达信息。

(2)在发生爆炸、毒气等恐怖袭击事件时,能及时、正确处理。

(3)能够制订恐怖袭击预防措施。

3. 素养目标

(1)强化防恐意识和忧患意识,增强各岗位的协作能力。

（2）培养临危不乱、敢于担当的职业素养与职业操守。

任务要求

情景设置：运营期间，城市轨道交通车站售票员向值班员汇报站厅有刺激性气味，其间部分乘客也反映闻到刺激性气味并且吸入后有点眩晕，车站值班员接到汇报后，立即报告车站值班站长，值班站长立即赶往现场确认情况无误后启动车站遭遇毒气袭击应急预案，对车站内乘客进行疏散、救援。

请制订一份车站遭遇毒气袭击事件应急演练方案，并根据方案分角色开展应急演练。要求：分工明确，配合协调，各司其职，演练表现力强，整体效果好。

任务计划

建议学员小组每组 5~7 人为宜（不宜超过 10 人/组）。教师为每个小组的观察和监督员，并设置演练组长 1 名，记录员 1 名。

组长：负责演练实施过程的组织，确保组员全员参与。

记录员：负责文案记录工作，记录每个组员的表现情况。

小组成员：扮演行车调度员、值班站长、行车值班员、客运值班员、站务员、支援人员等角色，完成应急演练要求的各项任务，互相监督、互相提出改进意见。

知识储备

一、认知恐怖袭击事件

1. 事件定义

恐怖袭击事件是指由极端分子或组织已经造成或可能造成严重危害，需要采取应急处理措施予以应对的，并经国家、地方政府确认发布的不符合国际道义的事件。

2. 事件类型

轨道交通运营范围内可能遭到的恐怖袭击事件主要包括：

（1）利用生物、化学毒剂对车站进行大规模袭击或攻击车站附近生化毒物运输设施的。

（2）利用纵火、爆炸等手段对车站进行恐怖袭击的。

（3）大规模伤害轨道交通运营工作人员或袭击轨道交通车站运营设备设施，构成重大危害的。

（4）在轨道交通车站范围内袭击国内外重要知名人士，暗杀、绑架人质的。

（5）劫持轨道交通列车，强占轨道交通运营设施的。

（6）其他较大规模的恐怖袭击事件。

城市轨道交通系统一旦遭到袭击，大量客流拥堵在有限空间，极易造成群死群伤和车站、车辆及其他设施的损坏，可能造成一条或多条地铁线路运营中断，甚至影响地面建筑的安全，且短时间内难以恢复正常运行，直接扰乱正常的工作与生活秩序，可能带来严重的社会恐慌和十分严重的负面舆论影响。

高度警惕具有以下举止行为的人

（1）着装、携带物品与其身份、当前季节不符者。

（2）神情恐慌、言行异常者。

（3）冒称熟人、假献殷勤者。

（4）频繁进出大型活动场所者。

（5）反复在警戒区附近出现者。

（6）疑似公安部门通报的嫌疑人员。

（7）在检查中，催促检查或态度蛮横、不愿接受检查者。

二、恐怖袭击事件应急处理原则与方法

恐怖袭击事件
应急处理

1.应急处理原则

（1）统一指挥原则。在应急指挥机构领导和指挥下，各相关部门充分发挥职能，密切配合，妥善开展各项防恐工作。

（2）减少损失原则。尽最大努力，最大限度地减少或避免人员伤亡、财产损失和降低社会影响，尽快恢复运营，保障公众生命、财产安全。

（3）快速响应原则。采取一切有效通信手段，尽快将恐怖事件信息向相关部门汇报，各部门快速反应，高效处理恐怖事件。

（4）平战结合原则。将防恐和日常的安全生产工作紧密结合起来，加强对设备设施的安全维护，同时不断完善应急预案，加强应急演练。

（5）预防为主原则。加强全员防恐意识的教育，落实日常的安全防卫工作，加强对作业场所出入人员的管理，加强对危险物品的检查，落实安全巡查制度。

2.应急处理方法

城市轨道交通车站是人流密集场所，空间狭小且疏散不便，发生爆炸、毒气袭击等紧急事件时对乘客人身安全危害大，这类情况对站务员有三项关键要求，即会先期处理（救助伤者），会组织疏散，会逃生。

（1）当接到灾情报告后，应立即按照信息报告流程进行汇报，根据企业抢险救灾指挥小组指令，宣布抢险命令，迅速做出反应，确定救援及运营调整方案。

（2）了解火灾、爆炸、毒气事件先期处理情况和事态发展情况，与轨道公安分局等共同组成现场应急处理指挥部，确定抢险救援、救助伤员方案，明确各单位和人员分工及职责，进行先期处理。组织紧急救护工作，并采取措施，防止次生事故发生。

（3）遵循"以人为本、减少灾害"的原则，车站应及时联系"120"急救中心开展医疗救护工作，并组织线路运营单位做好人力、物力支援等配合工作。

（4）线路运营单位应配合轨道公安分局进行火灾、爆炸、毒气事件现场的调查和侦查工作，现场指挥人员应组织线路运营单位做好保护现场、询问证人等配合工作。

（5）现场指挥人员应协调相关单位做好维持现场秩序工作，并组织线路运营单位做好疏散乘客和围观群众、保持运输通道通畅等工作，车站应做好宣传广播、维持现场秩序等配合工作。

（6）如事件系毒气所致，现场指挥人员还应协调消防局和防化部队与急救中心共同做好伤员救护工作，救护人员应佩戴相应的防护器具，防止救护人员自身受到伤害。同时现场指挥人员与防化专业技术人员、环境专家和运营商商讨地下毒气的清除方案，并组织线路运营单位实施，防止事态进一步扩大和恶化。

（7）事件发生后，未经集团同意现场任何人员不得擅自对外公布事件的相关信息。

三、爆炸事件应急处理

1.车站发生爆炸事件的应急处理

1）车站的处置措施

（1）行车值班员立即开启闸机紧急运行模式，做好车站广播和视频监控。

（2）值班站长带领车站工作人员组织乘客向站外疏散，安排客运值班员和售票员、检票员看守本车站出入口，设置警戒线，禁止闲杂人员进入车站，引导公安和消防人员进入车站并听从指挥。

（3）如有人员受伤，行车值班员要及时报120急救中心，确认无危险情况时，对伤员进行必要的包扎处理。

（4）必要时经指挥机构同意，关闭车站出入口。

2）控制中心的处置措施

（1）环控调度员检查并确认各车站的 BAS 系统、FAS 系统、排风模式是否正常。

（2）电力调度员检查并确认供电系统是否正常。

（3）行车调度员检查并确认该车站是否具备行车条件，调整全线行车方式，通报全线司机及车站，并随时了解事故现场情况，协助处理有关事宜。

2.列车发生爆炸事件的应急处理

1）列车能够继续行驶时

（1）如列车在运行中发生爆炸，司机获悉后，应尽可能将列车运行到前方车站。

（2）到达车站后，司机打开所有车门，用列车广播通知所有乘客立即离开车厢。

（3）车站开启闸机紧急运行模式，工作人员组织乘客向站外疏散。

2）列车无法继续行驶时

（1）若列车无法继续行驶，被迫停于区间，司机按"区间乘客疏散应急预案"组织乘客疏散。

（2）司机根据爆炸地点决定疏散方向，通报行车调度员开启相应的通风模式，相邻车站工作人员做好接应准备，并引导公安人员进入区间进行现场处置。

（3）现场处置结束后，行车调度员组织救援，事故列车停止运营。

四、毒气袭击事件应急处理

1.毒气袭击事件应急处理程序

（1）车站发生毒气袭击事件后，就近的站务员应迅速佩戴防护装备，迅速查明事件发生的时间、地点、涉及列车的车次、人员伤亡等情况,立即向行车值班员报告。

(2)行车值班员接到站务员报告后,应立即向行调、公安派出所报告,通知值班站长、站区长等各级领导。

(3)行车值班员应立即采取措施,防止其他列车进入车站。

(4)行车值班员应立即通知机电人员启动防灾应急模式,关闭相关车站送排风系统。

(5)值班站长应立即到达现场并在上级领导及公安人员未到达之前担任现场负责人,组织指挥现场处理工作。

2.毒气袭击事件应急处理各岗位职责

毒气袭击事件应急处理各岗位职责见表7-4。

毒气袭击事件应急处理各岗位职责

表7-4

岗位	职责
值班站长	(1)接到报告后迅速赶到现场。 (2)担任事故处理主任,宣布执行毒气袭击应急处理程序,指挥车站做好乘客服务或疏散工作,戴上防毒面具或空气呼吸器做好防护后,到现场指挥处理。 (3)迅速组织人员用隔离带封锁现场,将目击证人移交公安调查。 (4)组织车站清客,加强与车控室、行调的联系,及时进行信息沟通。 (5)最后确认全站清客完毕,并将现场移交给公安。 (6)到紧急出入口清点员工人数,到齐后向车控室报告。 (7)接到OCC恢复正常运营的通知后,马上组织恢复运营。
行车值班员	(1)接到现场员工的报告后,马上通知值班站长前往现场,并及时做好站台广播安抚乘客,加强CCTV监控,并报公安、行调,通知邻站扣车,根据车站实际情况请求人员支援。 (2)接到值班站长宣布执行毒气袭击应急处理程序后,马上利用全站广播通知车站各部门、各岗位疏散,同时反复进行全站广播指引乘客出站。 (3)报110、119、120,并向相关上级部门、领导汇报,安排保洁到紧急出入口迎接110、120、119人员。 (4)接到车站清客完毕的通知后,报告行调。 (5)接到值班站长通知车站恢复正常后,检查车控室设备设施情况;向行调报告车站运营前准备工作,并向行调了解行车运行恢复情况并报告值班站长。 (6)通知各岗位员工,车站恢复正常运营
客运值班员	(1)接到执行毒气袭击应急处理程序的通知后,赶到车控室,确认SC上已设为紧急模式;根据环调命令或现场公安的要求并经环调同意后,确认BAS已执行相应的模式。 (2)完成上述任务后,戴上防毒面具做好防护,拿对讲机、手提广播到站厅组织乘客疏散,并对受伤乘客进行救助。 (3)接收到站台乘客疏散完毕的信息后,确认站务员(售票员)已关闭各出入口(除紧急出入口),张贴停止服务的告示。 (4)最后确认站厅乘客全部疏散出站并报告车控室。 (5)到紧急出入口集合。 (6)接到值班站长通知车站恢复正常后,检查AFC设备、各种服务设备设施是否正常并报车控室。 (7)撤除停止服务的告示,打开出入口,引导乘客进站

岗位	职责
站务员	(1)接到执行毒气袭击应急处理程序的通知后,打开边门,确认所有闸机边门处于打开状态。 (2)将自动扶梯全部关停,指引和疏散乘客出站。 (3)戴上防毒面具做好防护,到站台协助清客工作,组织乘客由站台两端楼梯、自动扶梯上站厅出站。 (4)待站台清客完毕后,到站厅协助清客。 (5)站厅清客完毕后,协助关闭各出入口(除紧急出入口),张贴停止服务的告示,并报告客运值班员。 (6)到紧急出入口集合。 (7)接到值班站长通知车站恢复正常后,检查 AFC 设备、各种服务设备设施是否正常并向车控室报告。 (8)撤除停止服务的告示,打开出入口,引导乘客进站
售票员	(1)接到执行毒气袭击应急处理程序的通知后,收好票款和车票,锁好票亭门。戴上防毒面具做好防护,用手提广播安抚乘客,并协助站厅清客工作。 (2)站厅清客完毕后,关闭各出入口(除紧急出入口),张贴停止服务的告示,并报告客运值班员。 (3)到紧急出入口集合。 (4)接到值班站长通知车站恢复正常后,回到票亭准备开窗,并报告车控室准备情况
现场员工	(1)闻到有刺激性的气味并发现异常后,马上报告车控室,戴上防毒面具做好防护,疏散周围的乘客。 (2)查找根源,马上用隔离带封锁现场,同时在附近寻找 2 名以上的目击证人,交给值班站长。 (3)协助值班站长进行清客。 (4)乘客及员工全部疏散后,向车控室报告。 (5)站内乘客疏散完毕后到紧急出入口集合。 (6)接到值班站长通知车站恢复正常后,到站台检查站台门、扶梯等设备设施情况和线路情况,并向车控室报告,准备运营服务
司机	(1)接到行调通知,车站发生毒气袭击事件,按行调指示全线各站、司机和车厂调度停止客运服务,列车扣停在车站。 (2)已经接近受袭击车站的列车,组织退回发车站,并做好乘客广播。来不及扣停的列车限速不停站通过受袭击车站,并做好乘客广播。 (3)听从行调的命令恢复行车

五、劫持人质事件应急处理

劫持人质事件一旦发生,不仅危及人质生命安全,而且会在社会上造成难以消除的恐怖气氛,严重影响社会治安稳定。

1. 劫持人质事件应急处理程序

车站发生劫持人质事件的应急处理程序:

(1)现场人员发现歹徒劫持人质,立即报行值,简单说明歹徒和人质数量、事发地点及劫持原因等信息,行值立即上报。

(2)现场人员做好分工,稳定歹徒和人质的情绪,并疏散周围乘客。

(3)发生劫持人质事件后,车站及时确认通往设备区的通道门处于锁闭状态,防止歹徒进入。

（4）行值与控制中心保持联系，执行控制中心指令。

（5）车站员工配合到场的公安人员。

列车发生劫持人质事件（列车停靠在车站），比照车站发生劫持人质事件应急处理程序执行，现场人员进入车厢稳定歹徒和人质的情绪，根据行调命令清客或关站。列车若离开车站，依照行调命令处理。

🏵 知识链接7-5

与劫持人质肇事罪犯的谈判

高水平的谈判是处理劫持人质事件必不可少的，高水平的谈判不仅能制造许多战机，而且能达到《孙子兵法》所说的军事斗争的最高境界——不战而屈人之兵的效果。掌握肇事罪犯的心理变化是谈判取得成功的必要条件。

1. 谈判人员的选用

规范的人质谈判，首先要求执行人质谈判任务的人员必须经过专门的人质谈判训练，具有系统、全面的人质谈判知识，掌握具体、实用的人质谈判技巧。同时，承担核心的谈判任务的人员要有明确的分工，要确定由谁负责指挥谈判，即谈判组长；由谁做主谈员，即第一谈判手；由谁做主谈员的助手，即第二谈判手。此外，还应当根据情况需要配备相应的辅助性人员，如情报分析记录员、联络员或武力行动组联络员、物资供应员、精神分析或临床心理学专家等。再加上周密的谈判方案，谈判成功的可能性就能大大增加。

处置劫持人质案件培训工作，应首先对有资格在处置活动中担任指挥员的人员进行人质谈判培训，使他们对谈判的基本特点和原则、要领、技巧、战术方法有一个大概的了解。这样他们才能进行恰如其分的指挥，也能从根本上提高他们的处置能力。

2. 掌握劫持人质肇事罪犯的心理特征变化

通常劫持者心理会经过三个阶段的变化，即紧张敏感阶段、理智清醒阶段和寻求解决阶段。

（1）紧张敏感阶段。

在这一阶段，劫持者通常手持危险物品直接威胁人质的要害部位。处置人员的任何攻击行动都可能导致劫持者激烈的对抗。

有研究表明下列行为被劫持者视为对他们的威胁：

①警察的集结；

②警察的封锁行为；

③特别的信号；

④车站内人声嘈杂，人员上下跑动的情况。

这些举动都有可能激怒劫持者，从而危及人质的安全。因此，我们应尽可能隐蔽地包围和封锁现场，暂不采取任何容易引起激烈对抗的攻击行动，给劫持者一个缓和的氛围。

（2）理智清醒阶段。

在这一阶段，应设法建立与劫持者进行沟通的渠道，例如与劫持者对话，适时开展政策攻势，宣传党和国家的政策、法律；派人与劫持者谈判，尽量稳定劫持者的情绪，让其感到自己提出的要求被认真考虑。

（3）寻求解决阶段。

在这一阶段，应采取两方面的措施，第一，应尽可能加强与劫持者的谈判，采取一些干扰措施，尽量拖延时间，稳住和麻痹劫持者，不能让劫持者感到自己已陷入绝境，毫无退路。第二，在谈判的同时，做好武力营救准备，隐蔽占领有利位置。一旦劫持者做出危害人质生命安全的姿态，就要果断出击，武力制服劫持者，救出人质。

---

2. 劫持人质事件应急处理各岗位职责

劫持人质事件应急处理各岗位职责见表7-5。

劫持人质事件应急处理各岗位职责　　　　　　　　表7-5

岗位	职责
值班站长	（1）马上到现场指挥处理，稳定歹徒和被挟持者的情绪，避免刺激的行为。 （2）组织疏散附近的乘客，尽量将歹徒稳定在固定的位置（最好是角落），防止其进入设备区。 （3）公安人员到场后，交公安人员处理，按公安人员的要求进行配合。 （4）根据现场情况向行调申请暂停本站的运行服务。 （5）处理过程中注意员工人身安全和车站财产安全
行车值班员	（1）立即报告行调、地铁公安，简要说明歹徒和被劫持者双方的人数、性别、凶器和初步了解的劫持原因等。 （2）向行调申请暂停本站的运行服务。 （3）通知各岗位，执行紧急疏散计划，拦截乘客进站，在SC上将闸机设为紧急模式。 （4）通过CCTV监控现场情况；发生人员伤亡时，及时报120。 （5）将通往车控室的房门反锁。 （6）配合公安处理
客运值班员	值班站长被劫持时，负责值班站长的应急处理工作；值班站长没有被劫持时，和值班站长到现场处理
（站厅）站务员	（1）接到车控室安排后，立即赶到现场，疏散乘客使其远离现场。 （2）暂停本站的服务，在站台加强巡视，确保所有乘客疏散出站台。 （3）当发现司机被劫持时，立即报告行车值班员
售票员	（1）根据需要，停止票亭服务，收好票款，锁好票亭。 （2）暂停本站的服务，打开边门、闸机，疏散乘客。 （3）关闭车站紧急出口外的其他出入口，并张贴相应的告示。 （4）在紧急出口外引导公安等人员到场。 （5）在紧急出口拦截进站乘客并做好解释工作

岗位	职责
司机	（1）当列车上乘客被劫持时，如列车在车站则不动车或列车在运行中则维持进站停车，立即报行调、车站，并做好安全防护，防止被歹徒劫持或进入驾驶室。 （2）当司机被劫持时，尽量将歹徒引离驾驶室；当被迫驾驶时，如在站则人为设置故障导致不能动车，如列车在运行中则尽量维持进站停车。 （3）被劫持时的报警方式：不能直接报警时可采取长时间按压对讲设备以将对话传出，或人为制造故障等方式

注：（1）及时确认通往设备区的通道门处于锁闭状态，防止歹徒进入设备区。

（2）当车站员工被劫持时，被劫持员工尽量保持冷静，不要采取刺激歹徒的行为，尽量稳定歹徒的情绪，及时把握有利时机安全逃离。

（3）车站工作人员应保持高度警觉，当发现明显的异常行车现象时，要加强对列车的观察，确认司机是否安全，是否被劫持。

知识链接7-6

恐怖袭击事件防范措施

为减少乃至消除恐怖袭击对人民群众生命和财产造成的威胁，车站工作人员要树立安全意识，制订防范措施，防止恐怖袭击的发生。车站可采取的防范措施如下：

（1）车站工作人员要认真履行岗位职责，注意观察进站乘客的动态，并按规定要求认真巡视站厅及各出入口，发现在车站长期逗留、形迹可疑的人要对其进行询问并及时报告车站驻站民警。

（2）车站工作人员要密切留意乘客携带物品的情况，发现乘客带有可疑物品时要立即询问并做相应检查，必要时制止其进站并及时通知车控室及驻站民警。

（3）车站工作人员要提高警惕，加强对墙角、垃圾桶等隐蔽部位的检查，发现可疑物品要及时通知车控室并引导乘客远离该区域，必要时设置安全防护。

（4）车站工作人员应每天对车站进行全面检查，发现可疑物品时，应及时报告车控室。

（5）行车值班员接到发现可疑物品的报告后，立即通知值班站长和城市轨道交通公安到现场检查确认。乘客携带物品经检查确认为非危险物品的，可允许其乘车；如检查确认为危险物品，或不能完全确认但怀疑为危险物品时，立即封锁现场，并设置隔离带，由公安人员按专业程序处理，并做好乘客的疏散工作。

（6）车站工作人员应对进站施工人员携带物品进行检查，确认有无易燃、易爆、有毒等危险品，施工许可使用的氧气、乙炔及其他易燃易爆物品应在施工完毕后及时带走，不能遗留在车站。

（7）车站出入口或票亭醒目位置应悬挂严禁携带"三品"进站乘车标语或标识，并定期向乘客派发相关安全宣传材料。

反恐防范重要位置等级划分如表7-6所示。

重要位置	重要位置等级			
			一级	二级
人员密集区域	车站	客流	车站出入口日客流量不小于 10 万人次	其他车站
		性质	换乘站	
			交通枢纽站	
			与城市重要政治目标、标志性建筑等距离 1 km 范围内的车站	
	运营列车			—
关键区域	主变电所(站)、运营控制中心			风亭、车辆段、停车场、地面区间沿线、隧道口

注:(1)车站包括出入口、购票区、站厅、(换乘)通道、站台等人员密集区,以及控制室和关键设备区。

(2)一级车站的客流、性质两个因素中,只要满足一个因素中的一个条件,则该车站按一级划分。

(3)车站出入口客流量以运营单位提供的上一年度统计的数据为准,新设线路没有统计数据时以设计客流量为准。

(4)在其他重点目标的非常态反恐怖防范的特殊时期,重要位置如果在防范范围内,应符合反恐怖主义工作领导机构及其办事机构、公安部门及有关行业主管部门的要求,依据相关规定进行临时调整,并做好协助防范工作。

任务7.2　姓名_____　班级_____　小组_____　学号_____　日期_____

任务实施

汇总任务实施情况,填写应急演练记录表。

应急演练记录表

演练项目:	
地点:	时间:
组长:	记录员:

小组成员及分工

姓名	岗位

演练脚本

演练总结

任务评价

通过个人自评、小组互评、教师点评的方式,对学生的演练方案编制情况、演练效果及表现力、演练过程记录情况、团队合作及职业素养等进行考核计分。

项目	分值	得分
演练方案编制情况	30	
演练效果及表现力	20	
演练过程记录情况	30	
团队合作及职业素养	20	
总分	100	

总结反思

通过本任务学习,请对自己在课堂中的表现进行反思及评价。

自我反思:

自我评价:

互助提高

(1)当列车停在车站时,站务员发现列车上有刺鼻气味,应该如何处理?

(2)如何做好城市轨道交通反恐防暴工作?

(3)发生恐怖袭击事件时,值班站长或车站员工做现场报告包括哪些事项?对于处理流程是否有新的建议?与同学交流与分享。

拓展训练

(1)情景设置:运营期间,城市轨道交通车站工作人员发现站厅付费区有一个黑色塑料袋,并立即向值班站长汇报,值班站长立即通知驻站民警共同赶往现场。在赶往现场的过程中,塑料袋内物品发生爆炸。值班站长立即下达启动车站爆炸应急预案。车站员工全员上岗,车站值班员立即向行调、环调、中心站等汇报情况,释放 AFC 闸机。

请结合以上情景,制订一份车站发生爆炸恐怖袭击事件应急演练方案。

(2)情景设置:运营期间,车站安检机处一名乘客在过安检时,从随身的行李中抽出一把刀挟持了与他同行的乘客,并强行冲向站厅,安检人员见状后立即通知值班站长、值班员,保安和另外两名安检拿起警用约束叉、警用喷雾和伸缩警棍与歹徒周旋,值班站长立即启动应急预案,命令各岗位员工组织乘客疏散,最终将歹徒制服后交由民警处理。

请结合以上情景,制订一份车站发生劫持人质事件应急演练方案。

任务导入

新冠肺炎疫情期间,地铁企业严格落实关于疫情防控的相关要求,坚持常态化疫情防控不放松,执行进站100%测温,设置留观复测区,配备免洗消毒洗手液、口罩、体温计等防疫物品,落实、落细车站和列车的清洁、消毒、通风等工作,保障市民乘客安全出行。中国人民抗击疫情的伟大历程,与国际社会分享中国抗疫的经验做法,阐明全球抗疫的中国理念、中国主张,对于公共卫生事件应急处理具有重要的借鉴价值。

想一想:

重大传染病疫情事件有哪些特征?如何应对传染病疫情事件?传染病疫情的防控措施有哪些?

学情检测

1. 下列不属于公共卫生事件的是(　　　)。

    A. 传染病疫情

    B. 群体性不明原因疾病

    C. 毒气袭击

    D. 动物疫情

2. 发生特别重大突发公共卫生事件,应启动(　　　)响应。

    A. Ⅰ级　　　　　　B. Ⅱ级响应　　　　C. Ⅲ级响应　　　　D. Ⅳ级响应

3. 下列不属于突发公共卫生事件的特点的是(　　　)。

    A. 突然发生,规模大

    B. 损失严重

    C. 原因复杂、多元化

    D. 社会关注度低

4. 突发公共卫生事件信息或医疗卫生救援信息发布应当及时、准确、客观、全面,发布的内容包括(　　　)。

    A. 事件性质、原因、发生地和范围

    B. 发病、伤亡、涉及人员范围

    C. 处理措施、控制情况

    D. 强制措施的解除情况

5. 处理突发公共卫生事件应坚持(　　　)原则。

    A. 先人后物　　　　　　　　　　B. 先疏散再隔离

    C. 先处理后汇报　　　　　　　　D. 先观察后处理

任务目标

1. 知识目标

(1)了解重大传染病疫情的定义、特征和类型。

(2)掌握重大传染病疫情的应急处理原则与程序。

(3)了解重大传染病疫情的防控措施。

2. 能力目标

(1)发生疫情后能够及时、准确汇报与传达信息。

(2)车站发生疫情时能按照岗位职责及时、正确处理。

3. 素养目标

(1)培养岗位安全意识和自我保护意识。

(2)坚定"四个自信",培养全局意识,提高岗位协作能力。

(3)培养艰苦奋斗、攻坚克难、敢于担当的科学精神。

任务要求

情景设置:疫情预警期间,一名发热乘客准备从车站 B 端安检口进站,现场安检人员阻止其进站,并将情况报告车控室和警务室。

请制订一份重大传染病疫情事件应急演练方案,并根据方案分角色开展应急演练。要求:分工明确,配合协调,各司其职,演练表现力强,整体效果好。

任务计划

建议学员小组每组 5 ~ 7 人为宜(不宜超过 10 人/组)。教师为每个小组的观察和监督员,并设置演练组长 1 名,记录员 1 名。

组长:负责演练实施过程的组织,确保组员全员参与。

记录员:负责文案记录工作,记录每个组员的表现情况。

小组成员:扮演行车调度员、值班站长、行车值班员、客运值班员、站务员、支援人员等角色,完成应急演练要求的各项任务,互相监督、互相提出改进意见。

知识储备

一、认知重大传染病疫情事件

1. 事件定义

突发公共卫生事件是指突然发生,造成或者可能造成社会公众健康严重损害的重大传染病疫情、群体性不明原因疾病、重大食物和职业中毒以及其他严重影响公众健康的事件。

重大传染病疫情是指某种传染病在短时间内发生、波及范围广泛,出现大量病人或死亡病例,其发病率远远超过常年的发病率水平的情况。城市轨道交通车站及列车内人员密集度高、空间相对封闭,缺乏专业的监测技术及设备,传染性病菌、病毒在地铁中的传播概率、扩散速度大于一般环境下,因此地铁发生重大传染病疫情的概率较大。

知识链接7-7

传染病分类——《中华人民共和国传染病防治法》(2013修正)

传染病分为甲类、乙类和丙类。甲类传染病是指鼠疫、霍乱。乙类传染病是指传染性非典型性肺炎、艾滋病、病毒性肝炎、脊髓灰质炎、人感染高致病性禽流感、麻疹、流行性出血热、狂犬病、流行性乙型脑炎、登革热、炭疽、细菌性和阿米巴性痢疾、肺结核、伤寒和副伤寒、流行性脑脊髓膜炎、百日咳、白喉、新生儿破伤风、猩红热、布鲁氏菌病、淋病、梅毒、钩端螺旋体病、血吸虫病、疟疾。丙类传染病是指流行性感冒、流行性腮腺炎、风疹、急性出血性结膜炎、麻风病、流行性和地方性斑疹伤寒、黑热病、包虫病、丝虫病,除霍乱、细菌性和阿米巴性痢疾、伤寒和副伤寒以外的感染性腹泻病。

对已经发生甲类传染病病例的场所或者该场所内特定区域的人员,所在地的县级以上地方人民政府可以实施隔离措施。

对乙类传染病中传染性非典型性肺炎、炭疽中的肺炭疽和人感染高致病性禽流感,采取甲类传染病的预防、控制措施。

2. 事件特征

(1)疫情影响范围的广泛性。

当传染病流行的三个要素(传染源、传播途径与易感人群)同时存在且相互作用时,就会造成传染病疫情的发生与扩散。传染源和易感人群可以通过现代交通工具(例如城市轨道交通)跨地区传染。

(2)疫情暴发后果的复杂性与灾难性。

重大传染病疫情的暴发,不仅会影响个人的日常生活与生命健康,也会影响企业组织的正常生产秩序,还会影响社会经济的发展与国家政治的稳定。

(3)疫情的预控性。

重大传染病疫情的暴发具有一定的随机性和难以预测性,但在其发生初期采取科学的预控手段,可以有效控制疫情的发展。即使在疫情暴发期间,如能采取科学的应对手段,也能抑制其对人类社会的影响,减轻重大传染病疫情产生的危害。

二、重大传染病疫情应急处理原则与程序

1. 应急处理原则

(1)坚持"预防为主"的工作方针,积极组织落实预防疫情暴发的各项准备工作。

重大传染病疫情
应急处理

(2)坚持统一领导,快速反应,密切注意疫情暴发的实时报道和国家、地区发布的预警信息,做好应对疫情暴发的各项工作。

(3)严格执行国家、省(自治区、直辖市)、市关于相关疫情暴发情形的统一部署和安排。

2. 应急处理程序

重大传染病疫情应急处理程序见图7-2。

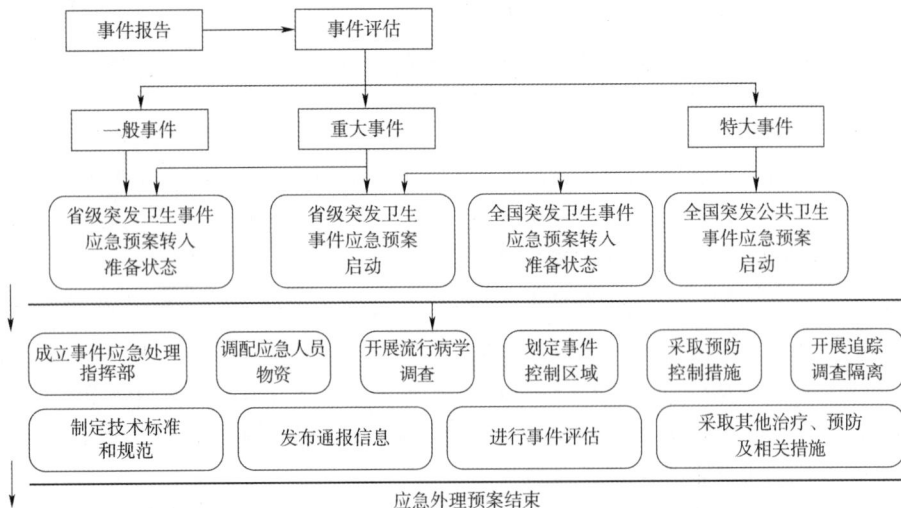

图7-2 重大传染病疫情应急处理程序

三、重大传染病疫情应急处理各岗位职责

1. 疫情预警期间乘客在车站内出现疫情症状

疫情预警期间乘客在车站内出现疫情症状情况下应急处理各岗位职责见表7-7。

疫情预警期间乘客在车站内出现疫情症状情况下应急处理各岗位职责　　表7-7

岗位	职责
行车调度员	(1) 根据集团公司疫情预防工作小组负责人的命令,通知车站清客,调整列车运行。 (2) 疫情排除后,及时恢复运营
环控调度员	开启车站全部通风系统
车站人员 (含安检、 保安、保洁等)	(1) 及时疏导乘客,稳定乘客情绪,避免其他乘客围观。 (2) 车站安排人员做好自我保护措施后,将出现疫情症状乘客转移到安全地点,并对其周围3 m范围进行隔离。 (3) 车站通知公安协助维持秩序,拨打120电话通知定点医院前来接收出现疫情症状乘客,向部门、集团公司疫情预防工作小组报告,并尽可能联系乘客家属。其间若乘客苏醒,车站应尽量规劝乘客等待医生到来。 (4) 定点医院接走晕倒乘客后,与出现疫情症状乘客接触的车站员工自行消毒,并联系相关人员对相关地点进行消毒。 (5) 车站将乘客的情况报告集团公司疫情预防工作小组,由集团公司疫情预防工作小组跟进乘客的就诊情况,如该乘客确诊为疑似病人或疫情病人,部门、集团公司疫情预防工作小组安排与该乘客密切接触的员工隔离休息,进行医学观察14d,并跟进观察情况,做好情况记录。 (6) 隔离期间,员工如出现疫情症状特征,按员工出现疫情症状预案处理;如未出现疫情症状特征,解除隔离

2. 疫情预警期间乘客在列车上出现疫情症状

疫情预警期间乘客在列车上出现疫情症状情况下应急处理各岗位职责见表7-8。

疫情预警期间乘客在列车上出现疫情症状情况下应急处理各岗位职责 表7-8

岗位	职责
行车调度员	(1)扣停相应列车。 (2)到达车站清客后,组织该列车退出运营,回车场消毒。 (3)调整列车交路,组织备车出段,恢复运营
环控调度员	开启车站全部通风系统
车站人员 (含安检、 保安、保洁等)	(1)接报或发现乘客在进站列车上晕倒,马上扣车、按压紧急停车按钮,将列车扣停在车站,并报告行车调度员,安排人员做好自我保护措施后,将晕倒乘客搬移出列车,安置在安全地点,并用隔离带对乘客周围3 m范围进行隔离。 (2)搬移乘客后,对列车进行清客,并疏导乘客,对和晕倒者同处一节车厢的乘客进行登记,同时通知公安协助维持秩序。 (3)拨打120电话,通知定点医院前来接收晕倒乘客,向部门、集团公司疫情预防工作小组报告,并尽可能联系乘客家属。其间若乘客苏醒,车站应尽量规劝乘客等待医生到来。 (4)定点医院接走晕倒乘客后,与晕倒乘客接触的车站员工自行消毒,并联系相关人员对相关地点进行消毒。 (5)跟进乘客就诊情况,随时将情况向部门、集团公司疫情预防工作小组报告,如该乘客被确诊为疑似病人或疫情病人,部门、集团公司疫情预防工作小组马上将情况报告集团公司相关领导,安排与该乘客密切接触的员工隔离休息,进行医学观察14d,并跟进观察情况,做好情况记录。 (6)隔离期间,员工如出现疫情症状特征,按员工出现疫情症状预案处理;如未出现疫情症状特征,解除隔离

3. 疫情预警期间员工出现疫情症状

疫情预警期间员工出现疫情症状情况下应急处理各岗位职责见表7-9。

疫情预警期间员工出现疫情症状情况下应急处理各岗位职责 表7-9

岗位	职责
疫情员工	出现症状的员工立即戴上符合规格的口罩并报告部门、集团公司疫情预防工作小组
部门、集团 公司疫情 预防工作小组	(1)疫情预防工作小组将情况通报卫生所所长,安排该员工到大医院就诊,安排与该员工密切接触的员工隔离休息,并根据隔离情况,随时向卫生所所长通报。 (2)市有关部门做好情况记录,安排对相关区域进行消毒,跟进相关情况。 (3)若该员工经诊断为非疑似病人或疫情病人,相关人员解除隔离。 (4)若该员工经诊断为疑似病人或疫情病人,马上向集团公司相关人员报告。在家隔离经医学观察14d,未出现疫情症状特征的,解除隔离。隔离期间,员工如出现疫情症状特征,按出现疫情症状预案处理
接触密切的 人员	(1)员工主动向部门、集团公司疫情预防工作小组报告。 (2)部门、集团公司疫情预防工作小组将情况通报所在部门,安排该员工在家隔离休息,进行医学观察14d,并跟进观察情况,随时向市有关部门通报。 (3)部门、集团公司疫情预防工作小组做好情况记录,安排对相关区域进行消毒,跟进相关情况。 (4)隔离期间,员工如出现疫情症状特征,按出现疫情症状预案处理;如未出现疫情症状特征,解除隔离。 (5)预警期间,员工要密切关注周围同事的身体状况,发现异常情况,及时向部门、集团公司疫情预防工作小组报告,经部门、集团公司疫情预防工作小组跟踪确认,发现员工出现疫情症状特征时,按出现疫情症状预案处理

国内某地铁疫情期间防控措施

1. 车站设备设施及公共区域及时清洁和消毒

(1) 车站配备卫生防护用品,卫生间配备洗手液、香皂,客服中心配备消毒凝胶,供员工及有需要的乘客使用。

(2) 开启车站环控系统新风功能,保证所有车站更好地通风。

(3) 车站加强站内重点区域的消毒、清洁工作,增加楼梯和自动扶梯扶手、垂直电梯轿厢、自动售票与检票设备、客服中心台面、乘客座椅、卫生间、垃圾桶、垃圾堆放点等与乘客接触较多的重点区域的消毒频次,做到每日消杀。

2. 列车及时清洁及消毒

为加强疫情防控,城市轨道交通增加列车日常消毒频次,坚持每日消毒,并制作醒目的消毒标识,张贴在每辆列车客室内车号标识下方,注明"此区域已消毒",且注明消毒日期及责任员工工号,以保障市民乘车安全。

3. 做好票卡卫生防控工作

(1) 防疫期间,城市轨道交通取消单程票循环使用机制,对各车站自动售票机、半自动售票机、自动检票机内的单程票,"逐日回收、按日封装、单独存放"。

(2) 每日将设备内回收的单程票进行清洗、消毒。

(3) 员工在回收车票过程中,佩戴口罩等防护用品,做好个人防护。

4. 工作人员做好防护措施

城市轨道交通所有工作人员配备口罩,要求所有工作人员当班期间在公共区域必须佩戴防护口罩,且所有工作人员在上岗前均测量体温,如果有感冒发烧等情况立即停班就医,确保工作人员都健康上岗。

5. 对所有进站乘客测量体温并要求佩戴口罩

为进一步加强疫情防控,城市轨道交通在各车站安检处为进站乘客测量体温并要求其佩戴口罩。如果体温超过37.3℃,将不能乘坐城市轨道交通,未戴口罩的乘客将被劝离并及时登记相关信息进行上报。

6. 持续做好防疫宣传

(1) 在车站站厅公共区域张贴防疫宣传海报,宣传防疫措施;摆放疫情防控温馨提示,提醒乘客如在出行期间出现发热、咳嗽等症状,及时就医。

(2) 在车站出入口、PIS屏等位置刊播疾控部门和宣传部门等官方渠道下发的防控宣传口号。

任务7.3　姓名＿＿＿＿＿＿　班级＿＿＿＿＿＿　小组＿＿＿＿＿＿　学号＿＿＿＿＿＿　日期＿＿＿＿＿＿

任务实施

汇总任务实施情况,填写应急演练记录表。

应急演练记录表

演练项目:			
地点:		时间:	
组长:		记录员:	

小组成员及分工

姓名	岗位

演练脚本

演练总结

任务评价

通过个人自评、小组互评、教师点评的方式,对学生的演练方案编制情况、演练效果及表现力、演练过程记录情况、团队合作及职业素养等进行考核计分。

项目	分值	得分
演练方案编制情况	30	
演练效果及表现力	20	
演练过程记录情况	30	
团队合作及职业素养	20	
总分	100	

总结反思

通过本任务学习,请对自己在课堂中的表现进行反思及评价。

自我反思:

自我评价:

互助提高

(1)什么是重大传染病疫情? 疫情暴发有什么特点?

(2)疫情暴发处理的原则是什么?

(3)疫情期间乘客在列车上出现疫情症状如何处理?

拓展训练

情景设置:疫情预警期间,一名乘客在列车上出于不明原因晕倒。

请结合以上情景,制订一份重大传染病疫情应急演练方案。

巩固练习

一、选择题

1. 以下关于列车上发现可疑物品的处理要点中,有误的是( )。

    A. 报告行车调度员,前方车站派人到现场确认

    B. 确认为可疑物后,组织人员将其移到站台,隔离现场,疏导附近的乘客

    C. 配合公安处理,接通知后关闭民用通信信号

    D. 为确保行车效率,在车站可以先允许动车,在下一站确认物品情况

2. 下列属于车站传染病疫情防控措施的有( )。

    A. 设备设施及公共区域及时清洁和消毒

    B. 列车及时清洁及消毒

    C. 对所有进站乘客测量体温并要求其佩戴口罩

    D. 工作人员做好防护措施

    E. 持续做好防疫宣传

3. 车站、列车发生抢劫、斗殴、劫持人质等严重治安或刑事案件应第一时间( )。

    A. 组织关站

    B. 协助公安机关实施抓捕

    C. 按照信息通报流程进行信息通报

    D. 拨打"120"

4. 车站接到炸弹恐吓信息时,下列不属于站务员现场处理流程的是( )。

    A. 立即锁好票箱和票亭门,协助值站进行不公开的搜索

    B. 按值站指令,对进站人员携带的包裹进行开包检查

    C. 加强与值站、OCC 的联系,及时汇报现场进展情况

    D. 疏散完毕后,关闭出入口并张贴告示,到紧急出入口集合

5. 车站发生毒气袭击时,若需要疏散车站乘客,在受袭的车站做好乘客广播,"( )",动车前确认站台岗的"好了"信号后,关闭车门、站台门,立即动车,按行调命令执行。

    A. 可上下客   B. 只下不上   C. 只上不下   D. 不可上下

二、判断题

1. ( )城市轨道交通运营单位不能对乘客携带的物品进行运输安全检查。

2. ( )公共卫生事件发生时,视现场情况第一时间将被感染者送往医院救治。

3. ( )巡视车站时发现不寻常的可疑物体,或炸弹恐吓字句、标语,应保持冷静,立即上报并隔离该区域。

4. ( )车站发现恐怖炸弹时,客运值班员与站务员、保安、保洁听从值班站长安排,做好排查和人员疏导工作。

5. ( )车站发生不明气体袭击后,就近地面站务员应该迅速佩戴防护装备,迅速查明事件发生的时间、地点,涉及列车车次、人员伤亡情况,立即向行车值班员报告。

三、简答题

1.车站发现可疑物品的应急处理措施有哪些？

2.若车站发生毒气袭击事件，值班站长如何进行处理？

3.叙述车站发生爆炸事件的应急处理流程。

4.疫情期间乘客在车站内出现疫情症状的处理程序是什么？

附录1　应急演练方案

任务2.3　演练方案

垂直电梯困人应急演练方案

一、演练目的

为保障车站安全运营,提高车站发生突发事件时对产生不良后果的处置能力,保证事故发生后车站运营工作的顺利开展,电梯故障导致困人或乘客受伤事件时,减少或避免事故所造成的损失和不良影响,并结合车站实际情况,特安排本次演练。

二、人员安排

行车调度员、值班站长、行车值班员、客运值班员、售票员、站务员、保安、保洁等。

三、物资准备

对讲机、医药箱、担架、隔离柱等。

四、情景假设

运营期间,车站站台至站厅垂直电梯在运行中发生故障,车站值班员发现后报警,通过电梯三方电话与被困乘客取得联系,得知电梯内有5名乘客被困,立即通知值班站长赶往事发地点进行确认,在确认垂直电梯困人后,立即启动垂直电梯困人应急预案,对被困乘客进行安抚、救援。

五、演练流程

(1)车控室IBP盘垂直电梯监控发出警报,车站值班员接到电梯三方电话后,立即通知值班站长,值班站长迅速赶到车控室领取应急物资赶往事发地点。

(2)值班站长在确认电梯困人后,值班员再次通过电梯三方电话与被困人员取得联系,确认电梯困人地点、楼层、被困人员的数量、有无人员受伤等情况。

(3)值班员做好电话安抚工作,告知被困人员"在电梯轿厢里是安全的,要保持冷静,不要惊慌,尽可能远离电梯轿厢门,等候救援人员的救援"。

(4)值班员立即向电梯公司生产调度室报告发生电梯设备困人事件的地点、楼层、被困人员的数量、有无人员受伤等情况。

(5)站务员立即疏散围观乘客,并对垂直电梯进行隔离。

(6)电梯维修人员赶到现场后,如电梯轿厢处在平层区,应立即到该平层,用电梯厅门专用钥匙打开厅门,拉开轿厢门,帮助受困人员撤离轿厢;如轿厢不在平层区,应根据有机房电梯和无机房电梯的救援方案,采用适当的救援措施。

(7)将被困乘客救出后,对救出的受困人员进行安抚,并留下联系方式。

(8)电梯维修人员对设备进行全面检查,消除故障隐患,经试运行后,确定是否正式投入使用。

(9)值班站长立即用对讲机通知各岗位恢复正常运营,演练结束。

六、演练评估

垂直电梯困人应急演练评估表如附表 1-1 所示。

垂直电梯困人应急演练评估标准表　　　　　　　　　附表 1-1

序号	阶段	具体流程	分数	扣分	得分	备注
1	发现与报告 (10分)	1. 发生电梯困人后,立即汇报值班站长,并做好乘客的安抚工作	3			
		2. 对故障电梯做好故障报修、统计记录等工作 3. 接到车站工作人员关于电梯运行异常并关停的汇报后,及时报修	7			
2	应急响应 (20分)	1. 发布启动应急预案命令 2. 值班站长赶赴事发现场	5			
		3. 发现电梯困人,通知就近工作人员立即赶赴现场 4. 立即报告电梯公司及生产调度员	15			
3	应急处理/ 故障处理 (60分)	1. 携带照相机、急救物资,赶赴事发地点 2. 对事发电梯进行初期隔离,停止使用,积极安抚乘客 3. 对受伤乘客进行初期救治和解释工作	30			
		4. 尽量控制事态发展,减少社会影响 5. 寻找目击证人,对目击证人进行挽留并做好取证工作	30			
4	应急设备投用情况 (10分)	1. 加强视频监视,对容易发生故障的电梯加强监视 2. 对故障电梯做好故障报修、统计记录等工作	5			
		3. 接到车站工作人员关于电梯运行异常并关停的汇报后,及时报修	5			
	合计		100			

✿ 任务 2.5　演练方案

车站照明完全熄灭应急演练方案

一、演练目的

当车站所有照明(包括事故应急照明)全部熄灭,导致车站无法正常运营时,为避免乘客恐慌、对人身安全及设备与设施安全产生威胁,应及时疏散乘客,尽可能减少对运营的影响,提高车站员工对紧急情况的处理及协调能力,检验各岗位人员的应急反应速度、协同配合程度,通过演练提高新老员工处理突发事件的能力,确保运营的安全、畅通。

二、人员安排

行车调度员、值班站长、行车值班员、客运值班员、售票员、站务员、保安、保洁等。

三、物资准备

喊话器、对讲机、应急照明灯、探照灯、口哨、致歉信、反光背心、照相机等。

四、情景假设

运营期间,车站照明全部熄灭,车站立即启动车站照明完全熄灭应急预案,利用车站地面、墙面蓄光型紧急逃生标志及车站备用的应急照明灯、探照灯等照明设备,引导乘客依次按从站台到站厅再到出口的顺序进行安全疏散。

五、演练流程

(1)车站照明全部熄灭,值班站长立即启动车站照明完全熄灭应急预案。

(2)值班员通知各岗位人员启动应急预案,立即报告行车调度员,通知供电维保部、车站设备维保部人员抢修,并按规定程序上报。

(3)立即按压 AFC 紧急按钮,打开全部进、出站闸机,立即封站。车站广播未失电时,利用广播安抚和引导乘客。立即从应急备品柜中拿出应急照明灯等应急设备,配给车站人员用于组织乘客疏散。

(4)值班站长立即组织各岗位员工对乘客进行安全疏散,利用喊话器、应急照明灯、探照灯、口哨等引导乘客向站外疏散,为乘客提供照明和疏散指引。

(5)安排机动岗位到车控室领取应急物资(应急照明灯、探照灯、口哨、反光背心)分发给各岗位人员。

(6)安检人员立即停止安检,每个安检口留守 1 名安检人员对乘客进行解释和引导。其他安检人员分别前往各通道口关停反向自动扶梯、做好解释工作并封站。

(7)售票员立即停止售票锁好钱箱,关闭好门窗,保证票卡、钱款安全,在票亭出站口处将乘客向出站口疏散。票务员立即关好票务室门窗,赶赴站台协助站务员将站台乘客向站厅、站外疏散。

(8)2 名保安分别前往站台、站厅维持疏散秩序,引导乘客快速出站。随后,赶往通道口配合封站,做好解释工作。

(9)2 名保洁分别赶赴 2、5 号通道协助对乘客进行有序疏散。

当各岗位汇报乘客疏散完毕后,值班站长组织员工再次对车站站台、站厅乘客疏散情况进行确认,确认无滞留乘客后巡视各个通道口封站情况,配合做好解释工作。

(10)供电维保部、车站设备维保部立即查找照明系统故障原因,进行抢修,恢复照明。

（11）照明供电恢复，值班站长确认各岗位、设备设施情况，恢复正常运营。

六、演练评估

车站照明完全熄灭应急演练评估标准表见附表1-2。

车站照明完全熄灭应急演练评估标准表

附表1-2

序号	阶段	具体流程	分数	扣分	得分	备注
1	发现与报告 （10分）	1. 发现车站照明完全熄灭，立即汇报值班站长，并启动预案	3			
		2. 发现车站照明完全熄灭，立即向行调报告，向设备部门报修，并按程序上报	7			
2	应急响应 （20分）	1. 启动预案后各岗位履行职责	15			
		2. 值班站长确认乘客疏散情况	5			
3	应急处理/故障处理（60分）	1. 各岗位按照预案流程进行处理	30			
		2. 站内乘客疏散完毕，配合封站及应急抢修工作	30			
4	应急设备投入使用情况 （10分）	1. 使用对应急照明灯、探照灯等应急物品	5			
		2. 事后对应急物品进行检查，向上级汇报	5			
	合计		100			

任务2.6　演练方案

车站 AFC 设备崩溃应急演练方案

一、演练目的

为检验车站员工在发生运营突发事件时的应急处理能力，检验其能否做到及时、有效处理因车站 AFC 系统故障影响乘客正常进出站秩序的突发情况，避免乘客激增引起混乱，危及乘客人身安全等事件发生，确保车站客运组织有效、迅速反应，避免事态扩大，结合车站实际，特组织开展本次演练。

二、人员安排

行车调度员、值班站长、行车值班员、客运值班员、售票员、站务员、保安、保洁等。

三、物资准备

喊话器、对讲机、"暂停使用"标志牌、"暂停服务"标志牌、隔离柱、纸质票盒、手持验票机、照相机、票盒等。

四、情景假设

某日运营结束，售票员发现车站所有售票机、进出站闸机突然出现故障，导致乘客不能正常购票,使用票、卡进、出闸机,站厅乘客人数不断增多,出现拥堵现象,随后立即报告车站值班站长和车站值班员,经车站值班站长现场确认后,启动车站 AFC 故障应急预案。

五、演练流程

(1)车站值班员接到售票员报告:"车站所有售票机、进出站闸机突然出现故障。"车站值班员用对讲机报告值班站长,并依次向生产调度室、中心站站长报告,并向 AFC 维修调度员进行报修。

(2)值班站长用对讲机通知各岗位启动预案:"各岗位请注意,现确认本站所有售票机、进出站闸机故障,启动车站 AFC 故障应急预案,各岗位注意向乘客做好解释工作,票务员做好预制票配发工作,收到后请依次回复。"车站值班员在站厅、站台播放人工广播引导乘客按秩序进出车站,提醒乘客"听从工作人员安排,不要拥挤,注意安全"(反复播放),通知车站工作人员,××站 AFC 设备故障,请做好相应的配合处理工作。随时报告处理进度,并立即向车站申请 2 名人员支援。

(3)机动人员、安检人员领取应急物资:赶赴就近车控室领取警戒绳、喊话器、数字对讲机等,一同赶赴进站闸机用隔离柱进行隔离,并摆放"暂停服务"标志牌,打开进站专用通道,对进站乘客做好车站设备故障解释用语(使用对外统一解释用语),机动人员配合票务员做好进站工作。

(4)安检人员立即赶往 1、2 号口出站闸机处,用隔离立柱隔离所有出站闸机,并摆放"暂停服务"标志牌,做好乘客解释工作,并帮助售票员回收车票,同时 1 号口售票员立即停止出售车票,做好乘客解释工作,打开出站专用通道,做好出售预制票的准备工作,机动人员在 2 号口回收单程票,安检人员在 1 号口回收单程票,持畅通卡及免费卡的乘客直接放行,并告知乘客可在下次进站时进行扣费处理。

(5)票务员立即为售票员增配预制票,当预制票库存不足时,及时报告客服部票务组,从邻站进行调配,乘客数量激增时,向客服部票务组申请启用应急票。值班站长在 2 号口组织引导客流进出。此时维修人员到达现场。

(6)站务员维持好站台候车秩序,组织乘客有序上下车,注意乘客安全,随时将站台客流情况向值班站长进行汇报。

(7)安检人员在 1、2 号口安检机旁坚守岗位,做好安检工作,严格按照"逢包必检,逢液必检,存疑必查"的要求执行。引导乘客依次排队安检,并做好相关解释工作。

(8)售票员报告"2 元、3 元、4 元预制票即将售完",票务员电话联系客服部票务组申请启用应急票,得到客服部票务组同意后,立即配发应急票和打孔机,通知售票员发售应急票,此时车站 2 名支援人员到达现场组织乘客疏散。

(9)车站值班员联系生产调度员,报告车站发售应急票,请通知全线各站做好补票工作。

(10)经维修部门抢修,车站 AFC 设备恢复正常,值班站长通知各岗位撤除相应隔离装置,恢复正常售票、检票秩序。

(11)车站秩序恢复正常,值班员按流程进行相应汇报,票务员统计预制票及应急票发售情况,并向票务室汇报,演练完毕并总结。

六、演练评估

车站 AFC 设备崩溃应急演练评估标准表如附表 1-3 所示。

车站 AFC 设备崩溃应急演练评估标准表 附表 1-3

序号	阶段	具体流程	分数	扣分	得分	备注
1	发现与报告 (10 分)	1. 车站值班员报告车站所有售票机、进出站闸机突然出现故障	5			
		2. 车站值班员立即通知值班站长到达现场处理,依次向生产调度室、中心站站长报告,并向 AFC 维修调度员进行报修	5			
2	应急响应 (20 分)	1. 值班站长用对讲机启动预案	10			
		2. 值班站长立即安排各岗位人员到达指定位置组织乘客进出站,根据实际情况合理分配支援小组人员至重点部位进行支援	10			
3	应急处理/ 故障处理 (70 分)	1. 机动人员、安检人员领取应急物资,用隔离立柱隔离闸机	10			
		2. 安检人员立即赶往 1、2 号口出站闸机处,用隔离立柱隔离所有出站闸机	10			
		3. 票务员立即为售票员增配预制票	10			
		4. (站台)站务员维持好站台候车秩序,组织乘客有序上下车	10			
		5. 售票员做好售票及解释工作	15			
		6. 1、2 号口安检值机员工坚守岗位	15			
	合计		100			

任务 3.2 演练方案

车门/站台门夹人夹物应急演练方案

一、演练目的

本次演练模拟运营期间出现夹人夹物事件时车站的应急处理作业程序,提高车站员工在非正常情况下的应急处理能力。

二、人员安排

行车调度员、值班站长、行车值班员、客运值班员、售票员、站务员、保安、保洁等。

三、物资准备

喊话器、数字对讲机、模拟对讲机、隔离柱、铁马等。

四、情景假设

运营期间，车站上行站台一名乘客被车门夹伤，站务员发现后立即按压紧急停车按钮，并用对讲机及时向值班站长和值班员汇报，站务员及时将乘客搀扶到站台安全区域，值班站长携带急救箱迅速赶往现场，对受伤乘客进行初期救治和安抚乘客情绪。机动人员及时寻找目击证人并疏散围观乘客，维持站台秩序。值班站长确认满足恢复运营条件后，解除车门/站台门夹人夹物应急预案。

五、演练流程

（1）站务员在接车过程中发现车站上行 8 号门处一名乘客在车门关闭时强行下车，被车门夹伤，站务员立即按压紧急停车按钮，并迅速通过对讲机向值班站长和值班员进行汇报。

（2）值班站长确认车站情况后，启动车门/站台门夹人夹物应急预案。车站值班员根据流程向生调、行调、中心站汇报并迅速组织站台确认运营条件，站务员确认具备恢复运营条件后，迅速向车控室汇报，车控室立即向行调汇报，恢复运营。

（3）值班站长和休息员工携带急救箱迅速赶往现场，值班员立即向生调、行调、中心站和设备部门进行报修，站务员及时将受伤乘客搀扶至站台安全区域，对乘客进行安抚。

（4）工作人员及时疏散站台围观乘客，寻找目击证人了解情况并记录证人联系方式。值班站长积极安抚乘客情绪，查看乘客受伤情况，对乘客进行初期救治和联系乘客家属，并通知值班员拨打120。

（5）值班站长用对讲机下达组织恢复正常运营通知，演练结束。

六、演练评估

车门/站台门夹人夹物应急演练评估标准表见附表1-4。

车门/站台门夹人夹物应急演练评估标准表   附表1-4

序号	阶段	具体流程	分数	扣分	得分	备注
1	发现与报告 （10分）	1. 发现乘客被夹。 2. 及时上报	5			
		3. 值班员向行调汇报	5			
2	应急响应 （20分）	1. 按压紧急停车按钮。 2. 值班员按照流程上报	10			
		3. 值班站长宣布启动预案。 4. 全员上岗，携带应急物资	10			

序号	阶段	具体流程	分数	扣分	得分	备注
3	应急处理/ 故障处理 （60 分）	1. 值班员确认紧急停车是否生效。 2. 根据行调命令确认恢复条件。 3. 确认列车正常运行。 4. 根据命令拨打 120	30			
		5. 站务员维持秩序。 6. 及时救治伤员。 7. 调查取证。 8. 寻找目击证人	30			
4	应急设备投用 情况（10 分）	1. 通过 CCTV 进行监控	5			
		2. 通过综合监控观察车门开关情况	5			
		合计	100			

任务4.1　演练方案

车站突发大客流应急演练方案

一、演练目的

为确保列车运行安全,提高车站员工对车站突发大客流事件的应急处理能力,提高员工自身的个人实战能力,减少突发情况带来的影响和损失,特结合车站的实际情况,开展本次演练。

二、人员安排

行车调度员、值班站长、行车值班员、客运值班员、售票员、站务员、保安、保洁等。

三、物资准备

喊话器、对讲机、隔离柱、铁马等。

四、情景假设

运营期间,某站客流量突然增加。站台有大量乘客无法上车,后面又有源源不断的乘客进站,安检口和售票口均出现大量排队现象。值班站长经确认后,启动突发大客流应急预案。30 min 过后,车站客流开始减小,站台、站厅均无滞留乘客,在各岗位人员确认情况并汇报后,值班站长宣布解除突发大客流应急预案,演练结束。

五、演练流程

（1）工作人员发现站厅安检口和售票口排起长队,队列堵塞了通道口导致进出站乘客交叉,车站工作人员立即向车站值班站长汇报,值班站长确认车站情况后启动突发大客流应急预案。

（2）值班站长用对讲机通知启动突发大客流应急演练预案。车站值班员播放安全候车广播并进行人工广播，同时根据流程向生调、行调、中心站汇报并向中心站请求支援，（站厅）站务员隔离进出站客流，（站台）站务员向站台乘客喊话并引导车站乘客分散候车。票务员为售票员增配预制票、车票及备用金，增设售票窗口，加快售票速度，并立即向×××车站申请1名人员支援。

（3）值班站长根据现场实际情况，通知各岗位车站采用二级限流（在非付费区采取措施控制进入付费区乘客数量的客流组织行为）。

（4）支援人员到站后，听从值班站长安排，负责2、5号口维持乘客进出站秩序、组织乘客进出站分流和客流卡控工作。

（5）票务员负责向客运服务部、中心站报告大客流事宜，同时尽快为TVM增配票款。

（6）2、5号口维持秩序人员限制进站人数。根据值站命令放行进站，此时×××车站1名支援人员到达现场组织乘客有序乘车。

（7）机动人员接到启动预案的命令后立即赶赴站厅中部引导乘客有序进出站，避免乘客过度拥挤并进行安全喊话（进站的乘客请依次排队，请勿拥挤，右手持卡，左侧进站）。维持疏散秩序，站台乘客疏散完毕后向值班站长报告，值班站长确认后，撤离至站厅引导疏散乘客。

（8）站台人流疏散，站台安全员向值班站长报告站台乘客减少。

（9）大客流消失，值班站长通知各岗位恢复正常运营。

（10）值班站长立即用对讲机下达组织恢复正常运营通知，演练结束。

六、演练评估

车站突发大客流应急演练评估标准表见附表1-5。

车站突发大客流应急演练评估标准表　　　　　　　　　附表1-5

序号	阶段	具体流程	分数	扣分	得分	备注
1	发现与报告 （10分）	1.售票员汇报客流大	5			
		2.值班站长查看情况，增售售票窗口	5			
2	应急响应 （20分）	1.值班站长及时启动突发大客流预案	10			
		2.车站各岗位员工执行相应预案	10			
3	应急处理/ 故障处理 （60分）	1.值班员播放广播并向上级进行汇报，向中心站请求支援	10			
		2.向行车调度员申请空车至本站，加大运送力度	10			
		3.票务员立即增配票卡、备用金、零钞	10			
		4.做好客流组织，采取限流措施	10			
		5.关闭车站下行自动扶梯，防止乘客拥挤及摔倒	10			
		6.站务员做好站台乘客的乘降组织工作，避免乘客拥挤	10			
4	应急设备投用 情况（10分）	1.会使用铁马、隔离柱、警戒绳等车站导流设备。 2.事后对应急物品进行检查，按相关要求向上级汇报	10			
	合计		100			

车站自动扶梯客伤应急演练方案

一、演练目的

为提高员工的客运组织能力,增强员工在紧急情况下的应变能力,考核日常客流组织训练、教育的技能和成效,使员工在车站出现突发情况时能很好地对车站客流进行组织,对受伤乘客进行救助,进一步增强安全意识,结合车站的实际情况,特组织开展本次演练。

二、人员安排

行车调度员、值班站长、行车值班员、客运值班员、售票员、站务员、保安、保洁等。

三、物资准备

对讲机、喊话器、医疗箱、隔离柱、担架等。

四、情景假设

运营期间,车站站厅A端1号口下行自动扶梯一名乘客出于自身原因在自动扶梯上摔倒,1号口安检点安检人员发现后立即通过对讲机向车站值班站长进行汇报,并立即赶往现场关闭自动扶梯,安抚乘客,寻找目击者。值班站长立即启动自动扶梯客伤应急预案,对车站的受伤乘客进行救援,并组织车站其他乘客进出站,工作人员立即按客伤处理流程进行处理,乘客得到救助后,及时恢复正常运营。

五、演练流程

(1)车站1号口安检点报告:1号口下行自动扶梯有一名乘客在自动扶梯上摔倒,值班站长赶往1号口下行自动扶梯处进行现场确认。

(2)值班站长到达1号口下行自动扶梯处询问受伤乘客后,发现该乘客伤势比较严重,随后通知各岗位启动客伤应急预案。

(3)车站值班员接到值班站长汇报受伤乘客伤情严重,根据预案相关要求向上级进行汇报。值班站长根据受伤乘客要求立即通知车站值班员拨打120。

(4)收到启动车站自动扶梯客伤应急预案通知后,各岗位工作人员坚守自己工作岗位。值班站长安排车站两名保安立即对现场围观乘客进行疏散,并寻找目击证人,安排休息员工到2号口外等候120救护人员。票务员在接到启动预案通知后,到站厅支援,接手对车站的客流组织工作。值班站长对受伤乘客进行先期救治,并安排一名员工对现场用照相、录像等方式取证。

(5)值班站长根据受伤乘客的身体情况利用担架把受伤乘客抬至乘客较少的地方,减少时间对乘客伤势的影响,避免事态扩大。

（6）120救护人员到达车站，将受伤乘客交由120救护人员。值班员继续将事件进程汇报上级领导。

（7）值班站长组织员工清理现场，现场清理完毕后，其他工作人员全部归位。

（8）值班站长立即用对讲机通知各岗位恢复正常运营，演练结束。

六、演练评估

车站自动扶梯客伤应急演练评估标准表见附表1-6。

车站自动扶梯客伤应急演练评估标准表 附表1-6

序号	阶段	具体流程	分数	扣分	得分	备注
1	发现与报告（10分）	1. 发现客伤后，立即汇报值班站长，并启动应急预案	3			
		2. 发现客伤后值班站长迅速赶往现场确认	7			
2	应急响应（20分）	1. 启动预案后各岗位履行职责。2. 值班站长赶赴事发现场，进行先期处理并对受伤乘客进行初步处理	5			
		3. 各岗位按照应急预案流程进行处理	15			
3	应急处理/故障处理（60分）	1. 初期救治、拨打120	30			
		2. 发生客伤后及时寻找目击证人，并对目击证人进行挽留且做好取证工作	30			
4	应急设备投用情况（10分）	1. 会使用医疗箱、担架等应急物品	5			
		2. 事后对应急物品进行检查，向上级汇报	5			
	合计		100			

🔧 任务5.2 演练方案

车站火灾应急演练方案

一、演练目的

为提高员工的消防安全意识，检验车站消防设施、设备的功能，提高员工在紧急情况下的应变能力，考核日常消防训练、教育的技能和成效，提高员工灭火、疏散、自救能力和管理者火场组织、协调、指挥能力，使员工在演练中受到锻炼和教育，使得"预防为主、防消结合"的方针能够更好地贯彻，结合车站的实际情况，组织开展本次演练。

二、人员安排

行车调度员、值班站长、行车值班员、客运值班员、售票员、站务员、保安、保洁等。

三、物资准备

对讲机、喊话器、应急灯、探照灯、口哨、反光背心、隔离柱、自救式呼吸器、小方巾、矿泉水等。

四、情景假设

运营期间,车站站台 B 端站台门控制室设备短路产生火花导致设备燃烧且火势较大并伴有浓烟。值班员发现 FAS 主机上报火警立即通知值班站长赶往事发地点进行确认,确认车站站台 B 端站台门控制室火势较大无法扑灭后,立即启动火灾应急预案,发现火灾模式无法启动后,对车站的乘客进行疏散、救援,并组织力量对初起火灾进行扑救。

五、演练流程

(1)车控室 FAS 主机(综合监控弹出火灾报警确认窗口)发出火灾报警信号,值班站长迅速赶到车控室,取出车站站台 B 端站台门控制室备用钥匙后赶往现场确认。行车值班员通过综合监控、FAS 界面及值班站长现场确认后确定车站站台 B 端站台门控制室发生火灾,随后向环调、行调进行报告。

(2)值班站长到达车站 B 端站台门控制室后,打开房间门,发现起火原因是室内杂物燃烧,火势较大,人工已无法扑灭,冒出大量浓烟,立即告知值班员,火势过大无法扑灭并伴有大量浓烟,随后通知各岗位启动火灾应急预案。

(3)值班员接到值班站长汇报无法扑灭火灾后,再次上报环调、行调、生产调度室、中心站。值班站长立即通知各岗位对乘客进行紧急疏散。

(4)各岗位收到启动车站火灾应急预案后,各岗位工作人员立即关闭就近自动扶梯,值班站长安排 2 名保安立即前往车站入口处,安检员立即关闭安检机并用隔离柱隔断进站口,前往 5 号口阻止乘客进站并等候消防人员到来。票务员、售票员将票款锁闭后,到站厅支援,进行引导工作,及时安抚乘客情绪并做好解释工作。车站 2 名(站厅)站务员听到下达命令后立即用隔离柱隔断进站口,并前往车控室领取喊话器、反光背心、自救式呼吸器、打湿的小方巾;同时将自救呼吸器分发给有需要的工作人员,将小方巾发放给乘客,并且做好自身防护工作;车站值班员立即按下 AFC 紧急按钮,播放广播引导乘客疏散,并广播安抚乘客情绪。

(5)站台安全员立即疏散站台乘客,搜救站台伤者,引导乘客疏散完毕后立即向值班员进行汇报,车站值班员随即通过 CCTV 观察车站站台是否还有滞留人员。车站值班员向站厅播放相应广播,并通知在出站闸机口的 2 名工作人员立即赶到车控室,领取急救箱、相机、隔离柱等物资后立即赶赴现场,同时做好安抚乘客的工作,并进行先期救援。车站值班员按程序向各部门汇报,做好信息传递工作。

(6)站台引导员及站厅售票员检查确认车站乘客全部疏散后,立即向值班站长报告。值班站长确认后,通知工作人员在 2 号口站外安全区待命。

(7)消防人员赶到车站,火情得到进一步控制。在确认火灾扑灭且无烟气外冒情况后,值班站长用对讲机通知车站值班员。车站值班员及时上报环调:车站火灾情况得到处理,并且已无烟气外冒。值班站长组织员工清理现场,现场清理完毕后,工作人员全部归位,通过值班员向行调申请恢复正常运营,得到行调恢复正常运营命令后,值班员通知值班站长:"接行调命令,恢复正常运营。"

(8)值班站长立即用对讲机通知各岗位恢复正常运营,演练结束。

六、演练评估

车站火灾应急演练评估标准表见附表1-7。

车站火灾应急演练评估标准表

附表1-7

序号	阶段	具体流程	分数	扣分	得分	备注
1	发现与报告 （10分）	1. 发现站厅、站台及通道发生火情，立即向车站值班员报告，并先期处置	3			
		2. 立即派人到现场确认火灾地点、着火情况和伤亡情况等，向值班站长报告。 3. 通过FAS系统发现车站发生火灾报警时，立即派人到现场确认。确认后立即报告环控调度员和行车调度员。 4. 及时报告安全保卫部、城市轨道交通公安、119、120。向涉及的接口单位通报火灾信息	7			
2	应急响应 （20分）	1. 发布启动火灾应急预案命令。 2. 负责组织封站、疏散乘客、扑灭初期火灾	5			
		3. 得到值班站长封站的命令后，立即报告行车调度员。 4. 启动火灾应急预案，立即封站，到进站口阻止乘客进站，引导公安、消防、医务人员进站	15			
3	应急处理/ 故障处理 （60分）	1. 立即按压AFC紧急按钮，打开全部进、出站闸机。 2. 如果中央级无法操作，环控调度员下放站控后，由车站值班员在车站级操作，操作失败后在IBP盘上操作。 3. 若联动切除非消防电源失败，得到环控调度员命令后在FAS主机上手动操作切除非消防电源。 4. 通过CCTV观察车站情况，保持与行车调度员和环控调度员的联系，随时报告处理进度	30			
		5. 做好防护后，负责维持车站乘客有序疏散，做好解释工作。 6. 锁闭钱箱、票亭，保护票款安全。 7. 协助医务人员抢救受伤人员，组织乘客自救、互救	30			
4	应急设备 投用情况 （10分）	1. 加强视频监视，对容易发生客伤的自动扶梯加强监视	5			
		2. 协助医务人员抢救伤员，组织乘客自救、互救	5			
合计			100			

区间隧道发生火灾应急演练方案

一、演练目的

为确保车站运营安全,提高城市轨道交通员工应对火灾时的反应能力和员工自身的实战能力,检验各岗位人员的应急反应速度、协同配合程度,提高员工处理突发事件的能力,特组织开展本次演练。

二、人员安排

行车调度员、值班站长、行车值班员、客运值班员、售票员、站务员、保安、保洁等。

三、物资准备

喊话器、对讲机、应急照明灯、探照灯、致歉信、反光背心、过滤式自救呼吸器、矿泉水、小方巾、照相机等。

四、情景假设

某日运营结束,列车在下行区间发生火灾,紧急迫停区间,车站值班员接行调命令后,车站立即启动轨行区火灾疏散救援应急演练。

五、演练流程

(1)值班员接行调电话,通知下行列车在区间发生火灾,需要做好紧急疏散、救援乘客的准备。

(2)值班站长得到行调进入轨行区救援的命令后,立即启动列车在区间发生火灾步行至车站疏散救援应急预案。组织员工携带救援工具进入救援现场。

(3)值班员:①立即按压 AFC 紧急按钮,打开全部进、出站闸机。②立即广播通知乘客疏散(注意尽量不要引起乘客恐慌)。③开启隧道风机进行排烟。④通过 CCTV 观察车站情况,保持与行调和环调联系,随时报告处理进度。

(4)各岗位收到启动列车在区间发生火灾步行至车站疏散救援应急预案后:①票务员停止手头工作,到车控室领取应急物资,并将其分发到各岗位,随后负责站厅层的乘客疏散,确认乘客疏散完毕后向值班站长汇报。②(站台)站务员立即打开下行区间端门,进入轨行区,协助值班站长疏散乘客至站台;在疏散乘客时密切注意乘客动态,发现伤者及时救助。③售票员立即停止售票,锁闭票亭,打开专用通道,确认车站闸机是否全部开启,随后在闸机处引导乘客出站,阻止乘客进站;在疏散乘客时密切注意乘客动态,发现伤者及时救助,确认乘客疏散完毕后向票务员汇报。④安检岗值机员关闭安检,将 1 号口通道下行自动扶梯关闭,引导乘客出站,阻止乘客进站并引导救援人员进入;引导员将 2 号口通道下行自动扶梯关闭,引导乘客出站;安检休息员工赶往端头门处,引导乘客疏散。⑤保安协助值班站长进入轨行区对列车上的乘客进行救援和疏散。⑥保洁甲至站厅楼梯口协助疏散乘客,保洁乙至站台楼梯口协助疏散乘客,在疏散乘客时密切注意乘客动态,发现伤者及时救助。

(5)值班站长进入轨行区后汇报进入轨行区人员数量、列车发生火灾初步情况及乘客伤亡情况给行车值班员,行车值班员随时跟踪情况并汇报。

(6)值班站长协助司机进行初期灭火,并紧急疏散乘客至站台,汇报疏散情况。

(7)值班站长再次引导救援人员(119、120)进入轨入区。对列车上乘客疏散情况进行确认,确认无滞留乘客后携带相关救援器材到站台,再次确认火灾已扑灭,无乘客、工作人员、物品留在区间线路上,即通知车站值班员。

(8)经再次确认站内秩序恢复正常后,值班站长立即用对讲机下达命令,恢复正常运营,演练结束。

六、演练评估

区间火灾应急演练评估标准表见附表1-8。

区间火灾应急演练评估标准表　　　　　　　　　附表1-8

序号	阶段	具体流程	分数	扣分	得分	备注
1	发现与报告 (10分)	1.接行调命令下行列车在区间发生火灾,需要紧急疏散	5			
		2.值班员接到命令后立即通知值班站长并逐级汇报相关部门	5			
2	应急响应 (20分)	1.值班站长接到命令后,立即启动区间火灾应急疏散预案	10			
		2.值班站长组织员工携带救援器材进入现场	10			
3	应急处理/ 故障处理 (60分)	1.值班站长协助列车司机进行初期灭火	15			
		2.立即进入轨行区紧急疏散乘客至站台	15			
		3.再次确认人员及救援器材有无滞留在区间	15			
		4.各岗位紧急疏散乘客,并临时封站阻止乘客进入	15			
4	应急设备投用情况 (10分)	1.会使用铁马、隔离柱、警戒绳等车站导流设备。 2.事后对应急物品进行检查,按相关要求向上级汇报	10			
	合计		100			

🔗 任务6.1　演练方案

暴雨天气水淹应急演练方案

一、演练目的

为保障车站安全运营,提高车站在发生突发事件时的处置能力,保证事故发生后车站运营工作顺利开展,减少暴雨天气所造成的损失和不良影响,结合车站实际情况,特组织开展本次演练。

二、人员安排

行车调度员、值班站长、行车值班员、客运值班员、售票员、站务员、保安、保洁等。

三、物资准备

对讲机、医药箱、担架、隔离柱、铁马、防汛沙袋、防滑垫等。

四、情景假设

运营期间,值班员接到上级部门暴雨预警的通知后提前安排人员待命,做好随时进行应急抢险的准备并下令立即启动暴雨天气应急预案。

五、演练流程

(1)车站值班员接到上级部门暴雨预警的通知后,立即通知值班站长,值班站长随即启动暴雨天气应急预案,并由车站值班员向运营公司生产调度员报告。

(2)值班站长立即通知车站保洁暴雨将至,提前铺设防滑垫。

(3)暴雨来临后,立即关停自动扶梯。

(4)进入车站躲雨的乘客越来越多,维持车站秩序。

(5)站外积水过多,雨水倒灌进车站,立即摆放防汛沙袋。

(6)暴雨停后经再次确认站内设备和秩序恢复正常后,值班站长立即用对讲机下达命令,恢复正常运营,演练结束。

六、演练评估

暴雨天气水淹应急演练评估标准表见附表 1-9。

暴雨天气水淹应急演练评估标准表　　　　　　　　附表 1-9

序号	阶段	具体流程	分数	扣分	得分	备注
1	发现与报告 (10 分)	1. 车站值班员接到上级部门暴雨预警的通知后,立即通知值班站长,值班站长随即启动暴雨天气应急预案,并由车站值班员向运营公司生产调度员报告	3			
		2. 值班站长提前安排人员待命,做好随时进行应急抢险的准备	7			
2	应急响应 (20 分)	1. 值班站长发布启动暴雨应急预案命令。 2. 值班站长赶赴事发现场	5			
		3. 值班站长立即通知保洁提前铺设防滑垫	15			
3	应急处理/ 故障处理 (60 分)	1. 暴雨来临后,立即关停自动扶梯。 2. 进入车站躲雨的乘客越来越多,维持车站秩序	30			
		3. 站外积水过多,雨水倒灌进车站,立即摆放防汛沙袋	30			

序号	阶段	具体流程	分数	扣分	得分	备注
4	应急设备投用情况(10分)	1.加强视频监视,对容易发生人员伤亡的区域加强监视	5			
		2.确认站内设备和秩序恢复正常后,值班站长立即用对讲机下达命令,恢复正常运营	5			
	合计		100			

任务7.1 演练方案

车站发生爆炸物应急演练方案

一、演练目的

为及时、有效处理地下站发生爆炸事件,及时疏散乘客,避免人员伤亡和减少损失,同时增强员工在紧急情况下的应变能力,结合车站的实际情况,特组织开展本次演练。

二、人员安排

行车调度员、值班站长、行车值班员、客运值班员、售票员、站务员、保安、保洁等。

三、物资准备

对讲机、喊话器、应急灯、探照灯、口哨、反光背心、隔离柱、自救式呼吸器等。

四、情景假设

运营期间,车站工作人员发现站厅付费区有一个黑色塑料袋,立即将这一情况向值班站长汇报,值班站长立即通知驻站民警共同赶往现场。在赶往现场的过程中,塑料袋内物品发生爆炸。值班站长立即下达启动车站爆炸应急预案。车站员工全员上岗,车站值班员立即向行调、环调、中心站等汇报情况,释放AFC闸机,并立即向相邻车站申请支援。

五、演练流程

(1)车站工作人员发现站厅非付费区有一个黑色塑料袋,立即将这一情况向当班值班站长汇报。

(2)值班站长立即通知驻站民警共同赶往现场。在赶往现场的过程中,塑料袋内物品发生爆炸。

(3)当班值班员立即用区域广播提醒办公区域所有员工立即到岗;用车站广播提醒乘客听从工作人员安排有序撤离车站,释放车站所有的AFC闸机,时刻与行调保持联系。

（4）票务员带领其他员工开始疏散车站客流。售票员立即停止售票,锁闭票亭,确认闸机全部打开后组织乘客有序撤离;(站台)站务员立即关闭自动扶梯,组织乘客有序从站台朝站厅远离现场方向撤离。疏散完毕后,再次确认整个站台区域(包括厕所)没有乘客滞留后撤离站台;(站厅)站务员立即将车站站厅到站外自动扶梯关停,在站厅中部疏散乘客,引导乘客向远离爆炸现场的方向撤离;安检员工立即停止安检,并到站外阻止乘客进站,协助疏散车站乘客。

（5）机动人员甲领取应急物资分发给各岗位,根据值班站长安排到站外等待公安、消防、医务人员。

（6）爆炸范围较大,情况并未得到好转,救援人员赶到现场,值班站长组织员工撤离,并值守各个通道口外围。

（7）经救援人员处理现场,情况得到控制。车站值班员依次向各部门汇报,得到同意后,车站恢复正常运营,演练结束。

六、演练评估

车站爆炸应急演练评估标准表见附表1-10。

车站爆炸应急演练评估标准表

附表1-10

序号	阶段	具体流程	分数	扣分	得分	备注
1	发现与报告 (10分)	1.立即确认爆炸地点、伤亡情况、着火情况等,立即向车站值班员报告	3			
		2.立即向行车调度员和环控调度员报告车站发生爆炸事件的概况。 3.立即报告安全保卫部。 4.及时通知公安,拨打119、120	7			
2	应急响应 (20分)	1.发布启动应急预案命令	5			
		2.负责组织封站、疏散乘客、扑灭初期火灾。 3.得到值班站长封站的命令后,立即报告行车调度员	15			
3	应急处理/ 故障处理 (60分)	1.立即按压AFC紧急按钮,打开全部进、出站闸机。 2.通知车站员工、保安,按预案规定到各自岗位维持秩序、疏散乘客。 3.通过CCTV观察车站情况,保持与行车调度员和环控调度员联系,随时报告处理进度	30			
		4.立即封站,到进站口阻止乘客进站,引导公安、消防、医务人员进站。 5.做好防护后,负责组织车站乘客有序疏散,做好解释工作。 6.锁闭钱箱、票亭,保护票款安全。 7.随时向值班站长报告各自区域情况。 8.协助医务人员抢救伤员,组织乘客自救、互救	30			

序号	阶段	具体流程	分数	扣分	得分	备注
4	应急设备投用情况（10分）	1. 如果 OCC 无法操作,环控调度员下放站控后,由车站值班员在车站级操作,操作失败后在 IBP 盘上操作	5			
		2. 立即对车站所有区域(公共区、设备区等)进行广播,通知人员疏散	5			
合计			100			

任务7.2　演练方案

车站遭遇毒气袭击事件应急演练方案(一)

一、演练目的

为了让员工深入了解车站内有毒有害气(液)体泄漏疏散流程,切实树立起防范意识,真正掌握好疏散知识,具备救援能力,提高突发事件处置能力,促使各部门、各工种在复杂情况下协调配合,减少或避免事故所造成的损失和不良影响,结合车站实际情况,特制订本次演练。

二、人员安排

行车调度员、值班站长、行车值班员、客运值班员、售票员、站务员、保安、保洁等。

三、物资准备

对讲机、防暴叉、警用喷雾、伸缩警棍等。

四、情景假设

运营期间,城市轨道交通车站票亭岗员工向值班员汇报站厅有刺激性气味,其间部分乘客也向员工反映该问题,并且吸入后有点眩晕。车站值班员接到员工汇报,立即报告车站值班站长,值班站长立即赶往现场确认无误后启动车站遭遇毒气袭击事件应急预案,对车站内乘客进行疏散、救援。

五、演练流程

(1)车站值班员接 2 号口票亭岗员工汇报:"2 号口站厅周围有强烈刺激性气体,并有多名乘客反映,请值班站长立即到现场确认。"车站值班员用对讲机报告值班站长。

(2)值班站长赶往现场确认由站厅 A 端 TVM 旁边散发出刺激性气体并通知值班员情况属实。车站值班员立即按压 AFC 紧急按钮后,立即依次向环调、生产调度员、中心站站长、运营安全总监、公安、119、120 报告。

（3）值班站长用对讲机启动预案："各岗位注意，现车站站厅 A 端 TVM 处出现浓烈刺激性气体，致部分乘客不适，现启动车站遭遇毒气恐怖袭击应急预案。"车站值班员向站厅、站台反复播放人工广播："各位乘客请注意，因紧急情况需临时封站，请大家不要惊慌，根据车站工作人员的引导合理使用消防用品，请不要拥挤，照顾好身边的老人和小孩。我们会保证您的安全，感谢您的配合。"站台、站厅值守人员："各位乘客请不要惊慌，请按工作人员指引有序疏散，注意照顾好身边的老人和小孩，我们会保证您的安全，给您带来的不便，敬请谅解。"值班员通过 CCTV 观察车站情况，保持与行调和环调联系，随时报告处理进度，并立即向××车站申请 2 名人员支援。

（4）值班站长立即安排：

①机动岗到车控室准备救援疏散物资（喊话器、对讲机、担架、小方巾、矿泉水、口罩、防毒面具）分发至各岗位。

②两端安检人员立即停止安检，各处留守 1 名安检人员对乘客进行解释和引导，剩余 4 名安检，两名分别前往 1、2 号通道中部协助组织人员疏散，另外两名到 1、2 号口关停反向自动扶梯并进行封站。做好解释工作，引导消防、公安及医疗人员进站。

③1、2 号口售票员立即停止售票并锁好钱箱，关好门窗，保证票卡、钱款安全，在票亭出站口处将乘客疏导至 1 号口出站，防止站内乘客进入有毒区域。

④票务员立即关好票务室门窗，赶赴站台协助组织站台乘客疏散、撤离。

⑤站务员引导乘客到站厅 1 号口出站。

⑥2 名保安分别前往站台、站厅维持疏散秩序，引导乘客快速出站。随后，赶往通道口配合封站，做好解释工作。

⑦2 名保洁分别赶赴 1、2 号通道协助乘客有序疏散。

（5）值班员根据环调命令操作综合监控关闭通风系统及水系统并观察启动情况。

（6）值班站长组织救援人员再次对车站站台、站厅乘客疏散情况进行确认，确认无滞留乘客后携带相关救援器材到车站 2 号通道口，即通知车站值班员乘客已全部从车站内疏散至车站外。

（7）值班员向环调、生产调度员、中心站站长、运营安全总监、公安汇报。

（8）随着滞留乘客全部疏散完毕，值班站长命令车站员工在安全区域待命，继续封站，等待上级下一步指示。

（9）演练完毕。

六、演练评估

车站遭遇毒气袭击事件应急演练评估标准表见附表 1-11。

车站遭遇毒气袭击事件应急演练评估标准表 　　　　附表 1-11

序号	阶段	具体流程	分值	扣分	得分	备注
1	发现与报告 （10 分）	1. 发现毒气并上报	5			
		2. 值班站长立即确认，值班员向行调、生产调度员、中心站站长报告，并报告运营安全总监、公安、119、120	5			

序号	阶段	具体流程	分值	扣分	得分	备注
2	应急响应 (20分)	1.值班站长启动车站遭遇毒气袭击事件应急预案并组织乘客疏散	10			
		2.值班员按压AFC紧急按钮,打开全部进、出站闸机,播放广播,向上级进行汇报,并向邻站请求支援	10			
3	应急处理/ 故障处理 (60分)	1.安检岗员工按要求关闭自动扶梯,疏散乘客,并阻止乘客进站。站务员及时疏散乘客	10			
		2.票务员到站厅进行疏散支援,售票员锁好票亭后疏散乘客	15			
		3.值班站长根据现场实际情况,指挥各岗位按预案执行	15			
		4.售票员立即停止售票,锁闭票亭,打开专用通道,组织疏散,站台员工加强疏散喊话	10			
		5.保安和保洁及1名工作人员前往出入口处疏散乘客,阻止乘客进站	10			
4	应急设备投用情况(10分)	模拟对讲机5个、喊话器4个、防暴叉1个、警用喷雾个、伸缩警棍1根	10			
	合计		100			

任务7.2　演练方案

车站遭遇劫持人质应急演练方案(二)

一、演练目的

为贯彻"安全第一,预防为主"的方针,检验车站员工在发生运营突发事件时的应急处理能力,增强车站人员应急事件的判断和协调能力,熟悉发生暴力恐怖事件后各岗位的处置方法,提高车站各岗位人员的协作能力和应急处理能力,确保车站客运组织有效、迅速反应,避免事态扩大,结合车站实际,特组织开展本次演练。

二、人员安排

行车调度员、值址站长、行车值班员、客运值班员、售票员、站务员、保安、保洁等。

三、物资准备

对讲机、喊话器、防暴叉、警用喷雾、伸缩警棍、照相机等。

四、情景假设

运营期间,车站2号口安检人员发现有人被劫持,立即通知值班站长,值班站长宣布启动车站遭遇劫持人质应急预案并赶赴现场。值班员立即向行车调度员、安全保卫部、公安报告,简要说明歹徒人数、凶器和被劫持者人数、性别等。站厅工作人员立即疏散乘客向远离事发现场的通道出站,票厅工作人员立即停止售票,关好票厅门窗,确保票款安全。

五、演练流程

(1)车站2号口安检人员发现2号口通道楼梯处发生劫持人质事件,立即通知值班站长,值班站长宣布启动车站遭遇劫持人质应急预案并赶赴现场。

(2)车站值班员立即向行车调度员、安全保卫部、公安等报告,简要说明歹徒人数、凶器和被劫持者人数、性别等。

(3)车站封站,立即疏散乘客向远离事发地的通道撤离。

(4)安检员到1号口外等候公安和救护人员。

(5)配合公安人员成功解救人质。

(6)成功解救人质后再次确认站内设备和秩序恢复正常,值班站长立即用对讲机下达命令,恢复正常运营,演练结束。

六、演练评估

车站遭遇劫持人质应急演练评估标准表见附表1-12。

车站遭遇劫持人质应急演练评估标准表 附表1-12

序号	阶段	具体流程	分值	扣分	得分	备注
1	发现与报告 (10分)	1.发现车站发生劫持人质事件,立即报告	5			
		2.值班员向行调、安全保卫部、公安报告	5			
2	应急响应 (20分)	1.值班站长启动车站遭遇劫持人质应急预案	10			
		2.值班员按压AFC紧急按钮,播放广播,打开所有照明,加强监控	5			
		3.利用进出站闸机和边门迅速疏散乘客	5			
3	应急处理/ 故障处理 (60分)	1.各岗位到达指定位置组织乘客从远离事发现场的通道疏散	15			
		2.保安利用应急物资对暴力恐怖分子进行先期处理	15			
		3.配合警务人员控制现场,争取降低人员伤亡	30			
4	应急设备投用情况(10分)	1.会使用铁马、隔离柱、警戒绳等车站导流设备。 2.事后对应急物品进行检查,按相关要求向上级汇报	10			
		合计	100			

附录 2　岗课赛证融通情况一览表

序号	工作岗位	工作任务	技能等级标准技能要求	技能大赛考核要点	对应教材章节
1	城市轨道交通 站务员、行车值班员	设备故障应急处理	初级 1.2.3　能对单个车门/屏蔽门(站台门)的常见故障现象做出判断,简单处理 4.2.1　能按屏蔽门(站台门)故障应急处理程序要求进行故障门查找、安全防护、引导乘客等应急处理 中级 4.2.1　能按屏蔽门(站台门)故障应急处理程序要求进行信息收发及传达,通知专业人员处理故障,利用广播引导乘客等应急处理 高级 4.2.1　能按屏蔽门(站台门)故障应急处理程序要求进行故障情况及影响范围判断,合理安排人员协调配合设备抢修,引导乘客等应急处理	1. 全国交通运输行业城市轨道交通行车值班员技能大赛:站台门故障处置 2. 全国交通运输行业职业技能大赛服务员技能大赛:站台门故障处置 3. "一带一路"暨金砖国家技能发展与技术创新大赛:站台门故障处置	项目 2 任务 2.1:站台门故障应急处理
2	城市轨道交通 站务员、行车值班员	设备故障应急处理	初级 4.2.5　能按自动扶梯、垂直电梯故障应急处理程序要求进行故障确认、安全防护、乘客引导等应急处理 中级 4.2.5　能按自动扶梯、垂直电梯故障应急处理程序要求进行信息收发及传达,通知专业人员处理故障,乘客引导等应急处理 高级 4.2.5　能按自动扶梯、垂直电梯故障应急处理程序要求进行安全防护,安排人员引导乘客等应急处理		项目 2 任务 2.2:自动扶梯故障应急处理 项目 2 任务 2.3:垂直电梯故障应急处理

序号	工作岗位	工作任务	技能等级标准技能要求	技能大赛考核要点	对应教材章节
3	城市轨道交通站务员、行车值班员	设备故障应急处理	初级 4.2.2 能按信号设备故障应急处理程序要求进行手摇道岔,进路确认等应急处理 中级 4.2.2 能按信号设备故障应急处理程序要求进行信息收发及传达,通知专业人员处理,行车组织降级等应急处理 高级 4.2.2 能按信号设备故障应急处理程序要求进行手摇道岔,接发列车组织,合理安排人员进行手摇道岔,流导等流导等客运等应急处理	1. 全国交通运输行业城市轨道交通行车值班员职业技能大赛:信号故障处置 2. 全国交通运输行业城市轨道交通服务员职业技能大赛:信号故障处置 3. "一带一路"暨金砖国家技能发展与技术创新大赛:信号故障处置	项目2任务2.4:信号设备故障应急处理
4	城市轨道交通站务员、行车值班员	设备故障应急处理	初级 4.2.3 能按接触网(轨)停电应急处理程序要求进行疏散乘客,执行乘客运等应急处理 4.2.4 能按大面积停电应急处理程序要求进行停运等应急处理 中级 4.2.3 能按接触网(轨)停电应急处理程序要求进行信息收发及传达,停运广播播放等应急处理 4.2.4 能按大面积停电应急处理程序要求进行信息收发及传达,通知专业人员处理,停运,停运广播播放等应急处理 高级 4.2.3 能按接触网(轨)停电应急处理程序要求进行停运组织,合理安排人员疏散乘客等应急处理 4.2.4 能按大面积停电应急处理程序要求进行停运组织,合理安排人员疏散乘客等应急处理		项目2任务2.5:大面积停电应急处理

序号	工作岗位	工作任务	技能等级标准技能要求	技能大赛考核要点	对应教材章节
5	城市轨道交通站务员、行车值班员	设备故障应急处理	**初级** 4.2.6 能按 AFC 设备大面积故障应急处理程序要求进行乘客疏导、票务事务处理等应急处理 **中级** 4.2.6 能按 AFC 设备大面积故障应急处理程序要求进行信息收发及传达,通知专业人员处理故障,利用广播引导乘客等应急处理 **高级** 4.2.6 能按 AFC 设备大面积故障应急处理程序要求进行资源协调,合理安排人员疏导乘客流,处理受影响的票务事务等应急处理	"一带一路"暨金砖国家技能发展与技术创新大赛:票务系统故障应急处理	项目 2 任务 2.6:AFC 设备大面积故障应急处理
6	城市轨道交通站务员、行车值班员	车门屏蔽门(站台门)安全监控	**初级** 1.2.2 能处理车门车门/屏蔽门(站台门)夹人夹物的情况		项目 3 任务 3.2:车门/站台门夹人夹物应急处理
7	城市轨道交通站务员、行车值班员	站台列车接发	**初级** 1.1.4 能处理乘客物品掉落轨道的情况		项目 3 任务3.4:站台落物事件应急处理
8	城市轨道交通站务员、行车值班员	乘客事务应急处理	**初级** 4.3.1 能在运能不足的情况下进行客流疏导,控制等应急处理 **中级** 4.3.1 能在运能不足的情况下进行信息收发及传达,利用广播告示疏导客流,处理受影响乘客等应急处理		项目 4 任务 4.1:突发大客流应急处理 项目 4 任务 4.2:车站长时间无车应急处理

序号	工作岗位	工作任务	技能等级标准技能要求	技能大赛考核要点	对应教材章节
8	城市轨道交通站务员、行车值班员	乘客事务应急处理	高级 4.3.1 能在运能不足的情况下启动相应客流组织预案,合理安排人员协调资源疏导乘客等应急处理		项目4 任务4.1:突发大客流应急处理 项目4 任务4.2:车站长时间无车应急处理
9	城市轨道交通站务员、行车值班员	乘客事务应急处理	初级 4.3.2 能在乘客受伤事件中对受影响乘客进行简单处理,汇报信息,寻找并挽留目击证人 中级 4.3.2 能在乘客受伤事件中进行信息收发及传达,根据情况拨打120,寻找目击证人,保存相关证据等应急处理 高级 4.3.2 能在乘客受伤事件中进行客伤情况判断,寻找目击证人,收集相关证据,组织客伤处理等应急处理		项目4 任务4.3:客伤事件应急处理
10	城市轨道交通站务员、行车值班员	乘客事务应急处理	初级 4.3.4 能在乘客区间疏散时,携带备品,判断疏散区域,引导乘客疏散 中级 4.3.4 能在乘客区间疏散时,进行信息收发及传达,与现场人员、调度员、司机、邻站进行联控 高级 4.3.4 能在乘客区间疏散时与车站控制室、调度员、司机、邻站进行联控,合理安排人员组织乘客疏散		项目4 任务4.4:区间疏散应急处理

序号	工作岗位	工作任务	技能等级标准技能要求		技能大赛考核要点	对应教材章节
11	城市轨道交通站务员、行车值班员	乘客事务应急处理	初级 4.3.3 能在启动公交接驳时,及时对乘客做好疏导,控制、解释工作			项目4 任务4.5:公交接驳应急处理
			中级 4.3.3 能在启动公交接驳时进行信息收发及传达,能与公交公司机办理公交接驳有关手续			
			高级 4.3.3 能在启动公交接驳时进行资源协调,合理安排人员疏导客流,引导乘客搭乘接驳车等应急处理			
12	城市轨道交通站务员、行车值班员	环境变化应急处理	初级 4.1.1 能识别消防设施设备及消防品的状态 4.1.2 能按消防要求进行自我防护(含消防战斗服) 4.1.3 能使用消防装备品进行灭火		1. 全国交通运输行业城市轨道交通行车值班员职业技能大赛:公共区火灾应急处理 2. 全国交通运输行业城市轨道交通服务员职业技能大赛:现场火灾应急处理 3. "一带一路"暨金砖国家技能发展与技术创新大赛:公共区火灾应急处理	项目5 任务5.1:消防安全基础知识认知
			中级 4.1.1 能检查并使用微型消防站装备			
13	城市轨道交通站务员、行车值班员	环境变化应急处理	初级 4.1.4 能按照火灾相关应急处理程序疏散乘客,汇报信息		1. 全国交通运输行业城市轨道交通行车值班员职业技能大赛:公共区火灾应急处理 2. 全国交通运输行业城市轨道交通服务员职业技能大赛:现场火灾应急处理 3. "一带一路"暨金砖国家技能发展与技术创新大赛:公共区火灾应急处理	项目5 任务5.2:车站火灾应急处理
			中级 4.1.2 能按照火灾相关应急处理程序要求进行拨打紧急电话、信息收发及传达,申请列车不停车本站不停,执行相关设备火灾模式,利用广播疏散客等应急处理			

序号	工作岗位	工作任务	技能等级标准技能要求	技能大赛考核要点	对应教材章节
13	城市轨道交通站务员、行车值班员	环境变化应急处理	高级 4.1.1 能按火灾相关应急处理程序要求进行自我防护，判断火情，合理安排人员协调资源组织灭火、疏散乘客、员工撤离等应急处理	1.全国交通运输行业城市轨道交通行车值班员职业技能大赛：公共区火灾应急处理 2.全国交通运输行业城市轨道交通服务员职业技能大赛：现场火灾应急处理 3."一带一路"暨金砖国家技能发展与技术创新大赛：公共区火灾应急处理	项目5 任务5.2：车站火灾应急处理
14	城市轨道交通站务员、行车值班员	环境变化应急处理	初级 4.1.5 能识别特殊气象及自然灾害需要使用的抢险物资 4.1.6 能按特殊气象及自然灾害应急处理程序要求疏导乘客、汇报信息 中级 4.1.3 能按特殊气象及自然灾害应急处理程序要求进行信息收发及传达，利用广播疏散乘客等应急处理 高级 4.1.2 能按特殊气象及自然灾害应急处理程序要求进行险情判断、合理安排人员协调资源组织抢险、疏散乘客等应急处理		项目6 任务6.1：自然灾害应急处理 项目6 任务6.2：特殊气象应急处理

附录3 缩略语对照表

序号	英文缩略语名称	中文名称
1	ATO	列车自动运行
2	ATP	列车自动防护
3	ATS	列车自动监控
4	AFC	自动售检票系统
5	BAS	环境与设备监控系统
6	BOM	半自动售票机
7	CBTC	基于通信的列车自动控制
8	CCTV	闭路电视/视频监控系统
9	DAB	乘客报警按钮
10	DCS	分布式控制系统
11	ESB	紧急停车按钮
12	FAS	火灾自动报警系统
13	HMI	人机界面(中心级)
14	IBP	综合后备盘
15	LCB	线路控制块
16	LOW	现场操作工作站
17	MCS	主控系统
18	MMI	人机界面(车站级)
19	NRM	非限制人工驾驶模式
20	OCC	运营控制中心
21	PA	广播系统
22	PIS	乘客信息系统
23	PSL	就地控制盘
24	RM	可限制的人工驾驶模式
25	SC	车站计算机
26	SCADA	电力监控系统
27	TDCS	列车调度指挥系统
28	TVM	自动售票机
29	UPS	不间断电源
30	ZC	区域控制器

参 考 文 献

[1] 李慧玲,刘冰. 城市轨道交通安全管理[M]. 北京:人民交通出版社,2011.

[2] 耿幸福,崔联云. 城市轨道交通运营安全[M]. 3 版. 北京:人民交通出版社股份有限公司,2022.

[3] 王艳辉,祝凌曦. 城市轨道交通运营安全管理方法与技术[M]. 北京:北京交通大学出版社,2011.

[4] 刘志钢,谭复兴. 城市轨道交通安全工程概论[M]. 北京:中国铁道出版社,2010.

[5] 连义平. 城市轨道交通安全管理[M]. 2 版. 成都:西南交通大学出版社,2015.

[6] 秦进. 城市轨道交通安全管理[M]. 北京:人民交通出版社,2012.

[7] 刘奇,徐新玉. 城市轨道交通应急处理[M]. 北京:人民交通出版社股份有限公司,2015.

[8] 王靓,于赛英. 城市轨道交通应急处理[M]. 北京:机械工业出版社,2014.

[9] 李宇辉. 城市轨道交通应急处理[M]. 3 版. 北京:人民交通出版社股份有限公司,2023.

[10] 孟祥虎,孙巧玲. 城市轨道交通应急处理[M]. 2 版. 北京:人民交通出版社股份有限公司,2021.

[11] 申碧涛. 城市轨道交通客运服务[M]. 北京:中国铁道出版社,2012.

[12] 张新宇,王富饶. 城市轨道交通安全管理[M]. 2 版. 北京:人民交通出版社股份有限公司,2021.

[13] 徐新玉. 城市轨道交通运营管理规章[M]. 2 版. 北京:人民交通出版社,2013.

[14] 张美晴,谢淑润. 城市轨道交通客运组织[M]. 北京:人民交通出版社股份有限公司,2020.